rowohlt
POLARIS

TOBIAS GINSBURG

DIE LETZTEN MÄNNER DES WESTENS

Antifeministen, rechte Männerbünde und die Krieger des Patriarchats

Mit einem Vorwort
von Günter Wallraff

ROWOHLT POLARIS

Originalausgabe
Veröffentlicht im Rowohlt Taschenbuch Verlag,
Hamburg, November 2021

Covergestaltung zero-media.net, München
Coverabbildung FinePic®, München
Satz aus der DTL Documenta
bei Pinkuin Satz und Datentechnik, Berlin
Druck und Bindung CPI books GmbH, Leck, Germany
ISBN 978-3-499-00353-0

Die Rowohlt Verlage haben sich zu einer nachhaltigen Buchproduktion verpflichtet. Gemeinsam mit unseren Partnern und Lieferanten setzen wir uns für eine klimaneutrale Buchproduktion ein, die den Erwerb von Klimazertifikaten zur Kompensation des CO_2-Ausstoßes einschließt.
klimaneutralerverlag.de

FSC
www.fsc.org
MIX
Papier aus verantwortungsvollen Quellen
FSC® C083411

Inhalt

Vorwort von Günter Wallraff

Welche Gesellschaft wollen wir?!

Nach seinem Report über Reichsbürger und Verschwörungstheoretiker («Die Reise ins Reich») hat sich Tobias Ginsburg nun erneut in die Abgründe gewaltig männlicher Welterretter begeben und über ein Jahr lang Gruppen radikaler Antifeministen gesucht, gefunden und beweiskräftig überzeugend dokumentiert. Ob in Burschenschaften, in der Rap-Szene, bei Männer-Coaches, in der «Neuen Rechten», in einflussreichen Juristenkreisen oder unter gewaltaffinen Trump-Anhängern: Diese Männer (und auch einige Frauen) sehen «Männlichkeit» in Gefahr und sind der Ansicht, das gesellschaftliche Gefüge werde durch den Feminismus und selbstbewusste, gleichberechtigte Frauen zerstört. Sie rufen zum heiligen Krieg auf, mit unbändigem Hass und, wenn es sein muss, auch mit Waffengewalt.

Ginsburg konstatiert, dass sich diese Männlichkeitsideologie ausbreitet als Antwort auf globale Verunsicherungen, soziale Ängste und männlichen Herrschaftsverlust. Sie propagiert als Gegenentwurf die Oberhoheit starker Männer, die herkömmlich-patriarchalische Familienstruktur, die strikte Geschlechtertrennung und die Unterdrückung jeglicher sexuellen Diversität.

Starke Männer. Das bedeutet gleichzeitig: keine starken Frauen. Die stille und laute Propaganda für diese Geschlechterzuweisung ist der stärkste Klebstoff in rechtsradikalen und rechtskonservativen Netzwerken. Sie ist der wichtigste gemeinsame Nenner von Menschen, vorwiegend von Männern, deren Ideal eine Gesellschaft der Hierarchisierungen, der Ober- und Unterordnungen und der Ausgrenzungen ist. «Die Freiheit, andere zu diskriminieren, wird so zu einem zu schützenden Recht», bringt die Kulturwissenschaftlerin Stefanie Mayer den Kern dieser Sichtweise auf den Punkt. Brandgefährlich ist diese Propaganda, demokratiefeindlich allemal, und am Ende kann sie, wie wir nicht nur in Oslo, in Christchurch oder in München erleben mussten, mörderisch werden.

Dennoch wird diese Männlichkeitspropaganda bis heute unterschätzt.

Wer das Buch von Tobias Ginsburg gelesen hat, wird diesen Fehler nicht mehr machen. Denn Ginsburg führt uns so hautnah an die «toxische Männlichkeit» heran, er nähert sich derart schmerzhaft den verbalen Ausbrüchen, den Phantastereien und der aufgeladenen Gewaltbereitschaft ihrer Protagonisten, dass ihre Gefährlichkeit nicht mehr kleingeredet werden kann.

Schon vor diesem Buch gab es wissenschaftliche Untersuchungen dieser «toxischen Männlichkeit», Studien, Analysen, nicht nur aus feministischer Sicht. Ginsburg jedoch geht weiter: Er setzt sich ganz persönlich und ungeschützt den Männern aus, die von ihrer einzigartigen männlichen Stärke überzeugt sind, die eine Führungsrolle beanspruchen, die nur ihnen zukäme, weil sie Männer sind, die an ihr phantasiertes Recht auf Unterdrückung glauben, an ihre zurechtgesponnene Pflicht zur Unterwerfung anderer – nicht nur des anderen Geschlechts, sondern generell aller Menschen, die nicht sind wie sie.

Diese Männer zelebrieren ihre Ideologie wie eine Religion, sie geilen sich an diesem Glauben auf, stählen ihre Körper, um den Worten Taten folgen zu lassen, verbrüdern sich, um zu erobern, zuzuschlagen, zu herrschen.

Sie feiern in ihren Kreisen die Attentäter, die aus der gleichen frauenfeindlichen Motivation wie sie zu Mördern geworden sind. 2011 hatte Anders Behring Breivik, der in Norwegen 77 Menschen ermordete, in seiner Bekenntnisschrift erklärt, der Feminismus bedeute das Ende der Männlichkeit. Brenton Tarrant, der 2019 im neuseeländischen Christchurch 51 Menschen umbrachte, schrieb die Forderung nach Männern, die wieder Männer werden müssten, in sein Mördermanifest.

Der Autor hat sich in eine bekennend frauenfeindliche Parallelgesellschaft hineingewagt, hat sich eine Identität zugelegt, die dort akzeptiert wurde, und hat mitgespielt. Er musste zu diesem Zweck in die Privatsphäre dieser Männer eindringen, denn es geht bei allen politischen Folgen toxischer Männlichkeit zuerst einmal um die sehr persönliche, individuelle Entscheidung, sich als Antifeminist zu bekennen. Ginsburg musste diesen Schritt gehen, auch wenn er zu einer Gratwanderung führt. Sonst hätte er dieses Buch nicht schreiben können.

Manches wirkt skurril, absurd und bedrohlich im Biotop der bekennenden Männlichkeit. Sich damit zu konfrontieren, dazuzugehören, mitzuphantasieren, geht an die Grenzen von Ginsburgs eigener Identität. Er fühlt sich beschmutzt und verletzt. Ginsburg fragt sich während seiner Recherche immer wieder, wie lange er diese hassgeschwängerte Verbrüderung noch aushalten kann. Als er sich nach Wochen der Selbstzweifel und des Rückzugs wieder auf ein Treffen einlässt, reagiert einer der Männer, ein durchtrainierter Schlägertyp: «Du musst wissen: So V-Leute, die versucht haben, sich hier so unterschwellig einzufädeln, die sind alle verschwunden.» Wäre er enttarnt worden, hätte er das unter Umständen mit seiner Gesundheit, am Ende sogar mit seinem Leben bezahlt.

Der Bericht von Ginsburg ist erschütternd, er macht Angst. Das noch immer anzutreffende Schulterzucken, diese Männer seien halt nur ewiggestrige, beleidigte Typen, die den Anschluss verloren hätten, weshalb die Geschichte über sie hinweggehen werde, wird durch die Lektüre seines Buches ad absurdum geführt.

Netzwerker, Hintermänner

Ginsburg zeigt uns nicht nur das Ausmaß des Frauenhasses in den oft klandestinen Männerbünden. Er zeigt uns auch das Ausmaß der Vernetzung, die diese Männer knüpfen, wenn sie ihre Herrschaftsallüren in Politik umsetzen. Die Vernetzung findet national und international statt, weit über die kleinen bekennenden Frauenhasser-Zirkel hinaus, weit hineinreichend in konservativ-bürgerliche Kreise, in Regierungen, Ämter, Universitäten und fundamentalistische kirchliche Institutionen in Europa, in den USA, in Russland.

Ginsburg konzentriert sich bei seinen Recherchen auf Männer in der rechtsradikalen Szene. Sehr unterschiedliche Männer. Verklemmte, Selbstbewusste, Macher, Agitatoren. Wir sind dabei, wie er sie kennenlernt und wie sie nach und nach oder auch recht schnell ihren Hass offenbaren oder ihn einzubinden versuchen. Es gibt eine wachsende Zahl von Männern, die ihre Probleme dadurch lösen wollen, dass sie sich zu Herrschern aufschwingen wollen, nachdem sie sich zuvor generell zu Opfern von Gleichberechtigung und Pluralismus stilisiert haben. Das genau beabsichtigen und praktizieren die Propagandisten der gewaltaffinen Männerherrschaft. Hier liegt ihre gesellschaftliche Gefahr, hier liegt ihr kollektives zerstörerisches Potenzial.

Dieses Gewaltkonzept wird nicht allein von sexuell frustrierten Einzelkämpfern umgesetzt. Für die Bundestagsfraktion der AfD sind zum Beispiel 36 Mitglieder stramm rechter Burschenschaften tätig, deren Männlichkeitswahn Programm ist, wie Ginsburg uns stellvertretend miterleben lässt, als er in einige dieser Burschenschaften eindringt und von ihrer Verachtung und ihrem Hass auf Frauen berichtet, in dem sie sich bei ihren Besäufnissen kollektiv suhlen.

Noch wesentlicher sind die internationalen Netzwerke, in denen sie sich alle wiederfinden: rechtsradikale Parteien Europas in der Opposition und an der Regierung, Institutionen der fundamentalistisch-katholischen und evangelikalen Kirchen und ihre Beauftragten, Männerbünde und -verbände.

Für sie sind die Haudrauf-Frauenhasser nur Instrumente, um ihre Macht zu festigen und auszuweiten. Trump ist dafür ein Beispiel, dessen Einpeitscher Steve Bannon mit seinem Online-Portal *Breitbart* die Organisierung und Radikalisierung der Antifeministen vorangetrieben hat, um sie international zu vernetzen und zu steuern. Ginsburg berichtet davon nach seiner Recherchereise in die USA.

Auch die PiS-Partei in Polen weiß diese Leute, die sich um ihre Männlichkeit betrogen fühlen, für sich einzusetzen. Der Ausstieg aus dem Istanbul-Abkommen, einer völkerrechtlich bindenden Übereinkunft zum Schutz gegen Gewalt an Frauen, wird von der PiS vorbereitet; vom selbstherrlichen türkischen Autokraten und Frauenfeind Erdoğan und vom Männerbündler Orbán in Ungarn ist dieser Austritt bereits vollzogen worden.

Ginsburg hat sich in Polen als rechtsradikaler AfDler ausgegeben und wurde vom Netzwerk Ordo Iuris, dem «Institut für Rechtskultur», mit offenen Armen empfangen. Ein juristischer Thinkthank, ultrarechts, christlich-fundamentalistisch, dessen Leute bereits in den polnischen Ministerien, Gerichten und Kommunalverwaltungen sitzen. Für ihn arbeiten neben den festen Mitarbeitern Dutzende einflussreiche «Berater» und kooperierende Anwaltskanzleien. Ordo Iuris verfügt über beste Kontakte zu gleichgesinnten Institutionen in aller Welt. Der Präsident der Stiftung, die die «christlichen Werte verteidigen» will, zählt nach Ansicht des US-Magazins *Politico* zu den 30 Menschen in Europa, die die europäische Politik und ihre Regeln im Jahr 2021 prägen werden.

Ordo Iuris arbeitet erfolgreich an der europäischen und sogar weltweiten Vernetzung von Männerbündlern, zum Beispiel durch den WCF, den World Congress of Families, ein Projekt der religiösen Rechten aus den USA und aus Russland, das in den

1990er Jahren aufgebaut wurde. Jährlich stattfindende Großveranstaltungen in Mexico City, Sydney, Budapest oder Verona versammeln Tausende Antifeministen aus zahlreichen Ländern. Politiker und Regierungsmitglieder aus Frankreich, Ungarn, Russland, Kroatien, Uganda und Brasilien haben auf diesen Versammlungen gesprochen, der damalige italienische Innenminister und Lega-Chef Matteo Salvini war Stargast in Verona.

Die «Agenda Europe», ein weiteres Netzwerk rechter Antifeministen, agitiert seit zehn Jahren unter dem Schlachtruf «Die natürliche Ordnung wiederherstellen!». «Die ursprüngliche Gruppe von Aktivisten», so eine Studie des Europaparlaments, «ist gewachsen: Sie hat mittlerweile über 100 menschenrechts-, frauenrechts- und LGBTI-feindliche Organisationen in mehr als 30 europäischen Ländern als Mitglieder gewonnen. Sie ist ein vom Vatikan inspiriertes, professionelles Interessennetzwerk, dessen Mitglieder sich unter Ausschluss der Öffentlichkeit treffen.»

Keine guten Nachrichten für Gleichberechtigung, Diversität und für Demokratie. Dank Tobias Ginsburg können wir die Gefahren erkennen, die von Frauenhassern und ihren Organisationen ausgehen. In einer Zeit, in der sich die Fronten in einer polarisierenden Gesellschaft ständig verhärten, wagt Tobias Ginsburg einen Höllengang in ein Finsterreich des Männlichkeitswahns und klärt auf: In welcher Gesellschaft wollen wir leben?!

ANTIFEMINISMUS UND DER EINSTIEG IN DIE WELT DES HASSENS

Ein Albtraum

Der dicke Junge hasst Frauen.

Vielleicht ist dick nicht das richtige Wort, er ist eher pummelig. Ein weiches Kind, noch keine zwanzig Jahre alt. Aufgeregt hält er sich am schweren Bierkrug fest, schaut mit unsicherem Blick durchs Brillenglas, dann verkündet er, dass er Frauen hasst. Anfangs glaube ich noch, der dicke Junge sei nur betrunken oder frustriert vom Dicke-Jungen-Dasein oder agitiert von dem ganzen langen Abend aus Geschrei und Grausamkeit. Aber je länger er spricht, desto klarer wird, dass er es auch wirklich so meint. Er hat sich Gedanken über das Thema gemacht, hat dazu Texte gelesen und Statistiken studiert, seinen Hass unterfüttert. Der dicke Junge hasst Frauen aus Überzeugung. Und der Kerl neben ihm, ein breiter Bursche mit vernarbtem Gesicht und akkurater Frisur, lacht lang und laut und schlägt dem Jungen mit der flachen Hand so fest auf den weichen Rücken, dass der fast vornüberfällt: «So sieht's aus, Kamerad», dröhnt der Vernarbte, «du hast es begriffen!»

Die Tirade des Jungen war bei weitem nicht das Schlimmste, was ich an diesem Abend zu hören und zu sehen bekam. Aber das Bedrückendste. Es gab mir den Rest. Ich war in eine albtraumhafte Welt aus Hass und Alkohol geraten, und beides war ich in diesen rauen Mengen nicht gewohnt. Und vor allem hatte ich vorher nie diese Qualität von Hass erlebt. Sicher, man muss nicht in eine rechtsextreme Studentenverbindung gehen, um Rassismus und Frauenverachtung, Judenhass und Homophobie zu erfahren. Das findet man zur Genüge auch anderswo, das grassiert in der ganzen Gesellschaft. Aber dieser Hass hier war mir neu: eiskalt, rationalisiert und studiert. Ein Hass, der die Frauenverachtung des dicken Jungen absorbieren und befeuern konnte. Ein Hass, den ich immer noch in meinen Knochen spüre. Auch nach zehn Jahren noch.

Es war das erste Mal, dass ich mich bei Menschen einschlich, von denen man sich tunlichst fernhalten sollte. Mein erster Besuch bei wirklichen Faschisten, und schon begegneten mir ein entfesselter Männlichkeitswahn und Antifeminismus und Frauenfeindlichkeit. Kein Wunder, denn diese Dinge gehören zusammen. Sie sind integrale Bestandteile rechtsextremer Ideologie, unauflösbar miteinander verknüpft. Aber das begriff ich erst sehr viel später. Und leider gibt es noch immer sehr viele Menschen, die es nicht begreifen.

«Silentium!»

Das Kommando wird in den lärmenden Saal geschleudert, ein Säbel schmettert krachend auf den Tisch. Auf den Schlag verstummen die vierzig oder fünfzig Männer (in meiner Erinnerung sind es mehr), und diese vielen hundert Mann stellen ihre tausend Bierkrüge ab und erheben sich. Sie haben Studentenmützen auf dem Kopf und Narben im Gesicht, tragen dunkle Anzüge und Couleur, die Bänder in Verbindungsfarben quer über die Brust: Weiß-Lindgrün-Rosenrot. Sie stehen stramm und schauen bedeutsam. Es ist der Oktober 2009, und in ihrer Prunkvilla im Münchner Nobelviertel Bogenhausen feiert die Burschenschaft Danubia ihre Semesterantrittskneipe. Es ist eine ernste Angelegenheit, ein altes Ritual von Gehorsam, Gebrüll und Alkoholismus.

Der «Chargierte», ein weichgesichtiger Lehramtsstudent mit Segelohren, leitet mit Befehlston und Säbelhieben durch den ersten, den offiziellen Teil des Abends. Wie albern waren er und die beiden anderen Vorsitzenden mir eben noch vorgekommen, verkleidet in ihren Vollwichs, dieser nostalgiedurchtränkten Aufmachung: goldverzierte Uniformröcke und Stulpenstiefel und buschige Federn, die halberigiert von den Mützen ragten. Die Narben in ihren Gesichtern, die Spuren des gemeinsamen Fechtens und Blutens hätte man auch für schlecht verheilte Akne halten können. Aber jetzt stehen sie vor den zigtausend Männern, ihre bescheuerten Schwerter in den Fäusten, und die Männer gehorchen ihnen. Der Chargierte lässt seine Brüder und Gäste aufstehen und hinsetzen, sprechen und schweigen, prosten und saufen, singen und grölen. «Müller an die Bierorgel!», befiehlt er, und Bursche Müller hetzt zum Klavier, haut in die Tasten, nicht gut, dafür laut, und das alte Liedgut ertönt. Verse von blutiger Treue und geschlagenen Schlachten und von Deutschland, von Deutschland über allem. Halb wird gesungen, halb gebrüllt, die Fäuste trommeln auf die Tische, dass die Bierkrüge tanzen. Dann eine Ansprache, pathetische Parolen über Kameraden, Ehre und Volk. Darauf ein Prosit und auf das Bier einen Schnaps, dann wieder von vorne. Und auch in den Pausen, im Colloquium, wenn das freie Gespräch gestattet ist, trinken sie noch gierig weiter.

Das ist eben traditionelle Männlichkeit: durstig, gierig, diszipliniert. Und hierarchisch strukturiert bis in die Sitzordnung! Auf der einen Seite die alten Herren, die ihre Studentenzeit schon hinter sich haben und ihren aktiven Brüdern das Leben in der Villa finanzieren. Auf der anderen Seite die Füchse, die Neuzugänge, die herumkommandiert werden, bevor sie endgültig in den lebenslangen Männerbund aufgenommen werden. Und ganz am äußeren Tischende, da kauern nervös die Anwärter, die Spefüchse. Rohes Männermaterial, das gründlich auf seine Tauglichkeit geprüft wird – politisch, menschlich, ethnisch. Heute sind zwei Kandidaten geladen: der dicke Junge, der Frauen hasst, und ich, Tobias Günzburg. Mir war am Telefon auf die Schnelle kein besserer Name eingefallen.

Im Grunde war ich bloß zufällig, während der Recherche zu einem Theaterstück, auf diese Burschen gestoßen – auf sie und auf ein ganzes Netzwerk rechtsextremer Burschenschaften, Organisationen und Strukturen. Auf Menschen, die mir und meinen Freund*innen das Existenzrecht absprechen. Unheimlich das alles, aber mich packte die Neugierde. Ich rief einfach mal an, auf gut Glück. Dass man mich einladen würde, damit hatte ich nicht wirklich gerechnet … Hat man aber. Ich bin nun mal ein Mann und ich bin weiß – und das reicht. Ich kann auch Orte betreten, an die man keinen Fuß setzen sollte. Für mich gibt es kaum No-go-Areas, und als deutscher Jude bin ich es sowieso gewohnt, mich zu assimilieren. Mit anderen Worten: Ich kann das, was mir Angst macht, aus nächster Nähe betrachten.

«Wo kommt denn der interessante Nachname her? Woher die Familie? Aha, und die Großeltern? Und politisch?» Während der Pausen werde ich von den Burschen belagert und ausgehorcht, aber meine Antworten scheinen zu gefallen. Nur von den Fotografien an den holzvertäfelten Wänden blicken die Danuben vergangener Zeiten grimmig auf mich herab. Ganz so, als hätten sie mich durchschaut.

Und dann ist da der Bursche aus Aachen. Ein Gast aus einer befreundeten Verbindung, ein riesiger Kerl, in meiner Erinnerung zwei Meter oder noch größer, vielleicht sogar zweieinhalb – nein das kann nicht sein … Die Details verschwimmen nach all den Jahren, als wäre alles nur ein böser Traum gewesen. Aber was er sagte, das habe ich noch immer ganz genau im Ohr: «Meine Herren, wir haben heute Abend einen Juden unter uns!»

Ich will an meiner Zigarette ziehen, aber kriege keine Luft. Das war's, denk ich mir. Hier komm ich nicht mehr raus. Aus. Vorbei. Kaputtgehauen in einer Naziburschenschaft … Aber der Aachener Riese fletscht die Zähne zu einem breiten Grinsen und deutet auf den Chargierten: «Also, wenn das mal keine Judenohren sind, was?»

In meinem ganzen Leben habe ich nie wieder so sehr über einen Witz gelacht. Hoffentlich werde ich es auch nie mehr tun. Was für ein wunderbarer Witz! Judenohren! Ohren, so groß wie die von einem Juden! Spefuchs Günzburg ist entzückt – und die Burschen von ihm. Wir haben offenbar denselben Sinn für Humor. Darauf einen schönen Schluck Bier, und da schmettert auch schon der Säbel des Chargierten auf den Tisch – Silentium! Diszipliniert geht es weiter, Bier und Schnaps strömen in die Burschen hinein, Liedgut und Parolen gurgeln aus ihnen heraus.

Irgendwann ist der offizielle Teil überstanden, nach anderthalb oder zwei oder zwanzig Stunden, was weiß ich. Und nun begann das ungezwungene Beisammensein, nun quoll die wahre Gesinnung aus der kostümierten Burschenherrlichkeit. Erst sind es vereinzelte Widerlichkeiten. Ätzende Kommentare und pointenlose Witze über Schwarze Bundesligaspieler und Homosexuelle und *den* Islam, bald wird über die Geburtenraten von Migrant*innen gefeixt, dann auch schon der Holocaust geleugnet. Man hat sich jede Zurückhaltung weggesoffen. Ein gedrungener Bursche setzt sich neben mich und erklärt mir, dass es da draußen doch ohnehin bergab ginge. «Diese ganze bundesrepublikanische Gesellschaft ist längst verweichlicht», tönt er und raunt vom Kreuzzug des *Kulturmarxismus.*

Dieser Begriff und sein Kreuzzug sind mir neu, aber der Gedrungene klärt mich gerne auf. Er berichtet mir von einem Komplott: «Im Grunde ist das der neue Kommunismus, aber auf Umwegen!» Die globale Linke wolle Nationen und Sitten auslöschen, die Werte von Familie und Männlichkeit. Und genau deswegen werde der Westen auch mit dieser ganzen linken Propaganda geflutet: Mit politischer Korrektheit und «Homolobby» und Feminismus. «In Wahrheit ist das alles nur Kulturmarxismus, ein Krieg gegen den Mann, die Familie, das Volk!» Auch daher sei die Burschenschaft, der wehrhafte Männerbund, eine der letzten Bastionen des Widerstands, erklärt er, und da wird auch schon das Gästebuch voll grotesker Judenkarikaturen herumgereicht, und irgendwer schreit irgendwas von Verschwulung. Es ist schwer erträglich, aber zum Glück ist da der dicke Junge.

Seine Anwesenheit beruhigt mich! Um uns herum werden Härte und Hass zelebriert – aber der Junge sitzt einfach nur ausdruckslos da. Um uns herum wird das Unsagbare gesagt – aber der Junge starrt nur so vor sich hin und knetet seine Finger. Und ich bin ihm dafür so verdammt dankbar! Er sieht mindestens so unsicher aus, wie ich mich fühle. Verloren und ein bisschen dümmlich. Ich verstehe ihn! Als Einzigen hier: Das ist ein ganz armer Typ, denke ich, der will einfach *irgendwo* dazugehören!

Aber dann wacht er auf.

Gerade hat irgendein Bursche angefangen, über «die Weiber» zu lallen, die es wagten, mit nicht-arischen Männern zu schlafen – «Diese Kanakenweibchen!» – und dieser selten ekelhafte Ausdruck ist das Stichwort für den Jungen. Er blinzelt ein paarmal, dann legt er los. Er verkündet seinen Hass. Erklärt, dass Frauen biologisch dazu prädestiniert wären, mit den stärksten Männern zu schlafen und deswegen auch prädestiniert, ihr Land zu verraten. Er spricht vom Ende der traditionellen Familie, unterteilt Männer in Alphas und Betas, benutzt Wörter wie Hypergamie und Staatsfeminismus ... Und ich verstehe nicht. Nicht ihn und kaum ein Wort, das er sagt. Ich sehe nur diese unermessliche Wut in seinem Blick und höre das einvernehmliche Lachen eines Burschen, vieler Burschen, das Lachen der vielen hundert Männer mit den tausend zerschnittenen Gesichtern ...

Torkelnd fliehe ich aus dieser holzvertäfelten Parallelgesellschaft. Ich kann nicht mehr. Was für ein Wahnsinn, was für ein hasserfüllter Dreck! Ich bin zittrig, und ich schäme mich. Wie kann man nur in diesem Land leben, ohne zu wissen, wie heftig es unter der Oberfläche brodelt?

Nein, kein Grund zu Panik, beruhigte ich mich: Ich war bei Faschisten gewesen, beim Bodensatz der rechtsextremen Studentenverbindungen! In einem Haus, in dem Fascho-Prominenz ein und aus ging. In dem 2001 ein junger Neonazi untertauchen konnte, nachdem er einen Griechen um ein Haar totgeprügelt hatte. In einem Haus, das 1938 von den Nazis arisiert wurde – geraubt von einer jüdischen Familie, die sich ein paar Jahre später das Leben nahm, um der Deportation zu entgehen. Sicher, in einem so bösen Haus, da kann dieser Irrsinn über kulturmarxistische Verschwörer, aussterbende Familien und Staatsfeminismus gedeihen … Aber doch nicht hier draußen. Nicht bei uns!

Das dachte ich wirklich. Damit beruhigte ich mich und wankte durch die prachtvolle Münchner Villengegend. Damals. In einer Oktobernacht im Jahr 2009. Kurz bevor völkische Untergangsphantasien wieder Mainstream wurden, die extreme Rechte weltweit erstarkte und der militante Antifeminismus eine neue Qualität erreichte.

Ein Jahr unter Kriegern und gekränkten Männern

«Das Erstarken des Feminismus bedeutet das Ende der Nation und das Ende des Westens.»

ANDERS BERING BREIVIK, MÖRDER UND RECHTSTERRORIST, 2011

«Die Männer des Westens müssen wieder Männer werden.»

BRENTON TARRANT, MÖRDER UND RECHTSTERRORIST, 2019

«Ich glaube, der Holocaust hat nie stattgefunden, der Feminismus ist an der sinkenden Geburtenrate im Westen schuld, die die Ursache für die Massenimmigration ist. Und die Wurzel dieser Probleme ist der Jude.»

STEPHAN BALLIET. MÖRDER UND RECHTSTERRORIST, 2019

Im Spätsommer 2019 begann ich meine Recherche. Ich kleidete mich neu ein, legte mir eine Auswahl an Webseiten und Profilen in allerhand sozialen Netzwerken zu und verpasste mir einen neuen Namen – diesmal einen deutlich besseren. Das nagelneue Diktiergerät steckte ich mir dezent in die Hosentasche. Dann machte ich mich auf. Weit über ein Jahr und eine Pandemie hinweg jagte ich politischem Antifeminismus und rechtem Männlichkeitswahn hinterher und ganz besonders jener unheimlichen Vorstellung, die ich in der albtraumfarbenen Nacht vor zehn Jahren das erste Mal zu hören bekam. Die Vorstellung, der westliche, der *wahre* Mann werde unterdrückt, verweiblicht, oder gleich komplett vernichtet. Wie fremd und fern, wie unsagbar krude und extrem war mir das damals vorgekommen!

Nun hatte sich dieser Irrsinn ausgebreitet, hatte sich über die halbe Welt gelegt und quer durch die Gesellschaft gefressen. Versatzstücke und Variationen dieser wahnwitzigen Ideen fluten das Internet, füllen dort Kommentarspalten, Foren und Videoplattformen. Sie sind in Bestsellern und in Artikeln großer Zeitungen zu finden, zu hören in den Reden von Politikern, auch aus den Mündern brasilianischer, russischer und, bis vor kurzem noch, amerikanischer Präsidenten. Entsprechend hatte ich eine weite Reise zurückzulegen.

Meine Recherche führte mich quer durch Deutschland und das Internet, in die USA und nach Polen. Ich traf auf Maskulisten und Frauenhasser, auf Online-Trolle und Offline-Schläger, auf Incels, Identitäre und Neonazis – und schließlich auf ein international agierendes Netzwerk antifeministischer Fundamentalisten. Ich wollte herausfinden, wo all der Hass und die Ängste herrühren, wollte selbst erleben, wie sie geschürt werden, wer von ihnen profitiert, wer von ihnen kaputtgemacht wird Und ich kam diesen Menschen nah. Manchmal ein wenig zu nah.

Dabei sind es sehr unterschiedliche Personen, von denen ich hier erzähle – und beileibe nicht alle sind rechts oder rechtsradikal. Antifeminismus ist eine gesamtgesellschaftliche Ideologie und Männlichkeitswahn nicht nur Mainstream, sondern, wie ich bald herausfinden sollte, eine ausgesprochene Industrie. Aber gerade deshalb sind diese Ideen so gefährlich. Die Wut auf Feminismus, sexuelle Minderheiten und «Genderideologie» ist nicht bloß ein Klebstoff, der die verschiedenen Milieus der radikalen Rechten zusammenhält – er macht die Szene auch anschlussfähig. Das antifeministische Klebstoffschnüffeln wird zur Einstiegsdroge für viele wütende Männer – und natürlich auch für einige wütende Frauen.

Im ersten Teil des Buches erzähle ich von meiner Reise zu den Bewohner*innen der *Manosphere*, der «Sphäre des Mannes». Hinter diesem merkwürdigen Begriff verbirgt sich zunächst ein

Internetphänomen: Seit den nuller Jahren formierte sich dieses lose digitale Netzwerk aus einer ganzen Reihe Gruppierungen, Organisationen und Online-Communities. Geeint werden diese vornehmlich virtuellen Herrenclubs durch ihre *maskulistischen* Überzeugungen – sie alle glauben sich vom Feminismus benachteiligt oder unterdrückt. In diese illustre Runde gehören Männer- und Vaterrechts-Aktivisten genauso wie antifeministische Trolle und *Pick-Up-Artists*, also selbsternannte Verführungskünstler, die Tipps austauschen, wie man Frauen am besten ins Bett manipulieren kann. Die *MGTOWs* wiederum, die «Men going their own way», wollen mit Frauen im Grunde gar nichts mehr zu tun haben, während die *Incels*, die «Involuntary Celibates», als «ungewollt Enthaltsame» den Feminismus für ihr sexloses Dasein verantwortlich machen – und in ihrer ultratoxischen Ecke des Internets ein riesiges Gewaltpotenzial entwickelt haben.

Diese Auflistung mag zunächst wahnsinnig heterogen klingen. Aber die ideologischen und personellen Überschneidungen und Verquickungen innerhalb der Manosphere sind immens, die Argumentationsmuster oft identisch. Und so führte mich der Besuch einer bürgerlichen Männerrechtsgruppe wütender und wirrer FDP-Mitglieder auf direktem Wege zur größten maskulistischen Veranstaltung Deutschlands. Und ich lernte Vertreter all dieser verschiedenen Bewegungen persönlich kennen und musste erleben, wie leicht sich die Maskulisten (die nebenbei die Bezeichnung «Maskul*in*isten» ablehnen) für rechte und rechtsradikale Ideen begeistern können.

Dass sich die Manosphere zusehends radikalisiert, ist kein Zufall. Es waren besonders die US-amerikanischen Rechtsextremen der *Alt-Right*, die Ideen und Sprache der gekränkten Männer instrumentalisierten. 2014 begannen sie mit einer großangelegten Kampagne, vornehmlich junge Männer aus dieser Welt zu rekrutieren. Also flog ich nach Boston und schleuste mich bei Alt-Right-Aktivist*innen ein, die dort unter dem

Deckmantel ironischer Provokation gegen politische Korrektheit und Feminismus marschierten.

Aber auch die extreme Rechte in Deutschland hat das Thema für sich neu entdeckt. Im zweiten Teil des Buches beschreibe ich, wie gerade durch das Erstarken der sogenannten Neuen Rechten männerbündische Formationen ihr Comeback feierten. Burschen, Identitäre und Neonazis rekrutieren mit maskulistischer Sprache und dem Versprechen «wahrer Männlichkeit» ihren Nachwuchs. Monatelang durchstreifte ich ihr finsteres Netzwerk, kehrte widerwillig zurück in die Burschenschaftshäuser, besuchte rechtsextreme Konferenzen und Konzerte. Und bald schloss ich mich selbst einem rechten Männerbund an, zumindest ein bisschen: Über ein halbes Jahr begleitete ich eine Gruppe rechtsextremer Rapper (ja, wirklich), die mit Propaganda, hartem Bizeps und schlechter Musik die verweichlichte deutsche Jugend zu germanischen Kriegern stählen wollen. Mit Hass und Hypermaskulinität bereitet man sich auf den Tag X vor, auf die groß antizipierte Entscheidungsschlacht.

Der relative Erfolg der testosteronbesoffenen Rechtsradikalen kommt allerdings nicht von ungefähr. Denn musikalisch, ästhetisch wie inhaltlich konnten sich die Rassistenrapper bei ihren Vorbildern aus dem Mainstream bedienen. Ganz besonders bei Kollegah, dem extrem erfolgreichen Gangsta-Rapper, Männer-Coach, Muskelliebhaber, Sexisten, Antisemiten und Fitnessguru, der den soldatischen Männlichkeitswahn zu seiner Marke gemacht hat. Als sich mir also die Gelegenheit für ein persönliches Kennenlernen bot, konnte ich nicht anders – ich reiste dem muskelbepackten Popstar hinterher. Faschistische Männlichkeit ist kein Nischenprodukt.

Maskulisten, Trolle, Nazis und rechte Rapper, die zum Erhalt wahrer Männlichkeit mobil machen – ja, trotz allen Blutvergießens mag vieles zunächst skurril klingen. Aber der Krieg gegen Feminismus und «Genderismus» ist in vielen Ländern bereits Teil der Staatsräson. Auch in Polen, wo queere und feministische Aktivist*innen für ihre Menschenrechte und um ihre Existenz kämpfen müssen. Der dritte Teil des Buches erzählt von ihnen und davon, was es bedeutet, wenn die Phantasien maskulistischer Kämpfer und hypermaskuliner Krieger Realität werden. Und wo ich schon mal da war, schlich ich mich als vermeintlicher AfD-Mann bei Ordo Iuris ein – einem bestürzend einflussreichen Institut rechtsextremer Fundamentalisten. Eine federführende Kraft hinter den polnischen Kampagnen gegen Abtreibung und die LGBTQ-Community, und stolz berichteten mir die Mitarbeiter*innen dieses düsteren Instituts von ihren Schlachten gegen die «kulturmarxistische Verschwörung». So erhielt ich auch Einblicke in das mächtige Netzwerk dahinter, das weltweit, auch in Brüssel und auch in Deutschland, den Kampf gegen Frauen- und Menschenrechte vorantreibt. Polen ist uns nicht bloß geographisch nah.

Selbst jetzt, nach dieser langen Zeit, die ich in diesen stockfinsteren Welten zugebracht habe, fühle ich mich manchmal noch wie in der Oktobernacht 2009. Ungläubig stand ich auf der Straße und wollte glauben, dass dieser Hass nichts mit *unserer*, nichts mit *meiner* Welt zu tun habe. Aber das stimmt nicht. Und der Hass rückt immer näher.

Von der Blase der Manosphere über die extreme Rechte bis in das Netz des religiösen Fundamentalismus: Die stockfinsteren Welten mögen vielfältig sein, aber ihre Narrative und Feindbilder haben sich angeglichen, einander beeinflusst und befeuert. Der Angriff auf Demokratie und offene Gesellschaften richtet sich nicht zufällig so oft zunächst gegen Feminismus, Frauen und sexuelle Minderheiten. Mit dieser Agitation lassen sich gekränkte Männer zu Kriegern formen. Diese Agitation kostet Menschenleben.

Nein, wir können, wir dürfen das alles nicht länger ignorieren, kleinreden oder belächeln.

In diesem Buch erzähle ich von Menschen, die sich bis in die hinterletzten Ecken menschenverachtender Ideologien hineinmanövriert haben, die zum Teil unerträgliche und lebensgefährliche Dinge glauben, sagen und tun. All das gebe ich in diesem Buch wieder, ich reproduziere es. Es ist nicht leicht, sich mit solchen Ideen zu beschäftigen, ich weiß das nur zu gut – aber ich fürchte, es ist notwendig. Der Blick in den Abgrund kann uns begreiflich machen, was tagtäglich in unserer Mitte geschieht.

Und hier gleich noch eine Trigger-Warnung hinterher: Ich benutze Begriffe wie Trigger-Warnung. Ich benutze auch inklusive und geschlechtergerechte Sprache. Na gut, zumindest gebe ich mir wirklich Mühe. Nach über einem Jahr in diesen testosteronverkleisterten Netzwerken bin ich mir ganz sicher, dass jeder Versuch, unsere Welt auch nur ein klein wenig besser zu gestalten, unendlich wichtig ist. Also hier die Warnung: Man kann sich gelegentlich den Kopf an einem Gendersternchen stoßen, und ab und an wird es mir auch nicht gelingen. Zum Beispiel, wenn ich von *Männern* und *Frauen* schreibe und damit – das ist dem düsteren Diskurs geschuldet, über den ich hier berichte – in der Regel nur cisgeschlechtliche Menschen meine.

An den beschriebenen Begebenheiten habe ich nur das abgeändert, was mir unbedingt notwendig erschien. So wurde mal ein dreistündiges Gespräch aus dramaturgischen Gründen zu drei Sätzen, mal aus drei Gesprächen eines. Generell habe ich die Namen aller Personen verändert, die selbst nicht in der Öffentlichkeit stehen oder sie aktiv suchen. Also habe ich biographische Details und einzelne Umstände verfremdet, um bestimmte Identitäten unkenntlich zu machen. Denn in diesem Buch geht es nicht nur um die einzelnen traurigen, skurrilen und gefährlichen Individuen, die einzelne traurige, skurrile oder gefährliche Sachen sagen. Es geht um Ideen, die um sich greifen. Und die sind überall. Sie sind anschlussfähig. Sie töten.

Die Krieger des Patriarchats rufen zur Schlacht.

EINS

DER KRIEG DES GEKRÄNKTEN MANNES

FRONTBERICHTE AUS DER MANOSPHERE

«Das männlichste Volk dieser Erde, das deutsche, muss die Schmach erleben, von seinen Weibern dem Verfall entgegengeführt zu werden.»

BUND ZUR BEKÄMPFUNG DER FRAUENEMANZIPATION, 1918

Die Schmerzensmänner

Von Männerrechtlern und anderen Unterdrückten

Asche, Wut und Unrecht

Die halbe Flasche Grillanzünder war zu viel des Guten gewesen, aber das Tagesprogramm ist dicht und durchgetaktet, da bleibt für kulinarische Sperenzchen wenig Zeit. Dann sind die Würste jetzt eben verbrannt, außen verkohlt und innen noch roh, was soll's? Davon lassen sich die Männer nicht abschrecken. Das schmeckt auch so, man hat ja Senf und Hunger, Prinzipien und zum Runterspülen einen ganzen Kasten Bier. «Außerdem ist das Gutfinden von Thüringer Rostbratwürsten die erste Voraussetzung, um eingebürgert zu werden», ruft der Persönlichkeitstrainer, ein wuchtiger Altherrenkörper mit winziger Lesebrille auf der Nasenspitze, und die übrigen Männer lächeln höflich, nehmen Platz und beißen in ihre Brötchen voll rohem Fleisch und Karzinogenen.

Was müssen wir für ein merkwürdiges Bild abgeben, die acht Herren des Männerrechtsvereins und ich, umweht vom Funkenflug auf dem kleinen Grillplatz hinter einer Jugendherberge! Es will nicht zusammenpassen. Nichts will hier zusammenpassen. Diese Gut- und Sehr-gut- und Noch-besser-Verdiener, die sich als rundum diskriminierte Geschöpfe wahrnehmen, sitzen eingezäunt zwischen Geräteschuppen und Parkplatz. Männer im besten Alter und noch älter, mit Status und Geld. Ein dezent gemustertes Bürgertum mit kurzärmligen Hemden und braun-beige-khakifarbenen Baumwollhosen und Polos mit den teuren Tierchen auf der Brust. Ich weiß nicht, warum sie sich gerade diesen kuriosen Ort für ihre Zusammenkunft ausgesucht haben: Das Internationale Gästehaus auf dem Herrenberg am Rande des Jenaer Forsts. Ein himmelblau gestrichener DDR-Betonbau mit Mehrbettzimmern, muffigen Seminarräumen und dem allgegenwärtigen Geruch von Früchtetee. Vielleicht hat sich kein anderer geeigneter Ort für die Tagungsklausur der Bundesvereinigung Liberale Männer e. V. gefunden. Oder vielleicht gefiel ihnen einfach die Adresse: die Männerrechtler vom Herrenberg. Das klingt doch nach was.

Und schon geht es wieder los, Pause hin oder her, das wütende Geschimpfe und verschwörerische Geraune blüht auf. Auch beim Abendessen, auch mit vollen Mündern wird das große Unrecht besprochen. Dafür sind sie hier, um dieses Unrecht in all seinen Facetten zu besprechen und sich einander in ihrem Glauben daran zu bestätigen. Und sie sprechen von der systematischen Unterdrückung des Mannes. Von der gewaltigen Krise der Männlichkeit. Vom tobenden Krieg der Geschlechter. Und vor allem sprechen sie vom allgegenwärtigen und übermächtigen Feind: vom vermaledeiten Feminismus.

«Sicher, die Feministinnen sind mittlerweile überall», bestimmt der Politiker, ein Fünfzigjähriger mit ewig spöttischem Lächeln im Gesicht und kleinem Bäuchlein im grell-türkisen Polohemd: «Aber ewig werden sich die Männer das alles nicht mehr gefallen lassen!» Er klingt überzeugt, ganz so, als sei der Aufstand des Mannes längst entschiedene Sache. Dann lacht er bitter auf und prostet mir zu. Und weil ich mit dieser kläglichen Situation nicht anders umzugehen weiß, proste ich zurück und schlucke Bier und Fleisch und Asche. Ich spiele mit, auch wenn ich das Spiel noch nicht verstehe. Aber dafür bin ich schließlich hier. Ich will sie verstehen, diese Männer und ihren Glauben. Nur mit dem Ausmaß der Kläglichkeit habe ich nicht gerechnet.

Wie wird ein Mann zum Männerrechtler? Was wurde diesen Männern bloß angetan, dass sie sich entrechtet glauben?

Die Klausur sei nicht zuletzt für den persönlichen Austausch gedacht, ganz menschlich, von Mann zu Mann zu Mann. So in etwa sagte es mir der Vorsitzende der Liberalen Männer, der Regensburger Universitätsdozent, und im Unkostenbeitrag von 37 Euro sind Übernachtung und Verpflegung schon inbegriffen. Ein Schnäppchen, dachte ich mir – aber auch nach einem Tag in ihrer Mitte bin ich kein bisschen schlauer. Ich weiß nicht, was diese Männer hergetrieben hat. Man stellt diese Frage nicht. Niemand hier stellt diese Frage, und ich habe auch nicht den Eindruck, dass die Männer viel voneinander wissen. Nicht mal die Frage, ob wir uns jetzt siezen oder duzen, ist so richtig geklärt. Alles, was sie einander preisgeben, ist ihr jeweiliger Beruf – und das ist auch alles, was sie von mir wissen wollten: Ich, Anton Schneider, ein unauffälliger Mann mit ungoogelbarem Namen, bin hier einfach nur der Doktorand.

«Du promovierst in Germanistik?», fragt der Politiker.

«Literaturwissenschaft», sage ich und setze an, von meiner fiktiven Doktorarbeit zu erzählen: von Mishima und Marinetti und anderen hypermaskulinen Autoren der Geschichte, die sich auch schon nach wahrer Männlichkeit sehnten und vor Verweiblichung fürchteten – aber schon fällt mir der Politiker lachend ins Wort: «Literatur studiert der, und dann auch noch in Berlin, boah, das ist ja hart!» Er versucht nicht einmal, sich den abschätzigen Tonfall zu verkneifen. Er selbst sei ja nicht nur Politiker, sondern auch Diplomkaufmann und Vermieter, ein rundum echter Machertyp: «Na, vielleicht wirst du ja mal Professor.» Und der Syndikusanwalt erkundigt sich besorgt, ob man als männlicher Literaturdoktorand überhaupt Berufschancen habe, aber da weiß der Universitätsdozent Bescheid: «Nicht in diesem feminisierten Uni-Betrieb.» Und damit ist das Interesse an mir, Anton Schneider, dem frischgebackenen Männerrechtler, auch schon wieder erloschen. Ist doch egal, was mich im Detail hergeführt hat. Die Männer haben alle ihre Gründe, also werde ich schon den meinen haben.

Diese halbe Anonymität und Schicksalslosigkeit der Herren

ist ein Panzer, und es gibt kein Durchkommen. Es ist frustrierend. Dabei habe ich mir im Vorfeld viele Gedanken gemacht, was jemanden auf so einen Herrenberg herauftreiben könnte. Und ich habe sogar Antworten gefunden! Denn tatsächlich, inmitten all der Wut und Polemik, da gibt es sie ja, die legitimen und die zumindest nachvollziehbaren Anliegen. Es sind existenzielle Probleme, von denen Männer durchschnittlich sehr viel häufiger betroffen sind als Frauen. Dinge wie Wohnungslosigkeit, Drogensucht und Alkoholismus, die höhere Selbstmordrate und die geringere Lebenserwartung. Oder auch Missstände, die in der Öffentlichkeit einfach wenig Gehör finden: die geringen Chancen von Vätern bei Sorgerechtsstreitigkeiten oder häusliche oder sexuelle Gewalt gegen Männer. Diese Themen haben sich die Männerrechtler auf die Fahnen geschrieben und ja, auch hier, auf dem Herrenberger Grillplatz bekomme ich sie zu hören. Besprochen werden sie nicht, das wäre zu viel gesagt, aber sie werden benannt. Vorgetragen wie Stoßgebete, wie ständig wiederkehrende Mantras: Wohnungslosigkeit, Drogen, Familiengericht, Selbstmord …

Sicher, jedem dieser Probleme kann man eine kleinere oder größere Relativierung hinterherschieben, sollte vor schiefen Vergleichen und falschen Gleichsetzungen warnen. Denn auch, wenn es mich etwa erstaunt, dass bei rund 18 Prozent aller Fälle häuslicher Gewalt Männer die Opfer sind, ist die Gewalt, die Frauen widerfährt, unvergleichlich brutaler: In Deutschland versucht statistisch gesehen jeden Tag ein Mann seine Partnerin oder Ex-Partnerin zu ermorden. An jedem dritten Tag ist einer erfolgreich. Und nach der Statistik versuchen Frauen doppelt so oft wie Männer, sich das Leben zu nehmen. Allerdings gelingt es Männern viermal so oft. Weil es Männern oft schwerfällt, über ihre Probleme zu sprechen. Weil vielen Männern das soziale Netz fehlt. Weil da meist niemand ist, sie abzuhalten oder noch rechtzeitig zu finden. Weil sie meist auch brachialere Methoden zur Selbsttötung wählen … Um es kurz zu machen: Es ist alles kompliziert, und Vergleichen bringt wenig. Aber Schmerz ist Schmerz, Unrecht ist Unrecht, und für die meisten dieser Probleme habe ich größtes Verständnis. Ich bin ja auch ein Mann. Und wie oft in meinem Leben habe ich versucht, Einsamkeit und Schmerz mit Aggression wettzumachen? Habe rumgeschrien, mich aufgeführt, mich isoliert? Ich habe mir lange doch auch nicht meine psychischen Probleme eingestehen können, egal wie sehr und offensichtlich ich Hilfe gebraucht hätte. Denn ich hatte ja gelernt, was ein Mann ist: hart im Nehmen, funktionstüchtig, resilient. Da blieb in meiner Selbstwahrnehmung kein Platz für Depression und Angstzustände, für Panikattacken und Essstörung. Ein trauriger Mann mit Essstörung? Pah, eine alberne Vorstellung! Das wollte, das konnte ich mir nicht eingestehen. Und ich verlor Jahre meines Lebens. Verlor Freundinnen und Freunde. Weil ich ein Mann sein wollte. Weil ich glaubte zu wissen, was das ist.

Könnte sich da diese merkwürdige Abendgesellschaft vom Herrenberg nicht doch noch als Truppe unwahrscheinlicher Helden entpuppen? Vielleicht später, wenn die angestaute Wut aufgebraucht ist und die letzte gekränkte Stammtischparole ausgekotzt, müssten sie dann nicht ihre Würste und gestrigen Geschlechterbilder fallenlassen? Vom Tisch aufspringen und das eigentliche Problem angehen? Sie könnten einander ihre Wunden zeigen und gemeinsam um Heilung kämpfen.

Ich warte vergebens. Die Männer haben genug Wut und Schmerz für den ganzen Abend dabei, genug für ein ganzes Menschenleben und fallenlassen werden sie gar nichts. Ihre Analyse ist abgeschlossen, der Feind ausgemacht: Schuld hat für sie ausschließlich und exklusiv der Feminismus, der den Staat fest in der Hand hält. Oder wahlweise der Staat, der seine Bürger mit seiner feministischen Agenda traktiert. Die Politik sei von feministischen Netzwerken durchsetzt, lerne ich, Parteipolitik nur noch Frauenpolitik, und im Grunde lebten wir alle in einer dystopischen DDR-zwei-Punkt-null, in der Männer zu austauschbaren Arbeitskräften verkommen, zu Samenspendern und Verbrauchsmaterial, pfandfrei und entbehrlich.

Was auch immer die Männer erlebt haben, verschwindet inmitten all dieses heraufbeschworenen Unrechts. Nur manchmal, ganz plötzlich, da bricht etwas aus den Männern hervor. Mitten ins Gespräch mischt sich ein kaum verständliches Genuschel oder zischt eine bittere Bemerkung, ein fieser Nebensatz über die Ex-Frau oder das Gericht oder den Job. Viel konkreter wird es nicht. Dann flüchten sich die Männer wieder ganz schnell zurück ins schicksallose Geschimpfe über die feminisierte Gesellschaft oder die Gender-Ideologie oder das Gender Mainstreaming oder die Gendersternchen oder das Gender-was-auch-immer. Dann lachen sie höhnisch oder blicken ernst. Nur traurig will hier keiner sein. Und ich glaube, gerade deshalb kommen sie mir alle so unendlich traurig vor.

Einzig der Geologe, ein dürrer Mann mit seltsam alterslosem Gesicht, wirkt tatsächlich melancholisch, und auch am kollektiven Echauffieren beteiligt er sich kaum. Überhaupt scheint er mit der bisherigen Veranstaltung unzufrieden. Er verzichtet sogar auf seine verbrannte Thüringer, begnügt sich mit ein paar Brötchen und etwas mittelscharfem Senf, was für allgemeine Erheiterung sorgt. Aber jetzt will er doch was sagen: Er kenne das ja aus der Wissenschaft, erklärt er, meist sei nicht nur das eine oder das andere richtig, und so sei es doch auch mit dem Maskulismus und dem Feminismus, und da müsste man doch …

Es ist ein etwas umständlich-vorsichtiger Appell zur Mäßigung, den er mit seiner heiseren Stimme vorzubringen versucht. Glaube ich zumindest, aber da grätscht ihm der wuchtige Persönlichkeitstrainer ins Wort: «Das ist jetzt nicht Inhalt und Gegenstand.» Und weil der dürre Geologe noch einmal Luft holt, um irgendetwas zu erwidern, donnert der Wuchtige hinterher: «Die Liberalen Männer sind eine Vorfeldorganisation der FDP auf Bundesebene! So.»

Der Geologe verstummt. Darauf fällt ihm nichts mehr ein. Mir auch nicht. Während die anderen schnell zurück zu ihren Aschewürsten und gemeinschaftlichen Tiraden finden, erhebt sich der Geologe, stellt sich schweigend an den verrosteten Holzkohlegrill und stochert etwas unmotiviert in den glühenden Kohlen herum. Und weil ich jetzt auch genug vom immergleichen Geschimpfe habe, geselle ich mich zu ihm. Ist alles in Ordnung?

Er zuckt mit den Schultern. «Was will die Männerrechtsbewegung überhaupt? Ich frag mich das manchmal wirklich …» Was für eine kuriose Frage, die er ausgerechnet mir stellt! Immerhin ist das hier mein Debüt, mein erster Tag als Männerrechtler, der Geologe ist seit vielen Jahren dabei. Aber das meiste findet eben digital statt. Für persönlichen Austausch in der realen Welt gibt es nur wenige Gelegenheiten, und er hatte nicht mit dem harten Umgangston gerechnet, nicht mit der Lautstärke und vor allem nicht mit der geballten Wut. Damit kommt er offenbar noch wesentlich schlechter klar als ich. «Ich weiß manchmal nicht, ob ich überhaupt verstanden habe, worum es hier geht. Die reden doch nur über Feindbilder.»

«Und worum geht es dir?»

«Mir ging es immer um die Gleichbehandlung von Mann und Frau. Weil, die Leute glauben, dass Männer und Frauen so unterschiedlich wären, und deswegen könnte man Männer schlechter behandeln. Wenn Männer immer so stark und durchsetzungsfähig sind, warum sollte man sie dann schützen, nicht?»

Einen solchen Satz hätte ich nicht mehr erwartet. «Wow! Es geht dir also darum, alte Geschlechterrollen aufzubrechen?»

Aber «Geschlechterrollen», das geht dem Geologen doch etwas zu weit, bei dem Wort verzieht er das Gesicht: «Nein, nein. Also, die Frauen haben sich ja schon längst emanzipiert. Dieses Rollenkorsett gilt nur noch für Männer, die darunter leiden.»

Und ohne dass ich fragen muss, erzählt er von sich. Tatsächlich! Ganz von alleine und freimütig berichtet er von seiner

Scheidung, die ihn zum Männerrechtler gemacht habe, und ich höre dankbar zu – auch wenn seine Erzählung mir nicht so ganz einleuchten will. Seine Ex habe zwar besser verdient als er, sei aber dennoch nur an seinem Geld interessiert gewesen. Die Geburt des zweiten Kindes habe sie noch abgewartet und ihn dann vor die Tür gesetzt. «Die war eben berechnend und unberechenbar zugleich!» Beim Sorgerechtsstreit habe sie dann behauptet, der Geologe könne die Kinder nicht angemessen versorgen: «Das wurde nicht hinterfragt. Umgekehrt, wenn ein Mann so was sagt, dann glaubt ihm kein Richter der Welt. Das ist evolutionsbiologisch bedingt. Die Männer ziehen immer den Kürzeren!»

«Na ja, immer? Vor hundert Jahren hättest du deine Ex noch in die Irrenanstalt einweisen können, oder?»

«Wir sind aber im Jetzt», hält er dagegen. «Und *jetzt* können die mit irgendwelchen Gesetzen etwas festlegen, und ich lande im Gefängnis …»

Aber weshalb würde er denn im Gefängnis landen?

«Also, nach der Scheidung, da wäre ich fast im Gefängnis gelandet.»

«Was hast du denn gemacht?»

«Nichts! Aber man würde es meiner Ex-Frau glauben, wenn sie was sagen würde.»

«Was würde sie denn erzählen?»

«Was auch immer! Was ihr einfällt.»

«Du hast doch gerade gesagt, dass du fast im Gefängnis gelandet wärst!»

«Sie würde ja nichts Wahres sagen!»

«Ich weiß! Aber was würde sie denn lügen? Du hast ja offensichtlich vor irgendwas Angst?»

«Sie hat damit gedroht!»

«Womit hat sie denn gedroht!?» Der Geologe zuckt zusammen, die Frage kam sehr viel lauter aus mir heraus, als ich wollte.

«Ich hätte sie und die Kinder geschlagen … Was auch immer.»

Ich schaue ihn an. Er schaut zurück. «Das Problem ist, das wird halt geglaubt! MeToo und so? Das war ja schon viele Jahre vorher so, aber MeToo hat das gezeigt, wie das läuft.»

Vom Herrentisch wabern breitmäulige Diskussionsfetzen zu uns herüber. Irgendwas über die AfD, was mich vermutlich interessieren sollte. Aber ich bin gerade nicht aufnahmefähig.

Es ist ja möglich. Wirklich. Vielleicht hat der Geologe einfach nur furchtbar Pech gehabt und ist an eine böse oder irre Frau geraten. Oder er ist nur ein bisschen paranoid. Ein seltsamer Kauz, der in all den Jahren als Männerrechtler seinem Verfolgungswahn erlegen ist, einem neurotischen Kurzschluss. Oder vor mir steht doch einer, der seine Frau und Kinder prügelt.

Ich kann es nicht sagen. Kann nicht sagen, wer er ist. Wer irgendjemand hier ist.

Und ohne es zu wissen, bin ich genau in diesem Moment so richtig angekommen. In einer Welt der unerträglichen Ununterscheidbarkeit, voller Hass, Schmerz und schrecklicher Vermutungen.

Willkommen auf dem Herrenberg.

Willkommen in der Manosphere.

Willkommen in der Manosphere

In den Wochen zuvor kauerte ich mit stetig wachsender Ratlosigkeit über meinem Laptop und klickte mich durch all die Webseiten, auf denen sich die Männerrechtler austoben. Ein unübersichtliches und ausfransendes Netz, in dem das Feindbild Feminismus zementiert wird und der ideologische Grundstein für die gesamte Manosphere gelegt wurde. Inhaltlich herrscht in der Szene der Männerrechtler zwar Einigkeit, zumindest in den zentralen Punkten, aber stilistisch ist es ein breites Spektrum. Es gibt Hunderte Foren und Facebookgruppen, YouTube-Kanäle, Onlinemagazine und etliche Blogs mit kryptisch-stottrigen

Namen wie Genderama, Emannzer, FemokratieBlog oder Alternativlos-Aquarium. Man stößt auf wüste Tobsuchtsanfälle und staubtrockene Zahlendrehereien, halbgare Polemiken und fußnotengarnierte Abhandlungen. Kaum hatte ich eine lexikalische Aufzählung der gefühlten Ungerechtigkeiten bewältigt, pestete mir ein wutschäumender YouTube-Kerl mit wirrem Blick entgegen, dann ein überheblich daherschnöselnder Frauenhasser, und zwei Klicks weiter wuchern schon die rechten und rassistischen Parolen.

Man könnte die Männerrechtler leicht für ein kurioses Internetphänomen halten, und sicher, die Szene hat seit den nuller Jahren sehr an Bedeutung gewonnen. Aber es sind mehr als nur ein paar frustrierte Nerds an ihren Endgeräten. Über die Herrenrechtler schrieb auch schon die große Feministin Hedwig Dohm in ihrer Schrift «Die Antifeministen» aus dem Jahr 1902. Dohm, eine der ersten Frauen in Deutschland, die das uneingeschränkte Wahlrecht und die Gleichberechtigung forderten, beschreibt in ihrem Text eine finstere Allianz: Da waren «praktische Egoisten», die nicht auf die Annehmlichkeiten weiblicher Hausarbeit verzichten wollten, dann die «altgläubigen» Traditionalisten, die mal auf Gott, mal auf angebliche Naturgesetze pochten. Und schließlich eben die «Herrenrechtler», die sie in «Charakterschwache und Geistesdürftige» unterteilt: Die einen würde schlicht die «Furcht an die Front gegen die Frauenbewegung» treiben, die anderen hätten Angst, sie könnten nach der Emanzipation niemanden mehr finden, den sie als dümmer darstellen könnten, als sie es selber sind: «Er, der an Geist zu kurz Gekommene, ist es, der des Weibes völligen Mangel an Logik fett unterstreicht, mit dem triumphierenden Ausdruck, als plansche er lebenslang in logischen Wonnen.»

Und auch die Verquickung von Antifeminismus und rechtem Ressentiment ist wirklich nichts Neues. Zehn Jahre nachdem Dohm ihr Buch veröffentlicht hatte, gründete sich der «Bund zur Bekämpfung der Frauenemanzipation». Antimodern, antidemokratisch und antisozialistisch, war er von Anfang an eng mit der völkischen Bewegung verbunden. Zwar löste der Bund sich 1920 wieder auf – zwei Jahre nachdem die Frauen in Deutschland das Wahlrecht erlangt hatten –, aber seine wichtigsten Mitglieder konnten bald bei den Nazis mitmischen.

Und auch heute, beim Durchforsten des digitalen Dickichts, stößt man immer wieder auf rechtsextreme Manifestationen eines puren und ungefilterten Hasses. Skurril-unerträgliche Seiten wie «Weiberplage.org» oder «Wie viel Gleichberechtigung verträgt das Land?» (das ist freilich eine rhetorische Frage. Die Antwort: keine!) Und dann ist da die berüchtigte Online-Enzyklopädie WikiMANNia.

In den Tausenden Einträgen dieser längst indizierten, aber nach wie vor aktiv betriebenen und abrufbaren Datenbank, handelt es sich nach Eigenaussage um «feminismusfreies Wissen», mit dem «die Jugend vor familienzerstörender Politik und staatlicher Indoktrination» geschützt werden soll. Es ist eine schon faszinierend eklige Melange aus rassistischen Parolen, Idiotie und Bösartigkeit – und dazu diese ständige Umkehrung der Begriffe! Den eigenen Rechtsextremismus will man sich pro forma nicht eingestehen, also wird alles als «faschistisch» bezeichnet, was vom eigenen stramm rechten Kurs abweicht. Da ist von einem «linken Faschismus» die Rede, einem «EU-Faschismus» und «Islam-Faschismus» und «Klima-Faschismus» und «Antifa-Faschismus» und «LGBT-Faschismus». Nur mit dem faschistischen Faschismus haben die rechten WikiMänner offenbar kein sonderlich großes Problem. Das Ganze wäre einfach nur lächerlich, nicht viel mehr als ein Online-Lexikon für Neonazis mit Liebeskummer – würde die Seite nicht auch mit Einträgen genüsslich gegen einzelne Personen hetzen. Es ist ein weiter Katalog diffamierender Artikel über alle möglichen feministischen und linken Akteur*innen. Ein virtueller Katalog, der ganz realen Schaden anrichten kann.

Nein, ich weiß nicht, wie man das aushalten soll, das stumme Draufblicken und ohnmächtige Aufsaugen – ich kann so was nicht, ich musste die Menschen dahinter kennenlernen. Und wer weiß, vielleicht tut man den Männerrechtlern ja nur ein weiteres Unrecht an, wenn man sie alle gemeinsam in einen Topf wirft.

Erst will ich mich bei den als gemäßigt geltenden Maskulistenorganisationen melden, bei Vereinen wie Agens oder MANNdat, die eine «wahre Geschlechtergerechtigkeit» erstreiten wollen. Aber auch bei denen finden sich immer wieder Mitglieder, die mehr oder minder offen mit der rechtsradikalen Szene verbandelt sind. Was freue ich mich also, als ich dann auf den Verein der Liberalen Männer stoße!

Diese Liberalen Männer sind eine sogenannte Vorfeldorganisation der FDP. Ob die Parteiführung das Ganze gut findet, steht zu bezweifeln – es gibt keine offiziellen Stellungnahmen. Ganz wie die Partei, die nebenbei einen beachtlichen Männerüberschuss hat, lehnt der kleine Männerbund Frauenquoten ab, fordert aber seit seiner Gründung 2017 Männerquoten, damit die angebliche Privilegierung der Frauen endlich aufhört. Und vor allem richtet man sich gegen die «Genderideologie», wie es in ihrem Gründungspapier heißt.

Besonders erfolgreich sind sie damit nicht. Obwohl auch Leute ohne Parteibuch mitmachen können, hat der Verein nur ein paar Dutzend Mitglieder. Aber für meinen Einstieg in die Welt des Antifeminismus klingt das alles gar nicht mal so übel, denke ich mir. Nicht, dass mir irgendwas an dem Verein sympathisch wäre, aber zumindest habe ich den Eindruck, hier auf Demokraten, im besten Fall sogar auf ein paar anständige Typen zu treffen.

Wie schlimm kann es auf dem Herrenberg schon werden?

1916

Mein Zug hatte Verspätung. Blieb einfach liegen, irgendwo in der thüringischen Pampa kurz vor dem Ziel. Als ich endlich ankomme, hat die liberale Tagungsklausur bereits begonnen. Ich muss nach den Männern in dem überwältigend unattraktiven Betonklotz eine ganze Weile suchen. Es ist menschenleer auf dem Herrenberg, ein gleißend-grauer Tag Ende August, nicht die Saison für Klassenfahrten. Selbst die Rezeption ist unbesetzt. Nur der defekte Süßigkeitenautomat im Foyer surrt geschäftig vor sich hin.

Ich finde sie in einem Seminarraum im zweiten Stock, der mich unangenehm an mein altes Klassenzimmer erinnert. Der Vorsitzende des Vereins, der Regensburger Unidozent, hat schon mit seinem Referat begonnen. Mehrere der Männer haben Impulsvorträge vorbereitet, aber nur der Dozent auch eine PowerPoint-Präsentation. Er hat sich Mühe gegeben mit seinem Thema: «Die Benachteiligung der Männer im Wissenschaftsbetrieb». Ich schleiche mich herein, grüße dezent in die Runde und setze mich auf einen der freien Stapelstühle. Versuche zu verstehen, wie ein doch offensichtlich gebildeter Mann zu einer solch wilden These gelangt.

Entsetzt hat der Dozent feststellen müssen, dass es an deutschen Hochschulen mittlerweile mehr Studentinnen als Studenten gibt, und zusätzlich fänden sich kaum Förderprogramme, die sich exklusiv an Männer richteten. In mehrere Suchmaschinen für Stipendien habe er das Wort «Männer» eingegeben – die Ergebnisse seien bestürzend gewesen. Sicher, auf der an die Wand projizierten Folie ist auch zu sehen, dass 87 Prozent aller Lehrstühle von einem Mann besetzt sind, aber das irritiert ihn nicht: «Diese Benachteiligung der Männer im Wissenschaftsbetrieb ist nicht zufällig, nein, sie ist systematisch.» Sein Urteil erntet entrüstetes Gemurmel, die Herrenköpfe werden geschüttelt:

«Schrecklich» und «Furchtbar» und «Ich hab's ja schon immer gesagt!»

Und das war's auch schon. Es ist so klein. So trist. So enttäuschend. Es würde sich nicht einmal lohnen zu widersprechen. Worüber sollte man da streiten? Ein älterer Universitätsdozent, der keine Professorenstelle abbekommen hat, glaubt sich vom Feminismus benachteiligt.

Dabei gibt es doch allerhand feministische Ausprägungen, die man wirklich kritisieren könnte, die man sogar kritisieren muss: Es gibt Feminismen, die hochgradig rassistisch sind, transphob oder sich gegen Sexarbeiter*innen richten. Oder den warenförmigen Feminismus, der auf das H&M-Shirt für 8,99 passen muss oder ins *Girl-Boss*-Insta-Posting. Der vom Kapitalismus gekaperte Feminismus, wie ihn die Soziologin Eva Illouz beschrieb. Natürlich ist legitime Kritik also möglich und nötig – nur muss man dafür wissen, worüber man spricht. Aber das tun die Herrenberger Herren nicht. Das wollen sie auch nicht. Denn sie brauchen ihren Feind, ihren Endgegner: *den* Feminismus. Und so stellen auch die anderen Vorträge keine wesentlichen Verbesserungen da: Begriffe werden missverstanden, aus Gender wird eine Ideologie gemacht, Feminismus zum Männerhass. Ignoranz wird zur Schau gestellt. Zum Instrument für den eigenen Opfer- und Machtanspruch.

Und dann ist der wuchtige Persönlichkeitstrainer an der Reihe. Ach, was heißt hier eigentlich Persönlichkeitstrainer? Pädagoge will er auch sein, Coach, Unternehmensberater und Therapeut. Womit er eigentlich sein Geld verdient, ist nicht so ganz klar, aber dafür lässt sich sein Vortrag auf drei knackige Thesen herunterbrechen. Erstens: Seine Kindheit war dufte, früher, mit der Natur und so. Zweitens: Diese Jugend von heute, also wirklich! Drittens: Die Männer müssen wieder echte, ungezähmte Kerle werden!

Immerhin, die Diskussionen sind überraschend. Nein, nicht die Diskussionen selber, nicht die Argumente, aber die Rahmung.

Die ständigen Rückzieher, die verlässlich auf jeden polemischen Ausreißer, auf jeden lauten Ton folgen. Es sind Versicherungen, dass man keinesfalls etwas gegen die Frauen, sondern nur gegen den Feminismus habe. Ach, nicht einmal gegen den Feminismus *an sich*, findet zumindest der Dozent. Das Problem seien bloß die modernen Auswüchse der Frauenbewegung.

Das überrascht mich tatsächlich. Dabei konnte man ganz Ähnliches schon hundert Jahre zuvor von den Antifeministen zu hören bekommen.

1916 veröffentlichte der Deutsche Bund gegen die Frauenemanzipation ein Manifest. Die Stoßrichtung war klar, alles sehr eindeutig, aber das Autorenduo Prof. Dr. Langemann und Frau Dr. Hummel erklärten schon damals, dass man freilich nicht pauschal gegen die Emanzipation sei.

2019 erklären die Herrenberger Herren, dass natürlich die frühen Kämpfe der Feministinnen notwendig gewesen seien. Denn damals ging es noch um Gerechtigkeit.

1916 erklärten Langemann und Hummel, dass natürlich die frühen Kämpfe der Emanzen notwendig gewesen seien. Denn damals ging es noch um Gerechtigkeit.

2019 nennen die Herrenberger Herren als Beispiel das Wahlrecht und so weiter. Das sei ja legitim.

1916 nennen Langemann und Hummel als Beispiel das Recht, in «Frauenberufen» zu arbeiten und so weiter. Das sei ja legitim.

Aber jetzt, in den Jahren 1916 und 2019, da finden die Herrenberger Herren und Langemann und Hummel, sei es auch wirklich mal gut! Jetzt schlage das Pendel doch wirklich zu weit in die andere Richtung aus.

Der Tritt

Ich will fair sein. Geduldig. Menschen steigern sich doch in alle möglichen politischen Anliegen hinein, werden polemisch und unüberlegt. Und nun, nach dem aschenen Abendessen und einer Pause, einem Bier und etwas frischer Luft, kommt noch ein Vortrag über ein wirklich wichtiges Thema.

«Es ist nicht nur wichtig, es ist ein echtes Tabuthema», sagt der Inhaber eines mittelständischen Betriebs für Garten- und Landschaftsbau. Er sagt das mit belegter Stimme. Es ist, glaube ich, das Erste, was ich den Mittelständler sagen höre. Er ist ein zurückhaltender, unauffälliger Mann mit spitzem Gesicht und stumpfen Augen. Tiefe Sorgenfalten auf der hohen Stirn. Er wirkt aufgewühlt, räuspert sich, ordnet seine Papiere. «Wirklich ein schwieriges Thema, jetzt. Also, es geht um sexuelle Gewalt gegen Männer.»

Ich bin beeindruckt. Der Mittelständler hat schlichtweg recht: Männern kann ja schon das ganz grundsätzliche Eingeständnis, Opfer gewesen zu sein, schwerfallen. Es widerspricht der herrschenden Meinung, was ein Mann zu sein hat: immer Macher, immer Täter, ein Mann lässt sich nichts gefallen und kennt keinen Schmerz. Sicher ist das ein Stereotyp, aber ein mächtiges. Eines, dass die allermeisten verinnerlicht haben. An dem man kaum vorbeikommt. Mir gelang es ja nicht mal, mit den Schlägen umzugehen, die ich als Jugendlicher auf dem Schulhof kassierte. Ich wendete mich an niemanden, sprach mit niemanden. Ich kühlte Beulen, schluckte Tränen, schämte mich und schwänzte Schule. Zu mehr hatte ich nicht die Kraft. Ich mag mir nicht vorstellen, wie schwierig es für männliche Opfer sexueller Gewalt sein mag, sich Hilfe zu suchen. Sich an den Freundeskreis, die Familie, die Polizei oder gar an die Öffentlichkeit zu wenden. Sicher, durch die MeToo-Bewegung hat sich die Situation etwas verbessert, für Frauen wie für Männer, aber nicht ansatzweise genug …

Der Mittelständler sammelt sich. Es scheint ihm schwerzufallen zu beginnen. Ich lächle ihm aufmunternd zu, aber er sieht mich nicht. Er stöhnt. Der Männerrechts-Bewegung wird immer wieder vorgeworfen, sich als Opfer zu stilisieren, ein paar

Seiten weiter oben auch von mir. Aber vielleicht, denke ich mir jetzt, liegt darin auch eine Gelegenheit: der Weg, zu einem anderen, einem neuen Männlichkeitsbild.

Der Mittelständler hat einen Artikel aus einer Regionalzeitung mitgebracht und lässt Kopien herumreichen: «Karate-Profis machen Frauen stark», steht da zu lesen. Es ist ein Bericht über kostenlose Selbstverteidigungskurse für Frauen, die nach einer Serie von Vergewaltigungen im örtlichen Stadtwald vom Polizeisportverein angeboten wurden.

Ich überfliege den Text. Überfliege ihn noch mal. Ich verstehe nicht.

Der Mittelständler schaut jetzt noch etwas ernster, noch bedrückter in die Runde und bittet uns das Foto im Artikel zu betrachten. «Wir sehen dort eine junge Frau, die in der Simulation eines Angriffs dem attackierenden Mann zwischen die Beine tritt.»

Ich schaue auf das Foto. Die Bildbeschreibung des Mittelständlers ist korrekt.

«Zwischen die Beine», wiederholt der Mittelständler. «Das ist sexuelle Misshandlung.»

Ich schaue auf das Foto, höre den Mann. Wovon spricht der Typ?

«Es wird hier ganz klar signalisiert, dass Frauen ihr Selbstwertgefühl steigern können, indem sie Männer sexuell misshandeln! Denn was hier als Selbstverteidigung dargestellt wird, bezahlt von Steuergeldern, wohlgemerkt, das ist Genitalverstümmelung. Das ist verboten nach der Genfer Konvention.»

Ich will was sagen, muss was sagen, hole schon Luft, kann es mir dann aber doch noch verkneifen. Ich atme durch und notiere mir: «Eier treten = Genitalverstümmelung».

«Das ist nicht anders als bei der Beschneidung», sagt der Mittelständler.

Und ich notiere mir: «Eier treten = Beschneidung».

Das sei ein Skandal, stellt der Mittelständler fest, dabei könne die Frau sich ja auch anders wehren. «Den Angreifer anbrüllen oder einen Schlag auf die Nase geben, aber dieses Wissen wird untergraben. Das ist eine riesige Propagandamaschine.»

«Eier treten = Propagandamaschine», notiere ich. Ich betrachte meine Notizen. Wo bin ich hier gelandet?

Der Mittelständler kommt jetzt richtig in Fahrt, seine Erläuterungen gewinnen an Tempo, auch wenn er immer über die Worte «Genital» und «Hoden» stolpert. Die Grenze zwischen «Selbstverteidigung und Sexismus» werde hier aufgelöst, erklärt er: «Wir dürfen nicht vergessen, dass nur wenige Männer der Frau körperlich wirklich überlegen sind. Der alte Mann nicht der jungen Frau, das Kind nicht der Erwachsenen. Warum also dieser Tritt, der ja das Leben eines Mannes zerstören kann? Weil der Mann mit dem Eingriff in seinen Genitalbereich nachhaltig abgestraft werden soll! Die Idee lautet: ‹Wir versauen dem Mann die Freude am Sex!›»

«Das ist ein Punkt», grübelt der Syndikus laut, «das ist so, als ob man das Augenlicht verlieren würde.»

«Ganz richtig!», ruft der Mittelständische. Und es könne so ziemlich jeden Mann treffen, oft auch unverschuldet: «Die Zahl der nachgewiesenen Vergewaltigungen, das ist ja im Mini-Bereich. Und dann kommt so ein Tritt, und ich liege von einer Frau verstümmelt in der Ecke und muss nachweisen, dass ich unschuldig bin.» Besorgtes Geschnatter. «Vor Gericht wird die Frau höchstens mit 2000 Euro abgestraft – aber fass ich einer Frau mit der Hand aufs Knie, dann geh ich vielleicht fünf Jahre ins Gefängnis!»

«Genau, jaja, genau!», johlt der Politiker und jetzt schaltet sich auch wieder der wuchtige Persönlichkeitstrainer ein: «Gut, aber auch wenn der Tritt gerechtfertigt sein mag, ist das doch … Also, ich will jetzt nichts entschuldigen, aber vielleicht hat der Mann auch nur im Übereifer gehandelt oder hat was gesoffen gehabt, ja? Dafür muss der dann den Rest seines Lebens leiden? Das ist ja auch nicht angemessen.»

Niemand widerspricht. Niemand schreitet ein. Und der Mittelständler kommt jetzt zum Höhepunkt seiner männerrechtlichen Überlegungen: «Halten wir noch einmal fest: Nur Männer werden mit Eingriffen in den Genitalbereich bestraft. Also, was muss passieren?» Kunstpause. Die Männer schauen gespannt. Ich schaue gespannt. Für einen Inhaber eines Garten- und Landschaftsbauunternehmens hat der Mittelständler ein gutes Händchen für Spannungsaufbau. «Männer müssen diese Technik auch erlernen. Es gibt viele Männer, die Gewalt erfahren und nicht wissen, wie sie sich schützen können. Wüsstet ihr, wie ihr euch schützen könntet? Ganz konkret: Wenn euch eine Frau gegenübersteht und gewalttätig ist, die zum Beispiel ...» Er braucht einen Moment, ein adäquates Bedrohungsszenario zu entwerfen: «Ja, die zum Beispiel euch den Wagen verkratzt, ja? Wüsstet ihr, wie man sich schützt?»

Die Männer wissen es nicht. Zu friedfertig sind sie, zu gutmütig. Sie wären den autokratzenden Frauenbanden im nächtlichen Stadtpark hilflos ausgeliefert.

«Hättet ihr gewusst, dass man auch einer Frau zwischen die Beine treten kann? Dass sie dann erst mal mit sich selbst beschäftigt ist?»

Ein ungläubiges Geraune geht durch den Raum. Wirklich, tatsächlich, zwischen die Beine? Aber ja doch! Der Mittelständler scheint sich mit Frauenprügeln auszukennen: So ein «Tritt gegen die Klitoris» würde Wunder wirken. Sicher, die Frau «dort günstig zu treffen» sei bedeutend schwerer als bei einem Mann, aber dafür nicht ansatzweise so inhuman: «Denn beim Mann sind zerstörte Genitalien langfristig. Er wird auf Dauer seines Lebens zeugungs- oder geschlechtsunfähig sein. Wenn hingegen die Klitoris zerstört wird, zieht das wohl in den Bauchraum rein, aber die Frau kann natürlich noch Kinder austragen.»

Und ich beiße mir auf die Zunge und notiere: «Klitoris zerstört → Kinder austragen». Ich schaue auf diese Worte. Ich lege meinen Stift sorgsam beiseite. Ich klappe mein Notizbuch zu.

In den vergangenen zehn Jahren, seit meiner Nacht bei den faschistischen Burschen, war ich immer wieder an die Orte gegangen, die mir Angst einjagen. Zu den Menschen, die ich nicht verstehe. Ich lebte unter Reichsbürgern, ich trank mit Islamisten Tee, ich wurde Mitglied einer Sekte. Aber so gefährlich diese Gruppierungen mitunter auch sein mochten, so bedrückend oder mörderisch ihre Ideen: Aus der Nähe wirkt das Bedrohliche immer etwas kleiner, und die Menschen dahinter werden sichtbar. Und darauf kommt es mir an. Sie nicht zu fürchten und nicht zu belächeln. Ich will begreifen, warum Menschen glauben, was sie glauben.

Und das gelang mir. Bis jetzt.

Doch nun, auf dem Herrenberg in diesem Betonbau am Rande des Jenaer Forsts, an diesem spätsommerlichen Tag, da scheitere ich. Ich gebe mich nicht gleich geschlagen, wirklich nicht. Ich kämpfe. Suche verzweifelt nach einer Rolle, die ich spielen könnte, aber finde keine. Vielleicht sind sie erbärmlich oder dumm, vielleicht bösartig oder fiebrig, vielleicht sitze ich zwischen Kranken oder Frauenschlägern oder Vergewaltigern, ich weiß es nicht. Es ist ekelerregend, unheimlich, mein Mund schmeckt nach Asche, und es geht um Frauenprügeln und Eier-Treten. Und jetzt sorgt sich ein liberaler Mann, dass ein Rollstuhlfahrer einer Frau doch gar nicht ins Genital treten könne, und der dürre Geologe krächzt: «Der kann ja seine Krücken benutzen!»

Und ich kann nicht mehr.

Ich lache. Ich lache diese Männer aus.

Etwas anderes bleibt mir nicht übrig.

Rote Pillen

Es ist zwar schon spät, aber die Filmvorführung zum Ausklang des Tages war angekündigt und eingeplant, und Pläne muss man umsetzen. Ist ja auch nicht irgendein Film, den wir uns da ansehen. Es ist «The Red Pill» aus dem Jahr 2016 – *der* moderne Klassiker der Männerrechtsbewegung.

Ich bin der Einzige hier, der diesen Film noch nicht kennt. Die anderen Männer haben ihn alle schon gesehen, die meisten zwei- oder dreimal, manche noch öfter. Aber kaum wirft der summende Beamer die ersten Bilder an die Wand, verstummen die Herren und umklammern engagiert ihre Getränke. Gebannt schauen sie ein weiteres Mal zu, wie die amerikanische Dokumentarfilmerin Cassie Jaye als vermeintlich überzeugte Feministin in die Welt der *Men's Rights Activists* abtaucht, wie sie mit allerhand traurigen Typen und berüchtigten Männerrechtlern spricht und wie sie bald ihre ideologischen Verfehlungen einsieht. 110 Minuten dauert die obskure Läuterung der Mrs. Jaye, bis sie sich zum Ende ganz vom Feminismus lossagt.

Schon klar, warum die gekränkten Männer vom Herrenberg diesen Film so oft und so gerne sehen: Eine Frau, noch dazu eine junge und schöne Feministin, schenkt ihnen Gehör, spendet ihnen Mitgefühl und gibt ihnen schlussendlich recht. Das muss irre befriedigend sein. Besser als jeder Porno. Und wie bei jedem guten Pornofilm sind auch bei «The Red Pill» Handlung und cineastische Kunstfertigkeit eher zweitrangig.

In holpriger Nummerndramaturgie werden die wichtigsten maskulistischen Talking Points abgefrühstückt. Ja, armen und unterprivilegierten Männern geht es schlecht: Sie haben beschissene Berufe, sie haben bei Sorgerechtsstreitigkeiten kaum Chancen, sie bringen sich öfter als Frauen um, sie sterben in Kriegen, sie sterben bei Arbeitsunfällen, und auch sonst sterben sie früher. Die Filmemacherin vernimmt das alles mit besorgter Anteilnahme und blinzelt mit tränennassen Augen in die Kamera. Sicher, sie könnte jetzt auch fragen, weshalb es eigentlich in der großen Mehrheit Männer sind, die von diesen Ungerechtigkeiten des patriarchalen Systems profitieren. Oder sie könnte fragen, wie es derweil armen und unterprivilegierten Frauen ergeht. Vielleicht könnte sie sich sogar fragen, ob Unterdrückung und Privileg nicht immer ein Zusammenspiel aus mehreren Faktoren sind, aus Geschlecht und Klasse und Ethnie und Herkunft.

Das tut sie natürlich nicht. Das wäre ja intersektionaler Feminismus, da müsste man auf die individuellen Erfahrungen von bestimmten Menschen und verschiedenen Gruppen von Menschen schauen. Nein, Cassie Jaye folgt lieber dem Narrativ und der Logik ihrer maskulistischen Protagonisten. Sie rechnet auf: Wenn Männer benachteiligt werden, dann mit Sicherheit zum Vorteil der Frauen. Und Schuld an der ganzen Misere hat, wer hätte es gedacht, der Feminismus.

Die Männer klopfen auf die Tische und klatschen in die Hände. Auf der Leinwand versucht gerade eine wütende Menge feministischer Demonstrant*innen vergeblich, eine Männerrechts-Veranstaltung in Toronto zu stören. Wir sehen eine junge Demonstrantin, die von einem Polizisten gegriffen und rabiat weggestoßen wird: «Das ist jetzt so geil!», ruft der pensionierte Ingenieur zu meiner Linken. Die Frau stolpert aus dem Bild, und die Herrenberger Männer glucksen. Das gefällt ihnen sehr. So wie ihnen all die Aufnahmen gefallen, in denen Feministinnen wütend schreien. Da lachen sie jedes Mal auf.

Den Feminismus für die Nöte von Männern verantwortlich zu machen, das muss ein Denkfehler sein, habe ich eben noch gedacht. Aber jetzt sehe ich die Männer hier zum ersten Mal entspannt und so richtig gut gelaunt, und ich frage mich, ob es nicht etwas ganz anderes ist. Vielleicht ist es kein intellektueller Fehlschluss, keine Dummheit und keine Ignoranz, die ihre Einstellung prägen. Vielleicht ist es wirklich nur der Hass. Vielleicht ist ihre Suche nach dem großen politischen und sozialen Unrecht bloß das Mittel, diesen Hass auf Biegen und Brechen zu rechtfertigen. Ich grüble gerade darüber nach, da zeigt dieser Propagandaporno schon wieder *hysterisch* wirkende Feministinnen. Ein Money Shot. Gelächter. Geil!

Pornos lassen sich bekanntlich besser genießen, wenn man sich nicht zu sehr mit ihren Produktionsbedingungen auseinandersetzt. Das gilt auch für «The Red Pill». Der Film wurde, nachdem das Budget ausging, per Crowdfunding zu Ende finanziert. Ganz besonders ein Spendenaufruf des rechtsradikalen Onlinemagazins *Breitbart News*, des berüchtigten Presseorgans der amerikanischen Alt-Right, hat den Film überhaupt möglich gemacht. Cassie Jaye versicherte zwar, die Gelder von rechtsaußen hätten keinen Einfluss auf ihr Werk gehabt. Aber selbst, wenn das stimmen sollte, ist die Stoßrichtung des Films eindeutig. Das macht schon sein Titel klar.

«Die Rote Pille» – der Begriff stammt ursprünglich aus einem anderen, einem sehr viel besseren und berühmteren Film. Im Science-Fiction-Kracher «Matrix» haben sinistre Maschinenwesen die gesamte Menschheit verblendet und versklavt, da wird der Held, gespielt von einem anämischen Keanu Reeves, vor die Entscheidung gestellt: Nimmt er die blaue Pille, wird er weiter in einer Welt aus bequemen Lügen und Illusionen leben, schluckt er aber die rote, wird er aufwachen und die finstere Wahrheit erkennen. Natürlich entscheidet er sich für Rot und darf anschließend mit coolen Sonnenbrillen, Uzis und Kung-Fu gegen das bösartige System ankämpfen.

Nach und nach wurde das Schlucken der roten Pille sprichwörtlich. Allerlei Menschen begannen sich als *redpilled* zu bezeichnen, als Aufgewachte, die, genau wie Keanu im Film, das üble herrschende System durchschaut hatten und den Kampf aufnehmen wollten. Allerdings ist die Einnahme dieses metaphorischen Medikaments in der realen Welt mit beträchtlichen Risiken und Nebenwirkungen verbunden. Für Neonazis ist die rote Pille etwa die Erkenntnis, dass eine Verschwörung gegen den weißen Mann in vollem Gange sei, dass die Juden die Medien steuerten und mit ihren kulturmarxistischen Bestrebungen den Westen zerstören wollten. Für andere Verschwörungsgläubige mag es auch die Erkenntnis sein, dass die Bundesrepublik eigentlich nicht existiert, Außerirdische unter uns wandeln oder FFP2-Masken unsere Kinder vergiften. Es ist eine vielseitig anwendbare Metapher, und wer sich nur einen Moment zu lange im Internet rumtreibt oder mit der radikalen Rechten beschäftigt, der wird sie kennenlernen. Und ich dachte doch tatsächlich, die rote Pille in all ihren hässlichen Permutationen zu kennen. Aber nein! Erst jetzt, beim Filmabend auf dem Herrenberg, lerne ich, dass es zunächst die Antifeministen waren, die zum Schlucken der wahrheitsspendenden Tablette aufriefen: Es gilt die Lügen des Feminismus zu erkennen, das feminisierte System zu besiegen und die Unterdrückung des Mannes zu beenden.

Als Cassie Jaye 2014 mit ihren Dreharbeiten begann, hatte sich der Begriff, wie so viele andere Begriffe auch, längst jenseits der Manosphere ausbreiten können. War aus dem ultratoxischen Reddit-Forum «r/TheRedPill» ausgebrochen, war in alle düsteren Ecken und Winkel des Internets gekrochen, war von reaktionären und rechtsextremen Bewegungen übernommen worden, usurpiert von gekränkten Männern ganz verschiedener Couleur.

Die Vorstellungen einer «Krise der Männlichkeit» und «feministischen Bedrohung» sind eben nicht nur alt, massentauglich und anschlussfähig, sie appellieren auch so schön an die Emotionswelt verunsicherter Männer. Wer sich auf derartige Vorstellungen einlässt, also so richtig darauf einlässt, wer die rote Pille schluckt, der glaubt nicht bloß, um seine Privilegien bangen zu müssen – nein, für den steht gleich die eigene Identität und Existenz auf dem Spiel! Der soziale Fortschritt an sich wird zum Feind – und das reaktionäre Gegenangebot der radikalen Rechten erscheint plötzlich appetitlich.

«Der Film hat viel für die Bewegung getan», flüstert mir der Ingenieur zu: «‹The Red Pill› hat eine ganze Menge Leute geredpilled, haha.»

«Haha», flüstere ich zurück.

Durch das gekippte Fenster hat sich eine Wespe hereinverirrt. Die Männer geben sich redlich Mühe, nicht zusammenzuzucken, während sie zwischen unseren Köpfen herumrast. Nein, wie Neonazis oder Keanu Reeves sehen die liberalen Männer beileibe nicht aus, und ich glaube kaum, dass sie coole Ledermäntel, Sonnenbrillen und Maschinenpistolen in ihren Schränken horten. Dass ich mich so unwohl fühle, liegt nur an der unaussprechlichen Kläglichkeit der Situation. Der verdammte Film ist immer noch nicht aus. Jetzt zeigt er ein kurzes Interview mit einer hyperaggressiven Feministin. Lässt sie falsche Sachen sagen, die nicht repräsentativ sind, weder für «den Feminismus» noch für einen tatsächlichen Feminismus.

Ich frage mich, ob ich nicht denselben Fehler mit den Antifeministen mache. Ich sollte den Herrenberg möglichst bald verlassen.

Die unerträgliche Ununterscheidbarkeit

Wir schauen den Film nicht mehr zu Ende. Es ist doch sehr spät geworden, bald ein Uhr nachts. Aber gut, das Happy End kennen ja ohnehin alle, und die richtig guten Szenen haben wir schon gesehen. Im letzten Teil geht es nur noch um häusliche und sexuelle Gewalt gegen Männer. Das zieht die Stimmung eh bloß runter, und die Herren tragen ihre Bäuche voller Wut, Schmerz und verkohlter Bratwurst zu Bett.

Nur einer von ihnen klopft mir auf die Schulter. «Komm, eine rauchen wir noch», sagt er und ich begleite ihn nach draußen auf die triste Terrasse vor dem himmelblauen Betonklotz. Er öffnet eine frische Packung Winston Blue. Es ist schon seine zweite heute.

Im Grunde ist es egal, wer er ist, welcher von den Männern jetzt gerade neben mir steht. Er ist einer von ihnen. Einer, der mir trotz allem noch immer irgendwie sympathisch ist. Vielleicht, weil sein Lachen etwas trauriger und weniger scharf klingt, als das der anderen. Vielleicht, weil er sich nur halbherzig an der Debatte über das Zertreten weiblicher Genitalien beteiligt hat.

Allein das zeichnet ihn aus, finde ich. Auf dem Herrenberg darf man keine großen Ansprüche stellen.

Es hat sich abgekühlt. Unter uns die Lichter der Stadt, Grillenzirpen, eine ausgesprochen unangebrachte Romantik. «Wirklich toll, dass du gekommen bist!», sagt er und lächelt mich farblos an. «Der erste Schritt ist immer der schwerste. Ich weiß das nur zu gut. Aber du bist jetzt nicht enttäuscht, oder?»

Bin ich enttäuscht? Gute Frage.

«Ich meine, weil nur so wenige gekommen sind. Nicht enttäuscht sein! Gegenbewegungen brauchen Zeit. Ich mach das schon eine ganze Weile, und da bewegt sich was gesellschaftlich.»

Klar.

«Und nicht übelnehmen, wenn hier mal so was Heftigeres gesagt wird. Tust du nicht, oder?»

Quatsch.

«Das muss halt manchmal raus. Wir sind hier alle durch die Hölle gegangen, ganz üble Geschichten sind das, die ganzen Erniedrigungen, Scheidungen, Prozesse und so ... Das kennst du vermutlich selbst.»

Ich nicke.

«Das ist eine Hölle. Wie eine Vergewaltigung!»

Natürlich.

«Nein, ich will damit ja nicht sagen, dass Scheidungen oder Gerichtsscheiße das Gleiche wären wie eine Vergewaltigung! Ich will das nicht gleichsetzen.»

Natürlich nicht.

«Natürlich nicht. Aber es fühlt sich schon so an. Also, in die Richtung.»

Er hält sich für ein paar Sekunden die aufgerauchte Zigarette vor die Augen. Er schaut der Glut beim müde werden zu und ich ihm. Wer weiß, was ihm widerfahren ist. Diese Ununterscheidbarkeit ist nicht erträglich. Wer hier ist denn Täter und wer Opfer? Wer das fiese Schwein und wer die arme Sau? Und ich versuche die eine Frage zu stellen, die man hier nicht stellt: «Sag mal, darf ich dich fragen, was dir denn genau …»

Er schüttelt den Kopf und bläst Rauch in den schwarzen Himmel. «Ist doch wirklich egal», antwortet er, ganz ruhig, etwas melancholisch, ein klein wenig atemlos vielleicht. «Ich mache einfach weiter. Da kann sie noch so oft sagen, dass ich suizidal wäre und gewalttätig und pädophil … Und was weiß ich. Ich lass mich davon doch nicht fertigmachen. Ich bring mich nicht um.»

Wieder das farblose Lächeln. Dann lässt er die Zigarette fallen.

Die Männer, der Schmerz und das Nichts

«Aha, Sie sind also auch einer von diesen Männern», murmelt die Rezeptionistin und schüttelt missbilligend ihren Kopf, als sie am nächsten Morgen meinen Zimmerschlüssel entgegennimmt. Ich lache etwas dümmlich. Dann verlasse ich fluchtartig die traurige Jenaer Jugendherberge. Ignoriere sogar das reichhaltige Frühstücksbuffet. Will nicht Gefahr laufen, noch mal einem der Männer zu begegnen. Ich will einfach nur weg. Weg von dem namenlosen Mann, der vielleicht ein pädophiler Frauenschläger ist und vielleicht ein traumatisierter Vater. Weg von all diesen Männern, die sich ihrem Schmerz hingeben oder ihn anderen zufügen wollen. Die ich für ihren hyperaggressiven Sexismus verachte, für ihre Ignoranz und Wut und Wehleidigkeit – und die trotzdem so ein klebriges Mitleid in mir auslösen. Bah!

Nur, dass ich den letzten Programmpunkt verpassen werde, das tut mir tatsächlich ein wenig leid. Frau Dr. Bergner, liberale Landtagskandidatin mit praktischem Kurzhaarschnitt und randloser Brille, wird die Männer zum Abschluss der Klausur über das Gelände ihres mittelständischen Unternehmens führen. Ein Unternehmen, spezialisiert auf Vakuummechanik und Vakuumoptik und Vakuummesstechnik. Auf Ionen-Pumpen für Hochvakuen, Ultrahochvakuen und extreme Ultrahochvakuen.

Ich wandere den Berg hinunter und bekomme das Gefühl, etwas ganz Phantastisches zu verpassen.

Ich stelle mir vor, wie Frau Dr. Bergner die Herrenkompanie über ihr Firmengelände führen wird. Die Herren werden einander sicherlich zunicken, weil sie doch alle kein Problem mit einer starken, promovierten, erfolgreichen Frau haben, wirklich nicht. Ganz sachlich nur werden sie sich nach der Männerquote im Betrieb erkundigen. Und der Politiker wird sicherlich ganz leise nur ein paar sexistische Witze wispern, kaum hörbar, quasi bloß für sich selbst und den glucksenden Persönlichkeitstrainer. Und dann wird die Frau Doktor ihre Vakuummaschinen vorführen, den Männern demonstrieren, wie das Nichts entsteht, die Leere, die Abwesenheit von Materie. Und die tapfere Kompanie wird weiter in diese Vakuumfabrik vordringen, vorbei an den Titan-Sublimationspumpen und mehrstufigen Vakuumfallen, immer tiefer hinein in das Nichts.

Der Großteil der Menschen, die den Herrenberg herauf oder in die Manosphere herabsteigen, sind Männer aus der weißen Mittelschicht. Es sind zumeist also nicht die gesellschaftlich Abgehängten, nicht die ganz hoffnungslosen Fälle. Es sind Männer, denen früher die halbe Welt offenstand. Und vielleicht werden die Männer nun doch schreien und zetern und heulen, während sie schwerelos durch das große, alles verschlingende Nichts der Vakuumfabrik treiben. Und die schwarzen Löcher in ihren Seelen werden immer größer.

Irgendwann wird die Klausurtagung der Liberalen Männer vorbei sein. Die Herren werden wieder ans Tageslicht treten und sich die Augen reiben. Und vielleicht werden sie dann alle noch eine kurze Weile in ihren Autos sitzen. Die Schlüssel in der Zündung, die Hände gedankenverloren auf den holzfurnierten oder lederbezogenen Armaturenbrettern. Und sie werden ihre innere Leere spüren, den Horror Vacui. Und alle werden sie sich sicher sein, dass es eine Frau war, die dieses gnadenlose Vakuum geschaffen hat.

Der Doppelagent – Codename: Gorbatschow

Sollte ich nicht einfach den Blick abwenden? Die beklemmende Klausurtagung und Kläglichkeit der Männerrechtler auf sich beruhen lassen? Ganz einfach könnte ich doch die unzählig gestaffelten Tabs in meinem Browser schließen, die boshaften Foren und wirren Blogs wegklicken, die zugewüteten Kommentarspalten und hasserfüllten Schmerzensschreie einfach ignorieren. Aber dann starre ich auf eine Studie des Bundesfamilienministeriums aus dem Jahr 2016 und ich lese, dass 5,3 Prozent aller deutschen Männer als fest überzeugte Maskulisten gelten können. 5,3 Prozent, die sich unterdrückt glauben, Frauenförderung für Männerdiskriminierung halten und Genderstudies für eine unwissenschaftliche Ideologie. Und zum «harten, engeren Kern» der Maskulisten wird immerhin 1 Prozent aller deutschen Männer gezählt. Das sind 400 000 Menschen. 400 000, von denen ich gerade mal acht kennengelernt habe.

Nein, da kann mir die Bewegung noch so dumm und düster vorkommen – ein einzelner Besuch in einer Jugendherberge kann und darf nicht ausreichen. Und wenn diese Kerle dann auch noch als gekränktes Männermaterial den radikalen Rechten zur Verfügung stehen oder ihnen zumindest den ideologischen Weg bereiten, dann muss ich noch einmal zurück. Und zwar nicht in irgendein Klassenzimmer. Nein, ich will zum Gender-Kongress, der größten maskulistischen Veranstaltung Deutschlands. Es ist zwar nicht ganz einfach, sich dort unerkannt einzuschmuggeln, aber zum Glück kenne ich mittlerweile einen der beiden Veranstalter persönlich.

«Das ist doch mal ein richtig zünftiges Brauhaus, was?»

Mit ausladender Geste führt mich der Politiker vom Herrenberg in sein Stammlokal, ein gutbürgerliches Wirtshaus in Behringersdorf bei Nürnberg. Der Kellner kriegt einen Handschlag, die Bardame ein Servus. Das ist sein Revier, und es wird markiert mit einem Schwall von Grüßen und Floskeln und Wortanhäufungen: «Der Michi, ich glaub's ja nicht! Und ihr seid ja auch wieder da, nein, die üblichen Verdächtigen, auf ein Bierchen wieder? Sicher-sicher, muss-muss!» Und den Blick in die Karte könne ich mir sparen, findet der Politiker, ich soll einfach die Behringersdorfer Würstchen nehmen, die sind günstig, die könne auch ein armer Student wie ich zahlen, haha!, ach was, er lädt mich ein, aber sicher, aber gerne. Also, Anton, schön, dass du da bist!

Eigentlich heißt der Herrenberger Politiker Sebastian von Meding. Er ist Diplomkaufmann, kandidierte für die FDP erfolglos bei der Europawahl, sitzt im Kreisvorstand und im landesweiten Familienfachausschuss seiner Partei, und er engagiert sich bei so ziemlich jedem maskulistischen Verein: bei MANNdat und Agens, dem Väternetzwerk und dem kurios benannten Forum Soziale Integration. Das sei wie mit dem Gender-Kongress, erklärt er mir: «Gender, das ist natürlich auch ein Kampfbegriff der Frauen. Eigentlich geht so ein Begriff gar nicht, aber genau deswegen haben wir den Kongress so genannt! Auch wenn viele sagen, dass sie nicht zu dem Kongress kommen, solange der so heißt, haha.»

«Haha», lache ich zurück. Was für eine durchsichtige Strategie! Ich kann ja noch nicht ahnen, wie erfolgreich sie sein würde: Ende 2020 beschloss der Bundestag, dass Medings Forum Soziale Inklusion demnächst 400 000 Euro erhalten soll. Zwar stellte sich das Bundesfrauenministerium quer, aber so oder so, es ist ein großer Coup.

Zum diesjährigen Gender-Kongress in Nürnberg hat Meding mich jedenfalls gerne eingeladen, hat mir sogar angeboten, bei ihm zu Hause zu übernachten, was ich dankend ablehnte. Aber nun hat er noch ein weiteres Angebot für mich. Meding wartet, bis uns das Bier serviert wird, nimmt einen Schluck, dann grinst er mich an: «Kennst du eigentlich das Bundesforum Männer?» Er ist zwar etwas verwundert, dass ich es nicht kenne, denn als Maskulist kennt man doch seine Feinde, aber er berichtet mir gerne und im extraspöttischen Tonfall von dieser Organisation. Auch das Bundesforum beschäftige sich mit Männer- und Geschlechterfragen, allerdings sei das quasi ein U-Boot: Von einer Frau, der früheren Familienministerin Ursula von der Leyen, ins Leben gerufen und von der Bundesregierung finanziert. Also ein feministisches Organ, sagt Sebastian, und einem feministischen Organ könne es ja nur darum gehen, das Matriarchat einzuführen: «Man muss sich das mal andersrum vorstellen: also, stell dir vor, der Deutsche Frauenrat wäre von Männern vertreten, die rein männerrechtlich als Machos auftreten! Was das für einen Aufschrei gäbe: Männer, die Frauen beherrschen!» Er lehnt sich zurück, zufrieden mit diesem argumentativen Schachzug: «Andersrum ist das aber längst Realität. Das ist an Kriminalität kaum zu übertreffen, das sind schon russische Verhältnisse!» Einen Augenblick lang frage ich mich, ob Sebastian etwa Putin für einen Feministen hält. Oder doch Stalin? Aber jetzt nennt er das Bundesforum noch eine «unglaubliche Stasi-Nachfolgeorganisation», und ich glaube, es geht ihm eher um die grobe Idee *Russland*, um die lose Assoziation *Sozialismus.* Vielleicht auch um die Vorstellung eines eiskalten Krieges. Und im Kalten Krieg, da braucht man Agenten, die den Feind ausspionieren. Dafür bräuchte man nur einen zuverlässigen, unverdächtigen und sicher auftretenden Maskulisten. Und Sebastian von Meding, der umtriebige Männerrechtler und FDP-Politiker, lächelt verschwörerisch: «Einer wie du, der an der Humboldt-Uni ist? Das klingt ja schon mal feministisch schlechthin, und wer da 'nen Doktor macht, der kann ja gar nicht rechts sein!» Medings männliches Macherlachen füllt den Raum der Behringerdorfer Gaststube. «Eigentlich könntest du dich bei denen einschleichen.»

Könnte ich das? Gute Frage.

Ich beschließe, den Anweisungen des großen Agentenführers Meding nur so halb zu folgen, und erkundige mich direkt beim Feind. Und bald darauf treffe ich mich mit Karsten Kassner,

Fachreferent für Grundsatzfragen beim Bundesforum Männer, dem «Interessenverband für Jungen, Väter & Mütter e. V.».

Das kleine Berliner Café im Prenzlauer Berg ist atmosphärisch so ziemlich das genaue Gegenteil vom Wirtshaus in der fränkischen Provinz, der Kaffee ausgezeichnet. Kassner ist etwas außer Atem und entschuldigt sich für die Verspätung. Seine Tochter ist krank, da musste er sich kümmern und mit seiner Frau absprechen. Für den Fall, dass doch noch kurzfristig was mit dem Kind sein sollte, legt er sein Fairphone auf den Tisch.

Der offenbar sehr moderne Vater Kassner weiß, dass ich, also der echte Tobias Ginsburg, mit ihm über die Maskulisten sprechen will, und noch bevor es losgeht, muss er tief seufzen. Es ist offenbar nicht sein Lieblingsthema. Denn die Männerrechtler machen Kassner und seinen Leuten die Arbeit und das Leben schwer. Und das, obwohl oder gerade, weil das Bundesforum sich um genau jene Themen kümmert, über die auch Männerrechtler pausenlos reden.

Als Dachorganisation soll das Männerforum Gruppierungen vereinen, die nur schwer zusammenpassen. Von kirchlichen Vereinigungen über gewerkschaftsnahe Gruppen bis hin zu links-progressiven Organisationen, die schon mit dem Begriff «Männerpolitik» ein Problem haben, weil der eine binäre Zuschreibung von Geschlecht voraussetzt. Aber auch der Verein «Väteraufbruch für Kinder», der selbst gerne mal aggressiv-maskulistische bis antifeministische Töne anschlägt, hat es hineingeschafft. Die Männerrechtler beschwichtigt das allerdings kein bisschen: Demnächst soll das Forum 1,25 Millionen Euro vom verhassten Bundesministerium für Familie erhalten, und dann erklärte der Geschäftsführer des Forums auch noch, man verstehe sich nicht «als die andere Seite, die immer aufrechnet und guckt, was die Frauen kriegen, sondern wir sehen Männer als Akteure und Adressaten von Gleichstellungspolitik».

Aber trotz der massiven Anfeindungen gibt Kassner sich Mühe, nichts Böses über die Männerrechtler zu sagen. Überhaupt drückt er sich ausgesprochen diplomatisch aus. Und sogar, als ich ihm die Vorgeschichte unseres Treffens enthülle, die Tatsache, dass Sebastian von Meding, der Kämpfer gegen das feministische Unrechtsregime, mich oder vielmehr den Anton rekrutiert hat, um als Undercover-Agent das Forum auszuspähen, nimmt Kassner das verblüffend gelassen hin. Er wirkt höchstens ein klein wenig erschöpfter als ohnehin schon. «Was sollen Sie denn bei uns herausfinden?», fragt mich Kassner und schaut etwas ratlos in seinen Cappuccino: «Man kann doch einfach unseren Newsletter abonnieren.»

«Ach, Hauptsache, dass du da reinkommst!», hatte mir Agentenführer Meding bei meinem Briefing im Wirtshaus noch erklärt. Meine Mission, sollte ich sie annehmen, besteht zuvorderst darin, erst mal eine Vertrauensebene aufzubauen und einen Fuß in die Tür des Matriarchats zu bekommen: «Du musst es schaffen, gute Miene zum bösen Spiel zu machen! Unser oberstes Vorbild ist Michail Gorbatschow. Der hat ja auch gesagt, er wäre Kommunist, bis er es ganz nach oben gebracht hat! Erst dann hat er den kaputten Schuppen reformiert! Wir spielen auf Länge. Wir müssen halt Männer überall reinkriegen.»

In der Wirklichkeit des Prenzlberger Cafés ist von russischen oder sowjetischen Verhältnissen keine Rede. Für Kassners Arbeit ist wohl das Schlimme an den Maskulisten, dass sie vernünftige Politik für Männer in Verruf bringen. Dass sie wirkliche Probleme vereinnahmen, um sie dann gegen feministische Institutionen auszuspielen, das sei eine Katastrophe und völlig unproduktiv. Und so sehen sich Kassner und seine Leute von beiden Seiten angegriffen: Nicht nur von den Maskulisten, sondern auch von so manchen progressiven und feministischen Stimmen, denen grundsätzlich die männerpolitischen Themen des Bundesforums suspekt oder sogar illegitim vorkommen. Eben weil Männerrechtler und Frauenfeinde über dieselben Fragen reden. «Dabei sind das sehr wichtige Themen – neben vielen anderen wichtigen politischen Themen natürlich.»

Bösere Worte findet er nicht. Er trinkt seinen letzten Schluck Kaffee, dann muss er sich auch schon verabschieden, das kranke Kind, ich verstehe. Und so unspektakulär endet dann mein kleiner Spionagethriller. Ich bin ein miserabler Geheimagent: Ich lasse mein Zielobjekt wohlbehalten zurück zu seiner Familie radeln.

Agentenführer von Meding ist trotzdem stolz auf seinen Undercover-Mann. Großartig, dass ich das überhaupt geschafft habe, mir das Geschwätz der Gegenseite anzuhören, ohne mir was anmerken zu lassen, toll! Und in die WhatsApp-Gruppe fetzt er eine Sprachnachricht, prahlt mit seinem Maulwurf, den er beim Bundesforum eingeschleust habe. «Der fängt dort bald als Werkstudent an», jubelt Meding. Wo er diese Info herhat, weiß ich zwar nicht, aber wer kann in unserer halbseidenen Welt von Doppel- und Dreifachagenten schon den Überblick behalten.

Der große Agentenführer und die heißen Mäuschen

Politiker, Diplomkaufmann, Immobilienhai, Hobby-Geheimdienstler und Führungsoffizier – so richtig schlau werde ich aus Meding nicht, und noch weniger, seit ich irgendwie in die WhatsApp-Gruppe der Masku-Organisation MANNdat geraten bin, in diesen schier unendlichen Strom von Stammtischgeschwätz und sexistischen Boomer-Memes. Meding postet hier ständig, oft mehrmals am Tag. Das meiste sind so richtige Schenkelklopfer für echte Männer, Superlustiges über Frauen, die dumm sind, nackt oder, ganz besonders witzig: dick. Da heulen die Emojis vor Freude. Aber wie unappetitlich es werden kann, demonstrierte gleich das erste Foto, das Meding nach meinem Eintritt mit der Gruppe teilte: «Buchenwald, Gedenkstätte – Nur Ausstieg» ist auf dem Haltestellenschild zu lesen. Verstehste, nur Ausstieg? Lol.

Bei unserem konspirativen Bratwurst-Abend echauffiert sich Meding über seine vielfältigen Feinde. Versichert mir schmatzend, dass aus männerpolitischer Sicht bloß die AfD wählbar sei und seine eigene Partei, die FDP, nur mit Einschränkungen: «Bei den Liberalen gibt es welche, die wollen wie die Grünen werden! Umwelt, Klima und Frauen, fürchterlich. Femi-Gelaber und Männer, die auf Feministen machen. Lila Pudel sind das!» Aber immerhin seien die alten Burschenschaftler und Konservativen auch noch in der Partei.

Mühevoll entlocke ich ihm die Geschichte seiner Scheidung – also, seiner zweiten. Denn trotz all der Jahre antifeministischer Vereinsmeierei sei er wieder auf eine Frau hereingefallen, erzählt er: «Die hat mich voll ausgenutzt. Das Problem ist, dass der Mann nachher immer die Zeche zahlen muss, vollkommen absurd. Aber bei so nem knackigen Häschen, da will man die Warnsignale einfach nicht wahrhaben. Die war eiskalt, hatte so 'ne männliche Art, die ich auch irgendwie geil fand!»

Das soll wohl ein Witz gewesen sein, erkennbar an Sebastians Gelächter, also lache ich brav mit. «Die Herrenrechtler sind die Spottlustigen im Lande der Reaktion», schrieb Hedwig Dohm 1902, und ich frage mich, ob das wirklich alles ist. Ist das die ganze *Origin Story* des Politikers? Seine Beziehungen gingen in die Brüche, und er mag seinen Ehemaligen kein Geld überweisen? Da muss doch noch irgendwas sein hinter dem breitmäulig-spöttischen Gelächter, irgendwas. Und ich versuche, es vorsichtig freizulegen, all die Schichten des Meding'schen Gehabes abzutragen. Also erzähle ich ihm eine Geschichte.

Ich muss sie mir nicht einmal ausdenken, es ist die Geschichte von einem Bekannten von mir, aber ich mache sie zu meiner. Erkläre sie zum Grund, dass der Doktorand Anton Schneider die rote Pille schluckte: Nach einer bösen Trennung hätte meine Lebensgefährtin die Schwangerschaft abgebrochen, nein, unser gemeinsames Kind hat sie abgetrieben, so sage ich das. Und auch, wenn ich ihre Entscheidung respektierte, hätte ich nicht gewusst, an wen ich mich mit dem Schmerz wenden konnte.

Meding stochert wenig beeindruckt im Sauerkraut: «Ist halt ein persönliches Schicksal, da gehen die Meinungen auseinander. Keine Ahnung. Der Bauch ist deren, aber da ist auch Leben drin. Das ist keine Mücke, die man einfach totschlagen kann, nee?» Das sei schon eine «Massenabschlachterei» mit den Abtreibungen, findet Meding, und die Idee, dass ich meiner Ex-Freundin die Abtreibung hätte verbieten können, hält er keineswegs für abwegig, sagt etwas von «Gleichstellung der Reproduktionsrechte» und verschlingt eine Wurst.

Wenn da jemals ein Schmerz war, ein Trauma, eine Kränkung, irgendetwas jenseits seiner zur Schau gestellten, geliebten und zelebrierten Frauenfeindlichkeit, dann hat Meding es gemeinsam mit den vielen Würsten und roten Pillen verschluckt.

Und dann macht er sich auch schon auf. Jetzt müsse er noch zwei Mieterinnen eine Visite abstatten. Irgendein Problem mit der Heizung. Aber das macht er gerne. Das seien zwei richtig scharfe Mäuschen.

Der Kongress. Von Gender und Würsten

Aufgeregt hastet Sebastian von Meding durch den Raum. Die reinplatzenden Polizeibeamten hat er überreden können, die Veranstaltung nicht weiter zu stören und draußen mit ihm zu konferieren. Aber keine fünf Minuten später kommt er wieder reingestürmt. Flüstert dem Herrenberger Dozenten etwas ins Ohr, schon geht's weiter, raus durch den Seitenausgang auf den Marktplatz, dort ein besorgter Blick auf die Demonstrierenden, zurück zu den Polizisten und durch den Vordereingang in den großen Speisesaal, wo ein ebenfalls besorgt dreinschauender Wirt an der Theke auf ihn wartet.

Ich bin mir nicht sicher, was gerade geschieht. Hat Meding

mit der Gegendemo nicht gerechnet? Hat er vielleicht versäumt, dem Gastwirt zu sagen, was das genau für eine Veranstaltung ist, die er da heute im Festsaal ausrichtet?

«Alles gut, Anton, wirklich.» Sebastian wischt sich den Schweißfilm von der Stirn. «Wir müssen nur das Programm jetzt straff durchziehen. Also keine Pause zwischen den Vorträgen – nicht, dass wir denen Gelegenheit geben, uns hier rauszuwerfen, haha.»

«Haha», antworte ich. Ich ahne noch nicht die katastrophale Implikation dieser Entscheidung. Was es bedeutet, rund neun Stunden maskulistische Vorträge zu hören. Durchgängig, ununterbrochen, umwabert vom Geruch von Schweiß und Fleisch. Zwölf oder zwanzig oder zweihundert Vorträge, oder wie viele es auch immer waren. Zu viele.

Dabei ist der dritte Gender-Kongress in Nürnberg ein großer Erfolg! So wird man es ein paar Tage später auf der Webseite der Veranstaltung nachlesen können: Trotz einer schrecklichen Diffamierungskampagne konnten 300 Gäste Tolles erleben, prima Debatten, renommierte Referenten, ein Event für alle, die sich für Gleichberechtigung und Meinungsvielfalt interessieren! Und Fotos sind auf der Seite auch zu sehen, Bilder von angeregt debattierenden Herrschaften in großen Konferenzsälen …

Ach, wenn das nur stimmen würde.

Es ist nicht einfach, die Maskus in die reale Welt zu locken. Dreihundert sind es nicht, eher achtzig Gäste (immerhin: darunter zwei Frauen!), die in der Kaiserstube des Restaurants Röslein Platz genommen haben. Und obwohl das Röslein laut Speisekarte das «Größte Bratwurstrestaurant der Welt» ist, wäre ich so wahnsinnig, wahnsinnig gerne in einem von den gesichtslosen und vermutlich klimatisierten Konferenzräumen auf der Webseite!

Die Sache mit der angepriesenen Meinungsvielfalt erlebe ich anders. Die meisten Vorträge scheinen mir doch sehr auf Linie zu sein. Aber immerhin sind die Referate von sehr unterschiedlicher Qualität und Graduierung des Wahnsinns. Da hält einer ein überzeugendes Plädoyer für mehr Männerhäuser, dann ein anderer ein Plädoyer für die Einführung von streitschlichtenden «Männerräten» nach Vorbild der «indianischen Naturvölker». Ein Berliner Autor fordert grundsätzlich mehr Empathie für Männer, dann erläutert ein Münchner Politologe, dass im Grunde Frauen den Nationalsozialismus zu verantworten hätten. Der Beamer wirft die Thesen auf die Leinwand: «Frauen finden Kriegshelden oft sehr attraktiv und provozierten Männer zu Kriegseinsätzen», und «Frauen ermöglichten den Nationalsozialismus in seiner Etablierung und seinem Verlauf maßgeblich», und «Die ‹Trümmerfrauen› sind ein feministischer Mythos».

Gelegentlich bleiben die Kellnerinnen und Kellner etwas verdutzt im Raum stehen und starren ein paar Sekunden auf die kruden Thesen an der Wand, bevor sie die neuen Fuhren Bier und Saftschorlen und dampfende Teller mit Fleisch und Fasskraut verteilen. Es gibt keine Pausen, also wird durchgängig bestellt, serviert, gespachtelt. Alle paar Minuten geht die Tür auf, und die Servicekräfte tragen frischen Fleischgeruch in den stickigen Raum. Der nicht gelüftet wird. Wegen der Gegendemo. Die Fenster bleiben geschlossen. Es gibt nur uns, die Vorträge und das Fleisch, die Nürnberger Rostbratwürste und Ochsenbrühen und Schnitzel und Schäufele und Haxen vom fränkischen Landschwein.

«Bratwurstfett!», notiere ich mir in mein Heft: «Bratwurstfett! Bratwurstfett!»

Ich kann keine Würste mehr sehen. Ich will keine Würste mehr sehen. Kulinarisch sind sie mir mittlerweile ohnehin zuwider, aber als sich die drei Herren an meinem Tisch auch noch für die «Reise durch die Bratwurstküche ab 2 Personen» entscheiden und sich alsbald durch eine feine Auswahl von Nürnbergern und Stadtwürsten und Blauen Zipfeln fressen, fällt mir auf, dass ich das auch noch aufschreiben muss! Dass ich dieses literarische Motiv überdehnen werde! Wütende Männer und arme Würstchen – das ist so billig, das kann ich doch nicht schreiben, das will ich nicht mal denken! Aber um mich rum Männer, die sich darüber beschweren, dass sie im Schnitt eine fast fünf Jahre kürzere Lebenserwartung haben, während sie Fleischmengen in sich reinstopfen. Man kann den Cholesterinwerten beim Steigen förmlich zuschauen.

Auch andere Gäste scheinen bald Beklemmungen in der Bratwurststube zu bekommen. Vielleicht ist es auch nur Langeweile. Oder Furcht vor einer Thrombose. Als sich jedenfalls herumspricht, dass die Antifa da sei, ja wirklich, die Antifa, ergreifen viele, vor allem die älteren Männer, die Gelegenheit, der gnadenlosen Kaskade an Vorträgen zu entkommen. Einer nach dem anderen stehen sie auf, Bauch rein, Brust raus, und aufgeplustert marschieren sie hinaus, um dem Feind todesmutig in die Augen zu blicken. Und was für ein Feind das ist!

Es ist die Anarcho-Nazi-Antifa! Ein skrupelloser Schläger*innentrupp, die «rechtsgerichtete extremistische Gruppe ‹Anarchie Nürnberg›»! Mit ihrer «Botschaft aus Hass und Gewalt» erzeugt sie ein «Klima des Terrors» und versucht, die «Linien der Polizei zu durchbrechen»! «In ihren ausgezehrten, leeren Gesichtern konnte man ablesen, was monatelange Gehirnwäsche aus ihnen gemacht hat: eine tragische, willenlose menschliche Hülle.» So steht es zumindest ein paar Tage später auf der Seite des Kongresses.

Vielleicht bin ich ja naiv. Ich hätte die willenlosen Nazi-Anarchisten doch glatt für zwanzig oder dreißig Studierende gehalten, die friedlich ein paar Transparente hochhalten und aus Lautsprechern Beyoncé spielen. Die Herren machen trotzdem Fotos mit ihren Handys, um die, erfolgreich vom Frontbesuch zurück, den anderen auf ihren Displays zu präsentieren: «Boah, wenn's hart auf hart käme, hätten die Feminazis doch keine Chance gegen uns», sagt mir ein junger Typ.

Es ist dieselbe sackdoofe Inversion, wie sie WikiMANNia

fährt: Die Bösen sind die anderen, alles Nazis, unser Hass ist bloße Notwehr! Und mehr noch verbindet den Gender-Kongress mit dieser Enzyklopädie des Hasses: Auf der Webseite des Kongresses wird WikiMANNia als eine der Initiativen, Vereine und Verbände gelistet, auf deren Arbeit man sich beruft. Gut, die Liste umfasst insgesamt 135 sehr verschiedene Seiten – von christlich-fundamentalistischen Abtreibungsgegner*innen und rechtsradikalen Blogs bis hin zu Vätervereinen findet sich da alles. Aber grundsätzlich ist das die richtige Frage: Wie rechts ist das hier eigentlich?

Die Männerschmiede

Ich will nicht pauschalisieren, kann es auch gar nicht.

Leise wandere ich von Tisch zu Tisch, versuche im Flüsterton etwas über die Gäste herauszufinden, eine kleine Demographie zu erstellen, die rechten Winkel zu vermessen, kann dann aber doch nur schätzen. Verzweifelte Väter und alte Sexisten, obsessive Blogger, rassistische Onlinetrolle und kaputte Kerle – die unerträgliche Ununterscheidbarkeit. Vor allem mit den jüngeren Männern suche ich das Gespräch. Vor allem mit dem Jungen, der doch tatsächlich einen Fedora trägt – so einen Filzhut, wie ihn auch die Filmhelden der guten alten Zeit auf den Köpfen hatten, die Humphrey Bogarts und Orson Welles', die einsamen Wölfe mit ihren whiskeydurchtränkten Männerseelen. Mitte der 2010er Jahre wurde dieser Hut erst zum Markenzeichen überkompensierender Internet-Nerds, dann zum Meme – aber der Junge trägt seinen Fedora unironisch. Fühlt sich unironisch als einsamer Wolf, ungeliebt und missverstanden, in die falsche Zeit geboren. In den kommenden Monaten telefoniere ich immer wieder mit ihm, treffe mich mit ihm, höre mir seine trostlos-verworrenen Ansichten und Geschichten an. Und bringe damit doch nichts weiter in Erfahrung, als dass hier auch richtig arme und bemitleidenswerte Typen sitzen. Nein, es würde nichts bringen, die banale Geschichte des traurigen Fedora-Jungen zu erzählen – und auf die Phänomene Incels und MGTOWs werden wir auch so noch zu sprechen kommen.

Außerdem sind da noch Männer wie Thomas Fügner. Der Männercoach mit dem verhärmten Gesicht ist ein ehemaliges Mitglied des bayerischen AfD-Landesvorstandes, war Redner bei Pegida München und betreibt die Seite «maennerschmie.de»: «In der Männerschmiede steht Mann kraftvoll in der Hitze zwischen Esse und Amboss, in den Händen den Hammer und die Zange … So bearbeitet der Mann mit Kraft und Sorgfalt sein Werkstück, sein Glück, er schaut auf sich, Schweiß rinnt, und es wird …» In der Kaiserstube gibt Fügner literarisch ähnlich eindrucksvolle Lebensweisheiten von sich, Esoterisches über das «Urbild von Mann und Frau» und Yin und Yang und Konfuzius und Cicero und dazu allerhand biologistischen Unfug. Sein Vortrag kommt richtig gut an. Vielleicht sind die Männer auch beeindruckt, dass Fügner in Begleitung seiner Gattin erschienen ist.

Sogar der Pilot klatscht begeistert – und der ist schwer zu begeistern. Wann immer ein Referent über die echten oder ausgedachten Ungerechtigkeiten klagt, die der Männerwelt widerfahren, meldet sich dieser graumelierte Zweimetermann zu Wort: «Das ist wieder so Rumgeopfer», ätzt er dann, oder «Diesen Opfercharakter sehe ich für mich als Mann gar nicht!» Der Pilot begreift sich eben als richtiges Alphatier, und als solches nimmt er nicht mal Platz. Cowboymäßig hat er sich an die Wand gelehnt, ein Bein angewinkelt, die Arme vor der Brust gekreuzt: «Ich scheue mich nicht, meine männlichen Wesenszüge zu leben, das ist essenziell! Wir sind Männer und keine Opfer!»

Der Pilot weicht Fügner nicht mehr von der Seite. Auch als der sich in den engen Flur quetscht, um dort anderen Männern Audienzen zu gewähren. Ich quetsche mich dazu, als sich gerade ein junger Vater vom rechten Männerschmied Rat erbittet: Seine dreizehnjährige Tochter melde sich seit der Trennung kaum noch bei ihm, wolle ihn immer seltener sehen, und wenn doch, sei sie abweisend, kalt. «Ich weiß echt nicht, was ich noch tun kann!»

Fügner lächelt wissend. Solche Fälle kennt er, und die Sache ist für ihn glasklar: «Nichts!», ruft er.

«Was?» Der junge Vater schaut ihn fragend an.

«Das ist das Beste, was du tun kannst: Nichts!»

«Nichts?»

«Nichts. Einfach nichts machen. Dreh dich um und geh. Irgendwann wird sie zu dir kommen.» So seien die Frauen eben, weiß Fügner. Die wollten sehen, wie weit sie es treiben könnten, und da dürfe Mann nicht drauf reinfallen.

«Das nennt man Shit-Test!», jubelt der Pilot, mit diesem Konzept vertraut: «Die Frauen verachten dich, wenn du darauf reinfällst! Die machen das alle intuitiv so. Da musst du sagen: ‹Nein! So ’nen Shit toleriere ich nicht!› Alles andere ist Luschengehabe!»

«Die will wissen, ob du noch Eier hast», sagt Fügner.

«Die will mit dem Shit-Test gucken, ob der Papa dem Druck standhält!», sagt der Pilot.

«Und wenn du stark genug bist, dann wirst du der erste Mann in ihrem Leben sein!», sagt Fügner. «Und du wirst der erste Mann in ihrem Leben bleiben.»

«Denn alle anderen wollen sie ja nur vögeln», ergänzt der Pilot.

Der junge Vater wechselt Standbein und Spielbein. Er hat feuchte Augen bekommen, aber er nickt einsichtig: «Stimmt. Ich verstehe.»

«Nicht nur verstehen – machen!», mahnt Fügner: «Die Mutter redet scheiße, die Tochter benimmt sich scheiße, und du willst nett sein? Nein, du meldest dich nur noch an ihrem Geburtstag und zu Weihnachten bei ihr. Fertig, das reicht.»

«Aber ihr Geburtstag ist doch kurz vor Weihnachten», murmelt der Vater. «Müsste ich nicht …»

Männerschmied Fügner fällt ihm ins gemurmelte Wort: «Das macht gar nichts! Umso besser, dann musst du ihr nur eine Karte schicken. Fertig, aus!»

Fügner und sein Pilot lachen. Der junge Vater solle sich keine Sorgen machen, das funktioniere ganz bestimmt, erklären sie ihm unisono, er müsse nur geduldig bleiben. Ein paar Jahre könnte das dauern, vielleicht sogar vier oder fünf, aber dann käme die Tochter schon von ganz alleine. So sei das doch mit allen Frauen. Der junge Vater nickt und notiert sich noch die Namen irgendwelcher prominenter Amerikaner aus der Red-Pill-Szene in sein Handy, die ihm der Pilot diktiert: «Da gehst du mal auf YouTube und ziehst dir das ein paar Abende lang rein. Danach bist du dir 100 Prozent sicher, wie du deine Probleme angehen kannst.» Rollo Tomassi, Jordan Peterson, David Deida – alles auch solche Masku-Schmiede. Nach seiner Scheidung hätten sie ihm, dem Piloten, immens geholfen.

«Jetzt stürzen sich die ganzen jungen Frauen auf mich!», prahlt er. «Die stürzen sich auf mich wie die Falken, weil die wissen, dass die jungen Typen keine richtigen Männer mehr sind. Aber Frauen wollen keine Empathie oder Gleichheit, die ticken anders, da geht es um Polarität! Da musst du kommen und sagen ‹Sitz!› und ‹Platz!› und ‹Aus!› Du musst in der Lage sein, sie zu disziplinieren. Weil, sie wollen es! Das ist ihr Wesen. Also muss ich es ihnen geben!»

Mit offenen Mündern haben die Männer dem Piloten zugehört, nun lachen sie. Es ist ein gutturales Lachen, von ganz tief unten, sie lachen vor Erregung. Es gefällt ihnen, dieses Versprechen aus der Männerschmiede, die Vorstellung, mächtig zu sein.

Macht – natürlich, nur darum geht es. Überrollt von diesem brutal misogynen Gelaber, habe ich eine Weile gebraucht, um das zu begreifen. Dabei ist es so simpel: Die Frau muss kontrolliert werden, besessen, dominiert. Sei es die Tochter, die Gattin, die Geliebte, ganz einerlei. Frau ist Frau. Es ist ein Allgemeinplatz, aber natürlich geht es den Mackern nur um Macht. Und jeder kennt doch solche Männer wie Fügner und seinen Piloten – ich doch auch, ich habe lange genug am Theater gearbeitet. Der lärmende Habitus, das überväterliche Getue, der bräsige Sexismus. Und trotzdem fasziniert mich das Duo: der schamlose Stolz, mit dem sie den Subtext ihres Machogehabes aussprechen. Der ausgesprochene Wunsch, die Frauen zu beherrschen, die Sehnsucht nach dem Konkurrenzkampf, die Verachtung für die Schwachen, die Opfer, die Luschen. In der Männerschmiede herrscht die hegemoniale Männlichkeit, die soziale Reproduktion des Patriarchats: Dominanz, Hierarchie und Unterordnung. Keine Frage, früher oder später werden diese maskulinen Metallarbeiter einander mit ihren Stahlhämmern die Köpfe einschlagen.

Und dann blökt der Pilot noch die politische Schlussfolgerung heraus: «Klar, du kannst auch rumopfern, wie die ganzen Luschen auch rumopfern. Und dann haben sich die Moslems in dreißig Jahren mit Faktor fünf an uns vorbeivermehrt!»

«So ist es», findet Fügner und lächelt milde.

In dieser eiskalten Testosteronwelt ist das tatsächlich die logische Konsequenz. In einer Männerschmiede duldet man keine *Fremden.* Man duldet nichts, was die eigene Macht in Frage stellen könnte! Nicht *den Feminismus*, nicht *die Migranten*, nicht *das Andere*! Und der verunsicherte Vater nickt mit feuchten Augen. Bedankt sich für all die Ratschläge und gelobt, sich an sie zu halten.

Der Korpsgeist und andere Gespenster

Ach, wären doch alle Männer hier rechtsradikal, es wäre alles so viel einfacher! Wären sie doch alle nur menschen- und frauenverachtende Fügners und Medings, Piloten und WikiMänner. Ich könnte das alles hier besser ertragen. Aber nein, es ist viel perfider, gerade weil auch die Gemäßigten hier sitzen. Die Verzweifelten und die Dummen und die Kranken. Die Normalen. Die Mittemänner.

Die roten Pillen schmecken ihnen allen. Der Antifeminismus hat keine politische Heimat. Er legt aber eine nahe.

Irgendwann findet die Konferenz ein Ende. Meding verkündet noch die Negativ-Preise an verhasste Institutionen und Politikerinnen, vergibt den «Lila Pudel des Jahres» an irgendeinen feministischen Aktivisten und lässt mich bei der Tombola ein Buch gewinnen. Und dann spricht der in Kolumbien lebende Pädagogikprofessor Markus Meier eine Art Schlusswort.

Meier ist ein lauter Typ, raumgreifend und rumgeifernd, so ein in die Jahre gekommener Gerd-Schröder-Basta-Boy. Eben hat er noch einen Vortrag über das Übel der Ko-Edukation gehalten – erläuterte also, warum Jungen und Mädchen nicht zusammen unterrichtet werden sollten und weshalb «überqualifizierte Akademikerfrauen» keine Männer abbekämen. Biologistisches Geraune wird zur politischen Parole: die Hypergamie, die Geburtenrate, die Zukunft des Westens, die ganzen Moslems, der Feminismus und so fort. Rabiater formuliert habe ich das alles schon so in etwa vor zehn Jahren gehört, in meiner Nacht bei den Münchner Faschisten.

Jetzt also ein letzter Redebeitrag. «Wenn ich einen Vorschlag machen darf: Eventuell ist es an der Zeit, genau das zu machen, was uns unsere Feinde vorwerfen!» Meier wirft Meding ein kollegial-anerkennendes Lächeln zu. «Wir müssten ein straff organisierter Club werden. Wenn wir uns rhetorisch brillant schulen und dann in einer kleinen Partei nach und nach alle Positionen besetzen, wenn wir dann unsere eigenen Leute nach oben reichen – dann sind wir bald in der Position, sagen zu können: Wir sind hier die Männer! Und ohne uns läuft gar nichts mehr!»

Meding, mein persönlicher Führungsoffizier, grinst zufrieden.

«Das ist mir zwar zutiefst zuwider», erklärt Meier, «aber vielleicht brauchen wir gerade davon ein bisschen was. Einen Korpsgeist!»

«Korpsgeist!», lallt einer durch den Raum. Ich sehe nicht, wer.

«Und damit gehen wir in die Ortsverbände, denn so funktioniert Politik! So können wir ein bisschen auf die Schweinetour unsere Sache in die Zentrale der Macht hineintragen!»

«Geil, genauso müssen wir vorgehen», ruft Meding: «Diplomatisch geschickt!»

«Ich weiß ja, Herr Meding ist in der FDP, und ja, das ist die einzige Partei, die nicht feministisch ist», fährt Meier fort. «Aber die große Frage: Was ist mit der AfD? Von den Feministen wird die Alternative intuitiv verachtet, aber ist das auch eine Männerpartei? Oder kann man sie dazu bringen?»

Wo sind sie jetzt nur, die Mittemänner? Die gemäßigten Bewohner der Manosphere, die ich doch nicht alle in einen Topf werfen soll? Wo ist der Widerspruch, der Protest? Nein, da kommt nichts. Wenn sich einer daran stören sollte, dann traut er sich nicht, die hierarchische Ordnung anzukratzen. Oder ist zu sehr mit dem eigenen Schmerz beschäftigt. Oder die Männer haben genug rote Pillen geschluckt, sodass Meier sie gerade überzeugt.

«Was spräche denn auch dagegen?», fragt er. «Was ist an der AfD denn bitte rechtsradikal? Wollen die einen Krieg gegen Polen und Russland? Sind das Antisemiten? Nein, davon kann ich nichts finden.»

«So ist es, haha!», ruft Meding und grinst mich breit an. Und ich grinse zurück.

Ich trinke mit Meding noch ein Bier und mit Meier noch einen Wein, ich ertrage noch ein paar Parolen und Dummheiten, spreche mit einem, der ziemlich sicher seine Frau verprügelt hat, dann stolpere ich in die Nürnberger Novembernacht.

Wären diese Männer doch extremer, noch kurioser und

schlimmer … würden sie mich nicht an andere erinnern, an solche, denen man tagtäglich begegnet.

In der Studie des Bundesfamilienministeriums aus dem Jahr 2016 steht auch, dass 33,7 Prozent aller deutschen Männer für «einzelne maskulistische Einstellungen oder Facetten empfänglich» seien. Das kann viel bedeuten. Oder wenig.

Ich sehe die Passanten auf der Straße und die Passagiere in der U-Bahn, sehe ganz normale Männer. Ganz normal. Natürlich ist mein Blick nach diesem langen Tag verzerrt, vernebelt von Hass und Bier und Bratwurstfett. Aber Normalität kann mich nicht mehr beruhigen.

Die Verführung

Von Pick-Up-Artists, Coaches und anderen Jägern

Comic Relief

Es ist seltsam still im Münchner Westpark. Der erste harte Lockdown ist frisch überstanden, aber die Pandemie liegt tonnenschwer in der Luft. Schweigend spazieren die Menschen um den kleinen See, halten sorgsam Abstand zueinander, und wer spricht, spricht leise. Selbst die Jogger scheinen vorsichtiger aufzutreten als sonst. Und auch Theo schnauft nur sachte vor sich hin, während er im Stotterschritt neben mir herläuft. Er ist ein kräftiger Kerl, aber er hält den Kopf gesenkt, als könne sein Hals das Gewicht kaum stemmen. Die verzottelten Haare hängen ihm ins Gesicht, unruhig zucken seine Augen dahinter hin und her, fixieren abwechselnd mich und den Kiesweg. «Corona World Tour 2020» steht auf seinem Shirt.

Wir haben uns gerade erst getroffen. Noch weiß ich nicht, wie kaputt Theo ist. Wie leid er mir tun, wie viel Angst er mir machen wird. Ich weiß noch nichts von seinen vergeblichen und geradezu unheimlichen Versuchen, Frauen ins Bett zu bekommen. Weiß noch nichts von seiner Obsession mit Gewalt und nichts von seiner Diagnose. Ich weiß nur, dass etwas nicht stimmt.

Ich versuche mich an Smalltalk: Ist doch wirklich ein schöner Tag und tut doch echt gut, wieder unter Menschen zu kommen, oder? Theo zuckt mit den Schultern. Die Pandemie mache ihm gar nicht so viel aus, sagt er. Nur sein Schlafrhythmus sei ganz durcheinander. «Und ich kann nicht richtig rausgehen und Frauen ansprechen. Das ist jetzt mega Pech.»

Nein, irgendetwas stimmt ganz gewaltig nicht! Dabei hatte ich ernsthaft gehofft, dass das Treffen mit Theo meine Stimmung etwas heben, mir sogar guttun könnte.

Mit dem Ausbruch der Pandemie war meine Recherche zum Erliegen gekommen. Mir blieben nur die virtuellen Abgründe der Manosphere, in denen ich mir wieder die Nächte um die Ohren schlug. Aber draußen grassierte ein Virus, die Infektions- und Todeszahlen schossen in die Höhe, dazu die rasant ansteigenden Fälle häuslicher Gewalt. Es fiel mir noch schwerer als sonst, die endlosen Tiraden aus Hass und gekränkter Männlichkeit zu ertragen – und die Rhetorik schien sich stetig zu verschärfen! Selbst in der maskulistischen WhatsApp-Gruppe wurden die sexistischen Altherrenwitze zusehends brachialer. Vermischten sich bald mit Wutanfällen über die Corona-Maßnahmen: Lockdown, Atemmasken und Aufforderungen zum Händewaschen? Für viele der Herrenrechtler waren das nur weitere Beweise ihrer großen Unterdrückung.

Was freute ich mich, als Sebastian von Meding mich auf Theos Vorhaben aufmerksam machte! Da sei ein Kollege, der suche noch nach Mitstreitern, um einen Kurzfilm zu drehen, einen kleinen Horrorschocker über die Schrecken des Feminismus. Ob ich nicht Bock hätte, da ein wenig mitzuhelfen?

Oh Gott, ja! Maskulisten, die einen Horrorfilm drehen wollen – das darf ich mir nicht entgehen lassen. Das klingt nach bizarrer Leichtigkeit, nach *Comic Relief* für meine Recherche, für mein Buch, für meine Seele! Eine schrullige Kuriosität zum Schmunzeln, ein tendenziell harmloses Etwas, das sich leicht weglachen lasst. So etwas habe ich bitter nötig. Ohne zu zögern sage ich zu.

Theo und ich haben uns auf eine schattige Bank unter einer Trauerweide gesetzt, vor uns das Wasser, eine Gänsefamilie watschelt durch das Schilf. Aber Theo nimmt das nicht wahr. Sein Blick geht zu Boden auf den Kies, den Staub, seine abgetretenen Adidas, während er mir von dem Film in seinem Kopf erzählt. «Das ist jetzt nur so ein erster Einfall», sagt er, aber ein Horrorfilm soll es sein, und natürlich soll darin einem Mann ganz übel mitgespielt werden. «Das ist so ein Nerd, der auch nicht gut mit Frauen sprechen kann und immer falsch verstanden wird. Vielleicht passiert ihm auch so was wie mir, also mit den Frauen. Und dann wird er gefeuert oder so. Und am Ende schmeißt er sich vor 'nen Zug.»

Scheiße!

«Das soll dann auch graphisch dargestellt werden. Also realistisch.»

Scheißescheißescheiße!

«Wie der Körper zermalmt wird und der Kopf abgeht. Oder zerstört wird.»

«Theo, ähm ...» Ich will was sagen, muss was sagen, aber ich komme ins Stottern. «Du äh, bist aber – du denkst aber nicht dran, dir selber was zu tun?»

Theo schüttelt den Kopf. «Nein. Aber in jedem Fall soll das terrormäßig rüberkommen.» Da müsse die Kamera draufhalten, er mag es nicht, wenn man die Gewalt zu kurz zeigt. «Ich will die immer länger sehen.»

«Super. Aber hör mal, ähm, denkst du manchmal so dunkle Gedanken? An Suizid oder so? Das ist nicht schlimm, aber das musst du jemandem sagen.»

Theos Augen flackern genervt hin und her: «Nein, ich war mal suizidal, aber da war ich arbeitslos.» Das sei schon einige Jahre her, sagt er. Das war, bevor ihm sein Autismus diagnostiziert wurde und bevor er in die Welt der Maskulisten geraten ist. Bevor er die rote Pille geschluckt hat. Seitdem, sagt Theo, ginge es ihm viel besser.

«Im Film soll der sich nur umbringen, damit man das zeigt, wie schlimm das ist. Mit der feministischen Propaganda und wo Männer überall im Nachteil sind.» Die Gänsefamilie watschelt an uns vorbei. «Und deswegen sollte man das auch zeigen mit der Gewalt. Weil, das zeigen viele Filme nicht. Wie die Körper zermalmt werden und so.»

Mir fällt nichts ein. Ich schweige. Theo schweigt auch.

«Quak», sagt die Gänsemama.

Der Horror

Theos große Leidenschaft ist das Horrorkino, die Slasher-, Splatter- und Zombiefilme, Body Horror, Creature Features und Folterpornos. «Hauptsache, die Kills sind kreativ», findet er. Seine Faszination für Gewalt begann schon als Kind. In der Schule wurde Theo gemobbt. «Vielleicht wollte ich deswegen Menschen sehen, die noch schlechter dran sind als ich.» Und dann hatte er ganz viele Folgen von «Knight Rider» auf Videokassette, und Theo spulte immer wieder zu den Szenen, in denen David Hasselhoff die Bösewichter abknallte. (Oder die Bösewichter knallten irgendwen ab? Ich habe «Knight Rider» nie gesehen.) Jedenfalls schaute er sich immer wieder an, wie die Getroffenen zu Boden gingen. «Und dann bin ich immer in den Keller gegangen, da hab ich so Männchen auf Karton gemalt, und dann so mit dem Messer ...» Theo lässt die Handkante durch die Luft fahren: «*Kssst! Kssst!* – Immer so reingestochen und geschnitten, und die Stellen mit dem Filzstift rot angemalt.»

Ich muss hier weg! Ich fühle mich wie ein Elendstourist, ein Gaffer. Und jetzt gaffe ich auch noch tatsächlich! Ich Arschloch sitze neben ihm auf dieser Bank und starre auf seinen Ringfinger. Der Nagel ist über dem Nagelbett abgebrochen, man sieht Fleisch. Es sieht schmerzhaft aus. Alles an Theo sieht schmerzhaft aus ... Und ich muss gehen! Dieser Schmerz geht mich nichts an, die Geschichte dieses Mannes geht mich nichts an!

Autist*innen haben schon genug unter Vorurteilen und Stigmatisierung zu leiden. Unter den unsinnigen Klischeebildern von empathielosen Eigenbrötlern und genialischen Inselbegabten. Dabei ist Autismus keine Krankheit und für viele Betroffene auch keine Behinderung. Autismus ist ein breites Spektrum und neurodiverse Menschen sind nicht mehr oder weniger gefährlich, empathisch, dumm oder klug als neurotypische Menschen. Die Geschichte von Theo ist für nichts repräsentativ, außer für ihn selbst. Ich sollte nicht gaffen! Ich sollte aufstehen. Ich will mich verabschieden. Aber dann spricht Theo vom wahren Horror.

Theo spricht von den Internetseiten, die ihm geholfen hätten. Von den Videos, Pick-Up-Foren, Dating-Kursen und Flirt-Seminaren. Er spricht von Regeln, von Selbstoptimierung und wahrer Männlichkeit. Und weil ich ihn dabei so verblüfft wie ratlos angaffe, rät er mir, dass ich mir vielleicht auch selber einen Dating-Coach suchen sollte. «Du bist doch auch kein *Natural*. Also kein Alpha, der von Natur aus gut mit Frauen ist. Nur so fünf Prozent der Männer sind das.» Aber das ließe sich eben erlernen.

Und ich begreife: Sein Autismus mag Theo behindern, aber verkrüppelt hat ihn die Manosphere. Ich bleibe sitzen.

Die Therapie

Theo war schon über dreißig, als ihm Autismus diagnostiziert wurde. «Also, ich bin jetzt nicht schwerbehindert, aber schon behindert. Oder eingeschränkt», sagt Theo. Das erklärte, weshalb ihm so vieles schwergefallen war im Leben. Und damit erklärte er sich auch, weshalb es nie mit den Frauen geklappt habe. Theo beschloss, sich professionelle Hilfe zu suchen. Er meldete sich in Foren an, deckte sich mit Literatur ein und abonnierte eine Menge YouTube-Kanäle und Newsletter. Theo begann, die hohe Kunst der Verführung zu erlernen.

«In Therapie bist du nicht gegangen?»

Theo verdreht die Augen. «Flirtcoaching ist viel zielgerichteter, und wenn du flirten kannst, dann kannst du alles. Das sind die schwersten sozialen Fertigkeiten, die man lernen kann, und das hilft dir auch in anderen Bereichen.» Das bekam Theo auch in den Foren zu lesen, in den Videos zu sehen und von seinen Coaches bestätigt.

Es war ein Erweckungserlebnis: «Frauen kennenlernen, das ging ja genau andersrum, wie ich dachte!» Bisher dachte Theo, man müsse immer nett sein. Höflich, freundlich, vorsichtig. Völlig falsch! Theo weiß jetzt von positiver Alphaness und Dominanz. Er weiß, dass Frauen keine Pussy, keinen Nice Guy, keinen Cuck und keinen Beta wollen. Er weiß, dass man Frauen selbstbewusst ansprechen und klar Interesse signalisieren muss. Er weiß, wie man Komplimente macht, ohne gierig zu wirken. Dass man der Frau vermitteln muss, dass man sie will, aber nicht braucht. Dass «Frauen dir nur ein kleines Zeitfenster geben, in dem du Zugang hast». Dass man Körperkontakt herstellen und immer neben der Frau sitzen muss. Dass man den Prüfungen und Widerständen der Frau standhalten muss, dem Shit-Test und der Last Minute Resistance. Dass man sich als Mann nicht alles gefallen lassen und nicht immer verfügbar sein darf. Dass man auch mal nein sagen muss. «Sonst kommst du in die Friendzone, und sie kommt nur mit ihren Sorgen zu dir, aber nicht zum Bumsen.» Und natürlich kennt er all die klassischen Moves: den Pull-Vorgang, das Frame-Setzen, Negging und Peacocking, das Ankern, die Klaue, den Pusher. Er weiß sogar, aus welchem Winkel man sich einer größeren Frauengruppe nähern muss, um die Auserwählte aus dem Schwarm herauszugreifen.

«Aber kannst du nicht einfach, keine Ahnung …», ich komme mir so blöd vor bei dieser Frage, «kannst du nicht einfach du selbst sein?» Theo schaut mich an, als würde er nicht ganz verstehen. «Also, ich mein, einfach ehrlich? Einer Frau, die du magst, sagen, dass du Interesse hast – aber eben Autist bist, unerfahren und ein wenig nervös?»

Theo schüttelt amüsiert den Kopf. Die Regel kennt er doch

schon längst: «Das habe ich schon gelernt, man muss das alles *ownen*! Wenn man Verletzlichkeit zeigt, macht das einen auch selbstbewusst und attraktiv.»

Für alles gibt es eine Regel, und Theo studiert das Regelwerk seit Jahren. Mal auf eigene Faust, mal mit Hilfe von Dating-Coaches. Er besteht übrigens darauf, dass seine Coaches keine Pick-Up-Artists seien, keine «PUAs». Den PUAs ginge es nämlich nur ums *Game*, also darum, möglichst viele, möglichst heiße Frauen zu vögeln. Darum, eine möglichst hohe Punktzahl und Trefferquote zu erzielen. Die meisten Dating-, Flirt- und Männer-Coaches hingegen, versichert mir Theo, die seien absolut seriös – auch wenn es mehr oder weniger dieselben Strategien sind, die von ihnen gelehrt werden. Vermutlich lässt sich unter dem Label Pick-Up auch nicht mehr so gut Geld verdienen wie noch vor ein paar Jahren. Dafür gab es einfach zu viele Berichte und Reportagen über die toxische Szene voll Frauenverachtung, Manipulation und Aggression. Zu viele PUAs, deren Vergewaltigungsrhetorik und -phantasien für Skandale sorgten. Zu viele tatsächliche Vergewaltigungen. Und wer sich von der Existenz von *Rape Culture* überzeugen will, kann sie in Reinform in all den PUA-Foren erleben. «No means no – until it means yes», verkündete etwa der Amerikaner Daryush Valizadeh, der als Roosh V zum vielleicht berühmtesten Pick-Up-Guru der Welt wurde. Dass er ab 2015 seine Variante frauenverachtender Red-Pill-Ideologie mit antisemitischer Verschwörungsdenke anreicherte, um dann nach und nach völlig in den rechten Wahnsinn abzudriften, half dem Ruf der Szene auch nicht weiter.

So oder so, Theo lässt sich nicht auf unseriöse PUAs ein, nein, er geht zu Profis wie dem «Dating-Consultant» Niklas Becker. 2000 Euro hat er für den dreimonatigen Online-Kurs bei ihm gezahlt, jede Verlängerung kostet noch mal tausend. Sicher ist das nicht billig, und Theo hat nicht viel Geld, aber er spart gerne. «Da gab es Videocalls, Arbeitsblätter, Chatgruppe und Tralabumms. Die Theorie kenn ich zwar schon, das lohnt sich aber vor allem wegen der Struktur. Da ist man in einem Prozess, geht raus und macht Praxisaufgaben. Was man sonst nicht machen würde.»

Das sogenannte *Streeten*, die praktische Anwendung des Erlernten: In Begleitung anderer Schüler der Liebe geht Theo auf die Straße, Frauen anbaggern. «Aber auch in Geschäften, Shopping Malls, Cafés und in der U-Bahn. Überall eigentlich.» Das koste ihn zwar immer noch Überwindung, aber mittlerweile sei er echt gut darin. «Während meines letzten Kurses habe ich über einhundert Frauen angesprochen!»

«Wahnsinn», sage ich, und mir wird mulmig bei der Vorstellung, wie Theo, dieser kräftige Kerl, auf der Straße Frauen hinterhersteigt. Wie er seine Moves anwendet und hartnäckig um Telefonnummern bittet. Ich bin keine Frau, wurde nie sexuell belästigt und selten angegraben – dennoch kommt mir dieses Szenario bedrückend vor. Aber Theo ist stolz. Lächelt jetzt sogar ein wenig. Drei der gut hundert Frauen haben sich mit ihm auf ein Date getroffen.

Warum die Dates keine Erfolge waren und Theo noch immer Single ist? Ich habe ein paar Vermutungen, aber Theo kann es sich nicht erklären. Er mache doch alles richtig! «Vielleicht, weil ich die eine beim Abschied nicht geküsst habe», sinniert er. «Das muss man unbedingt machen! Und die andere hat mich gefriendzoned. Kann sein, dass ich da zu stark geführt habe. Obwohl – eigentlich wollen Frauen ja Männer, die die Führung übernehmen.» Er seufzt und sein Blick driftet in die Ferne. Überhaupt kann er sich nicht erklären, warum er noch nie eine Beziehung hatte. Noch nie Sex. Aber er lässt sich nicht entmutigen «Ich bin schon ganz weit gekommen.»

Ganz weit ist er gekommen … Es klingt, als spreche er über ein Computerspiel. Es gibt klare Regeln, Levels, Strategien und Cheatcodes – die allerdings Geld kosten. Und die Frau ist *Target*, Endgegner und Belohnung zugleich. Eine widerspenstige Maschine, die man richtig bedienen muss. In Zeiten von Feminismus keine einfache Aufgabe. Das weiß auch Theo.

Es ist nicht verwunderlich, dass Theo die Argumente der Maskulisten inhaliert hat. Der Glaube, der westliche Mann werde von Feminist*innen seiner Männlichkeit beraubt, ist in PUA-Foren weit verbreitet, die ideologischen und personellen Überschneidungen innerhalb der Manosphere eben immens. Im Grunde war es bei Theo dann eine persönliche Kränkung, die ihn zum Männerrechtler werden ließ. Es ist eine lange, komplizierte und schwer verständliche Geschichte, die er mir erzählt. Vielleicht sind es auch zwei Geschichten, die in seiner Erzählung zusammenfließen, so ganz kann ich ihm nicht folgen. Jedenfalls geht es irgendwie um misslungene Dates und missglückte Kommunikation, eine Kollegin, die sich über ihn beschwerte, und gleich mehrere Frauen, die ihn baten, er möge sie in Ruhe lassen. «Sie würden sich in meiner Gegenwart unwohl fühlen oder so.»

«Haben sie erklärt, was sie meinen mit ‹unwohl fühlen›?»

«Ich würde so komisch rüberkommen, so ... Weil ich Single bin und eine Freundin möchte. Das, ja ... Das fanden die nicht so toll. Die haben einfach ausgenutzt, dass sie Kontrolle hatten. Aber damals konnte ich auch noch nicht flirten.»

«Und jetzt kannst du's?»

Er nickt. Aber dadurch habe er eben begriffen, wie sehr Männer unter der weiblichen Vorherrschaft zu leiden hätten. Gerade Männer wie er! Nicht wenige seiner Coaches bestätigten ihn auch in seiner neuen Weltwahrnehmung. Allen voran «Deutschlands erfolgreichster Verführungscoach», Maximilian Pütz. Pütz hat nicht nur gemeinsam mit dem semiprominenten Männerrechtler Arne Hoffmann einige Bücher verfasst, er nimmt sich dieser Themen auch fleißig auf seinem YouTube-Kanal an. Neben pikanten Sex- und Baggertipps finden sich dort Videos wie «So beliebt ist Männerhass», «In die Transsexualität gedrängt» oder «Alleinerziehende Mütter gefährden das Kindeswohl!!!» Und ganz besonders erschütternd: «Durch Samenraub in die Vaterschaft gezwungen». Durch derartige Videos bekam

Theo die rote Pille zu schlucken und bald darauf den Film «The Red Pill» zu sehen.

Für Maximilian Pütz' «Casanova Coaching» hat Theo übrigens über tausend Euro gezahlt. Und zu allem Übel will er mir jetzt auch noch vorführen, was er dort so alles gelernt hat.

«Hast du die eben gesehen? Die Blonde mit den dicken Dingern?» Er deutet auf eine Spaziergängerin. «Ich könnte die eigentlich auch ansprechen.»

Ich bitte ihn, es nicht zu tun.

Die Männlichkeitsindustrie und das beste Business der Welt

In der Nacht liege ich noch lange wach. Ich komme mit Theos Schicksal nicht klar, nicht mit seiner Einsamkeit, nicht mit seinen düsteren Gedanken. Hätte ich ihm nicht irgendwie helfen müssen? Und wenn ja, wie?

Keine Zweifel, Theo ist ein Opfer – aber ich frage mich unweigerlich, ob er nicht schon zu einem potenziellen Täter zurechtgecoacht wurde. Ich kriege den hässlichen Gedanken nicht aus dem Kopf, auch wenn ich mich für ihn schäme. Seine Coaches hätten jedenfalls gewusst, dass Theo Autist sei, hat er mir erzählt. Was sind das also für Menschen, die einem so Therapiebedürftigen das wenige Geld aus der Tasche angeln?

Ach, ich werde heute eh nicht mehr schlafen. Wälze mich aus dem Bett und fahre den Rechner hoch. Richtige Männer verbringen ihre einsamen Nächte sowieso im kalten Licht des Computermonitors, glaube ich.

Dating- und Männercoaching ist eine blühende Industrie und ich betrete den virtuellen Gewerbepark. Ich will ein paar dieser Männer anschreiben, will mich anmelden, will sehen, was sie so anzubieten haben. Aber ich kann mich nicht entscheiden. Es gibt zu viele!

Theo hatte mir eine ganze Menge Namen genannt, Dating-Experten und Männlichkeitstrainer, denen er folgt, die er schätzt, denen er huldigt. Da sind Marvin Hodan, Mike Development und Don Jon, Hendrik von Easy Infield, Mateo von der Flirt-Forschung und Horst von der Flirt University. Ich klicke mich durch ihre Internetauftritte, die Seiten, Facebookgruppen, Social-Media-Anzeigen und YouTube-Kanäle. Schau in die aufgeräumten Gesichter der kernigen Typen und manngewordenen Spam-Mails. Lese von Onlinekursen und Büchern und teuren Individualtrainings.

Sicher hat dieses Business auch seine Berechtigung. Klar gibt es Männer, denen es schlichtweg an sozialen Skills fehlt, um sich herauszuwagen, ihr Glück zu versuchen und andere Menschen anzusprechen. Und klar ist es nicht einfach, die eigene Identität inmitten der rasanten Debatten über Sex, Macht und Geschlechterrollen zu finden und zu definieren.

Richtig positiv überrascht, bleibe ich bei ein paar YouTube-Videos hängen. Sven von «Männlichkeit stärken» gibt Tipps, wie man Frauen respektvoll begegnet, wie der klitorale Orgasmus und wie Cunnilingus funktionieren, lehrt Fingerspitzengefühl und Zungenfertigkeit. Der Junge hat zwar den Charme eines aufdringlichen Skilehrers, aber er macht das nicht übel. Diese Videos hätte ich mal mit fünfzehn sehen müssen! Wirklich.

Und auch gegen persönliche Weiterentwicklung spricht erst mal nichts. Wenn sich die Flirt- und Männercoaches also ihre Kurse auch allzu gut bezahlen lassen – das Geschäftsmodell ist nicht per se unmoralisch.

Denke ich mir. Und starre bald in klaffende Abgründe.

Basecamp Coaching «stärkt Deine Männlichkeit und führt Dich zu kraftvoller maskuliner Identität». Der Legend Coach macht dich «Vom Mann zur LEGENDE», und Thomas Jäckels «Alphatraining» macht aus jedem «Muttersöhnchen» einen echten Kerl jenseits «weiblicher Instrumentalisierung». Und jetzt warnt mich Flirt-Coach Kevin von Masculus Maximus auch noch vor der drohenden «Beta-isierung» und gibt mir «20 Tipps, wie du reiche Frauen kennenlernen kannst». Tipp Nr. 13: «Bodyguard werden».

«Du willst Zugang zu deiner Aggression und Power bekommen?» Dann «verlasse deine Komfortzone» und folge Bestsellerautor Bjørn Thorsten Leimbach von «Männlichkeit leben» zu seinem «Herzenskrieger Männertraining», mit dem er schon lange mutig für die «Befreiung von weiblichen Normen, Regeln und Verhaltensweisen» kämpft. Und auch esoterisch-mythopoetische Männercoaches wie John Aigner von Mannsvolk wollen wieder den archaischen Eisenhans in ihren Kunden wecken. Es geht um «Kettensprengen», «Cosmic Sex» und Lagerfeuer, alles sehr hippiesk und New Age. Kritiker*innen werfen der Bewegung eine Tendenz zu rechtem Gedankengut und Antifeminismus vor. Ich kann das nicht beurteilen, bin aber auch nur so mittel überrascht.

Der große Coaching-Boom begann in Deutschland bereits 1999, als die Bezeichnung «Psychotherapeut» per Gesetz zum geschützten Beruf wurde. Wer also keine entsprechende Qualifikation vorweisen konnte, wurde über Nacht zum, richtig, Coach. Coach darf jeder sein, kann auch jeder sein, und das in jedem Lebensbereich: Life Coaching, Business Coaching, Leadership Coaching, Whatever Coaching. Dabei geht es nicht um Therapie oder Heilung, sondern um die «Optimierung der menschlichen Potenziale», so der Deutsche Bundesverband Coaching e. V.

Schneller, effizienter, besser als Therapie. So lautet das implizite Versprechen. So kann man es jedenfalls verstehen. So versteht es Theo.

Ich klicke weiter und weiter, es gibt keinen Anfang und kein Ende, und jetzt spült mir der Algorithmus Männer auf den Bildschirm, die mir Coaching-Seminare andrehen wollen, die mich also zum Coach coachen wollen! Denn Coaching, beteuert Premium-Business-Experte Christian, «ist das sicherste und beste Business der Welt», und wenn ich mich von ihm zum klassischen Coach oder spirituellen Coach oder Persönlichkeitstrainer ausbilden lasse, könne auch ich schon bald sechsstellige Beträge einnehmen! Und kaum habe ich ihn weggeklickt, kommen schon Coaching-Coach Said und sein hässliches Kinnbärtchen auf meinen Bildschirm geschleimt und versprechen mir gleich zehntausend Euro am Tag, auch als Neueinsteiger, also bewirb dich – jetzt!

Es wird schon hell, als ich mich letztlich für Niklas Beckers Dating Consulting GmbH entscheide. Niklas sieht mit seiner unauffälligen Schmierigkeit und dem Ralph-Lauren-Polohemd nicht nur genauso aus, wie ich mir einen Dating Consultant vorstelle, auf Facebook sorgt er sich auch um die «schleichende» Entwicklung, durch die immer mehr Männer ihre «wahre Natur» unterdrücken müssten. Außerdem war er es, der einige Monate zuvor dem Autisten Theo 2000 Euro abgenommen hatte. Also «bewerbe» ich mich auf seiner slicken Webseite für das kostenlose Beratungsgespräch und werde Mitglied seiner Facebook-Gruppe «Nie wieder alleine einschlafen». Die darf man freilich nicht verwechseln mit der Facebook-Gruppe «Nie wieder alleine aufwachen». Die betreibt ein konkurrierender Coach.

Die Verführer

Eine Woche später. Das glatte Milchgesicht am anderen Ende des Zoom-Calls gehört einem jungen Mann mit Föhnfrisur und blasiertem Lächeln: Patrick ist Mitarbeiter des Teams Niklas Becker, Mitgründer und Strategieberater des Unternehmens – und er habe bereits mit über tausend Frauen Erfahrungen sammeln und als Coach Hunderten Klienten helfen können. Und auch mir könne er helfen, zumindest wenn jetzt, in unserem exklusiven Eins-zu-eins-Beratungsgespräch, alles passen sollte. «Also,

Anton», sagt er und schaut ausgesprochen professionell in seine Webcam, «wo drückt denn der Schuh?»

Ich gebe zu: Es fällt mir schwer, die Rolle des Verzweifelten zu spielen. Eine kurze Internetrecherche, ach was, ein bisschen Rumgescrolle auf Facebook, schon hatte ich herausgefunden, dass Niklas und sein Kumpel Patrick erst drei Jahre zuvor als Coaches in Erscheinung getreten sind. Unter ihren bürgerlichen Namen gaben sie damals einen Workshop in einem Stuttgarter A&O-Hostel. Patrick war damals noch keine zwanzig.

«Du, bevor ich so intime Details preisgebe, kannst du mir vielleicht ein bisschen von euch erzählen? Also, was genau bietet ihr an, wie geht ihr vor, und wer bist du eigentlich?»

«Hab ich doch schon gesagt, ich bin der Patrick», sagt der Patrick. «Du musst dir echt keine Sorgen machen, alles cool.»

Sorgen mache ich mir wirklich keine, aber noch wüsste ich doch gar nichts über ihn, sage ich, nichts über seine Methoden, seine Qualifikationen, nicht einmal, worauf ich mich einlasse. Könnte er da nicht erst …

«Warum bist du so misstrauisch?» Patrick zieht die Augenbrauen hoch. Ich glaube, er versucht empathisch dreinzuschauen: «Lass uns doch erst herausfinden, wo das Problem ist, lass uns das doch erst mal analysieren.» Wieder protestiere ich, aber keine Chance. «Anton, entspann dich, wir gehen das jetzt gemeinsam durch, ich habe da meine Reihenfolge.»

Ich atme ein, ich atme aus. Ich bleibe in meiner Rolle: Ich bin Anton Schneider, Junggeselle, einsam und hilfsbedürftig. Ich spiele mit, verdränge den Gedanken, dass dieser blasse Schnösel dem schwer gestörten Theo ein sechsstündiges «Dating-Bootcamp» angeboten hatte. Einen kurzen Intensivkurs für noch mal 2000 Euro – den Theo auch machen wollte, sich aber nicht leisten konnte.

Aber daran denke ich jetzt nicht. Ich zwinge mir ein Lächeln ab und stelle mich Patricks Fragenkatalog. Auch wenn es mir verteufelt schwerfällt.

Nicht zuletzt, weil ich die meisten Fragen schon eine Woche zuvor beantworten musste. Kaum hatte ich meine Anfrage an die zwielichtigen Sexperten abgeschickt, klingelte auch schon mein Telefon. Marcell war am Apparat, Niklas Beckers' persönlicher Assistent. Er teilte mir mit, dass man pro Monat drei- bis vierhundert Bewerber habe, da könne leider nicht jeder untervögelte Trauerkloß ein exklusives Beratungsgespräch bekommen. Dieses Privileg sei nur ganz wenigen vorbehalten. Also musste ich schon Marcell von meinem tristen Sex- und Liebesleben berichten, Zeitangaben machen, meine Einsamkeit und meine menschlichen Makel auf einer Skala von eins bis zehn bewerten – und mehrfach versichern, dass ich auch wirklich voll bereit bin, die wertvollen Ratschläge der Experten anzunehmen und mein Leben nachhaltig zu ändern: «Also, von eins bis zehn, wie hoch ist die Motivation? Ist das auch wirklich deine Priorität? Und du bist schon jemand, der es für sinnvoll hält, in seine persönliche Entwicklung zu investieren, oder? Was wärst du denn bereit, in den nächsten zwei bis drei Monaten zu investieren, um dein Problem gelöst zu bekommen und jemanden kennenzulernen?» Die genauen Details, was ich eigentlich für mein Geld bekäme, das werde mir der Experte beim Beratungsgespräch erläutern – sollte ich es denn bekommen. «Aber jetzt geht es darum, zu erfahren, was du zur Verfügung hast.» Ich gelobe, die nötigen dreitausend Euro auf meinem Konto zu haben, und Marcell gratuliert mir: Der Experte könne mir ganz bestimmt weiterhelfen!

Und sollte es ihnen doch wundersamerweise nicht gelingen, auch daran lässt Marcell keinen Zweifel, dann wird es an meiner mangelnden Motivation gelegen haben. Am Ungenügen des Kunden. Sicher, die Masche ist unfassbar durchschaubar, aber das soll sie auch sein: Wer sich von diesem Vorgespräch nicht abschrecken lässt, der ist gerade naiv oder verzweifelt genug, sich ausnehmen zu lassen.

Patrick stellt seine Fragen mit dem Charme eines Grenzbeamten kurz vor Feierabend: Ob ich auf Frauen zugehe, ob ich schnell nervös werde, einsam bin, eine Sozialphobie hätte. Schon mal eine langfristige Beziehung gehabt? Wann war das? Wie lange? Wann das letzte Mal Sex? Wann das erste Mal?

Es ist ein regelrechter Seelenstriptease, den ich hinlegen muss. Da können meine Antworten noch so fiktiv sein – ich fühle mich schrecklich. Ich glaube, so soll ich mich auch fühlen. Als Versager. Erst macht man den Klienten klitzeklein, dann ist es leichter, ihn wieder aufzubauen. Und jetzt wechselt Patrick auch schon das Register. Er könne mich sehr gut verstehen, erklärt er und schaut mich mit Hundeblick an, denn er sei ja auch selbst mal in meiner Situation gewesen. Damals, als Jugendlicher, lang ist's her, in seinem Dorf, als er sich noch nicht getraut habe, mit Frauen zu sprechen, als er unter derselben Nervosität und profunden Einsamkeit zu leiden hatte wie ich jetzt. Aber er habe es da rausgeschafft – und gerade das mache ihn zum idealen Experten für mich.

Patrick hat mich überzeugt: Er ist tatsächlich ein Verführungsexperte – nur dass er versucht, mich zu verführen. Der Kerl will mir an die Wäsche! In der letzten Zeit habe ich mich viel in Pick-Up-Foren herumgetrieben, habe mich in die Manipulationstechniken und Strategien der ekligen Typen eingelesen, mit denen sie sich an Frauen ranwanzen. Und im Zentrum all dieser unappetitlichen Methoden steht die Idee des Neurolinguistischen Programmierens oder kurz: NLP. Im Grunde ist NLP nicht viel mehr als eine halbgare Suggestionstechnik mit vielen Anglizismen, die auch unter überambitionierten BWL-Studenten und Unternehmensberatern sehr beliebt ist. Es geht ums *Leading* und *Pacing*, darum, die Führungsrolle einzunehmen, ohne dass es das Gegenüber mitbekommt. Also setzt man klare Regeln, aber man gleicht sich an, übernimmt Körperhaltung, Stimmung, Sprache.

Oder man erzählt dem verzweifelten Klienten, man würde

ihn ja komplett verstehen und früher, da sei man in exakt der gleichen Situation gewesen. Das tun so ziemlich alle Männer- und Dating-Coaches: Alle geben sie vor, früher ein trauriger Loser gewesen zu sein, jeder einzelne hat seine Geschichte von Einsamkeit und Trübsal, von Pickeln oder Computersucht oder Angstzuständen oder krankhafter Masturbation. Aber nun haben sie die Lösung gefunden, und für nur ein paar tausend Euro …

«Okay, stell dir die Situation vor: Du bist in der Stadt, gehst eine Jeans kaufen oder so und siehst eine Frau, die dir gut gefällt. Würdest du auf sie zugehen?» Patrick weiß, dass man das wahre Glück nur auf der Straße findet. Dass man am besten das männliche Ego aufbaut, indem man Frauen im Alltag anbaggert und ein wenig belästigt.

Und ich habe langsam genug.

«Sag mal, seid ihr eigentlich in der Pick-Up-Szene drin?»

«Nein!» Patrick sagt das sehr entschieden, muss aber gleich ein wenig zurückrudern, denn das Internet vergisst nicht. Früher, ja, da wären sie schon so in der Szene gewesen, «aber davon haben wir uns distanziert. Damit wollen wir nichts zu tun haben!» Und weil ich noch mal nachhake, weil mir der Frauenaufriss beim Hosenkauf doch arg schmierig vorkommt, erklärt Patrick mir auch den Unterschied: «Wir bringen Männern bei, wie sie rausgehen und Frauen ansprechen können. Der Pick-Up-Artist, der geht *gamen.*»

Und was bedeutet noch mal gamen?

«Gamen gehen heißt, du gehst raus und sprichst Frauen an.»

«Ach so», sage ich.

«Hat dir eigentlich mal jemand gesagt, dass du mega schnippisch und zickig bist, wenn du nervös wirst? Du hast da so ein Muster.»

Wir unterhalten uns noch eine Weile, aber nein, Patrick und ich kommen nicht mehr zusammen. Er erklärt mir, dass er mit einem wie mir, der so besserwisserisch sei, nicht arbeiten könne: «Du wirst auch keinen anderen finden, der dir da hilft», verspricht er mir. «Weil, du bist kein dankbarer Mensch!»

Ich zeige mich einsichtig, aber eine letzte Frage habe ich dann doch noch: «Sag mal, gibt es auch Fälle, wo ihr sagt, dass da eine Therapie besser wäre? Kommt so was vor?»

Die Antwort kommt eiskalt und aus der Pistole geschossen: «Wir sind für alle Fälle gewappnet. Wenn jemand kommt, traumatisiert oder 'nen Psychotherapeuten braucht, dem können wir auch helfen!»

Im Frühjahr 2020, also kurz nachdem Theo seine Dienste in Anspruch genommen hatte, veröffentlichte Dating-Consultant Niklas Becker ein Video auf seinem YouTube-Kanal: «Kann man als Autist / Härtefall eine Freundin finden? (So geht's!)» In diesem Video aus 13-minütigem Geschwafel zwischen *Mental-Healthcare*-Allgemeinplätzen und Kalendersprüchen behauptet Niklas, schon mehrere Autisten erfolgreich gecoacht zu haben, und gerade solche «Härtefälle» bräuchten individuelle Programme und Strategien, um mit ihren «Schattenseiten» und «Unzulänglichkeiten» gut umgehen zu können.

Ein anderes Video von Niklas heißt übrigens: «Vorsicht! Schwarze Schafe geben sich als Dating-Experten aus!»

Die Niklas Becker GmbH lässt nicht locker. Woche für Woche rufen mich weitere Mitarbeiter an. Fragen, ob ich es nicht doch noch mal versuchen wolle. Ich will. Allerdings mit einem anderen Namen. Und diesmal gebe ich mich im Vorgespräch noch eine ganze Spur trauriger. Kaputter. Erzähle von einer schweren Depression. Ich wüsste nicht, ob ich noch die Kraft habe, weiterzumachen, sollte mir der Dating-Consultant nicht weiterhelfen können. Das sage ich mehrfach. Schweige auch mal ein paar Sekunden, dann heule ich ein wenig ins Telefon hinein, aber der Mitarbeiter zeigt sich wenig beeindruckt: «Ich merk schon, dass du ganz aufgebracht bist, aber da kannst du ganz beruhigt sein.»

Das Team Niklas Becker hätte sich schon erfolgreich um Autisten, Alkoholiker und Depressive gekümmert, «sogar um einen, dem wurde die Freundin ermordet! Es gibt wenig, was wir noch nicht gesehen haben.»

Nein, für das Team Niklas Becker ist kein Schmerz zu groß und kein Todeswunsch zu stark – solange ich voll motiviert bin, etwas zu ändern und Geld zu überweisen. Und als Patrick mir, (also dem neuen, schwer depressiven mir) wütende WhatsApp-Nachrichten schickt, weil ich das exklusive Supidupi-Gespräch geschwänzt habe, hole ich mir die ethische Bankrotterklärung noch mal schriftlich: «Ich kann nicht mehr», schreibe ich, «ihr könnt mir wirklich trotz schwerer Depression helfen??»

«Wie oft willst du denn noch fragen?», kommt pampig zurück. «Ja.»

DruKos *IRL*

Ich kann nicht genau sagen, weshalb ich mich noch mal mit Theo treffe. Ich weiß doch, dass ich wegschauen sollte. Irgendwann schrieb er mir, da kam er gerade aus der Notaufnahme. Sein Herz hatte so eigenartig gepumpt, stach, schmerzte. Er glaubte schon, Corona oder einen Infarkt zu haben. Es waren bloß die Nerven.

Ich kann ihm nicht helfen. Ich weiß das. Und trotzdem …

Theo hat in der eigens erstellten Kurzfilm-Chatgruppe zu einer Brainstorming-Session geladen. Eine ganze Reihe weiterer Herrenrechtler hatten Interesse an dem vielversprechenden Kunstprojekt bekundet. Sebastian von Meding stellte in Aussicht, dass der Masku-Verein MANNdat ein paar der anfallenden Kosten übernehmen könnte und man sich ja auch mal auf seiner Berghütte zu einem «kreativen Wochenende» treffen könne. Und sogar mit echten Profis habe Theo schon konferieren dürfen, sagte er, etwa mit dem Berliner Schriftsteller Bernhard Lassahn. «Wenn wir erst die richtige Idee haben, kann der uns vielleicht mit dem Drehbuch helfen», hofft Theo. Immerhin hat Lassahn in den neunziger Jahren mit seinen Kinderbüchern über die Abenteuer des Käpt'n Blaubär Erfolge gefeiert. Heute beschwört er mit schwülstigen Polemiken den «Krieg gegen den Mann» und wettert auf rechtspopulistischen Webseiten gegen die Homoehe. Lassahn kennt sich also aus mit Seemannsgarn und Hasstiraden – er scheint perfekt qualifiziert zu sein.

Außer mir ist noch ein weiterer Kollaborateur zu Theos Treffen erschienen. Jasper, ein junger Informatiker mit hohlen Wangen und müden Augen. Wir sitzen in einem Biergarten im Münchner Vorort, bestellen Radler und Brezen, und Jasper klappt sein Lenovo-Notebook auf. «Ich mach jetzt hier mal eine Mindmap», schimpft er, so wie er alles schimpft, was andere sagen würden. Eigentlich würde er ja gerne einen eigenen YouTube-Kanal starten, einen nach amerikanischem Vorbild: «Polemisch, streitbar und wütend. So richtig wütend!» Denn Jasper zerreißt es fast vor Wut. «Und wenn die uns Frauenhass vorwerfen, was soll's? Sollen die doch! Wir dürfen nicht immer zurückschrecken! Wir müssen auch mal laut und wütend sein!»

«Aber sind nicht schon eine ganze Menge von uns ziemlich laut und wütend?», frage ich.

«Längst nicht genug!», schimpft Jasper und schaut ungeduldig auf das leere Word-Dokument. «Das ist alles so geisteskrank! Das geht mir alles so hart auf die Eier!» Seine verbliebenen Haare wehen ihm lang und fein wie Spinnweben über die Stirn.

Also, der Film.

Aus der Maskulistenszene war einiges an Input gekommen, berichtet Theo: Man könnte ja was über Scheidungs- oder Sorgerechtsstreitigkeiten machen, über Obdachlosigkeit oder falsche Vergewaltigungsvorwürfe, vielleicht sogar eine bissige Satire über MeToo, mit Feminazis in Uniform und Lack und Leder. Aber Theo selbst würde gerne im Horrorgenre bleiben, sagt er, und eine neue Idee hat er auch: «Das wäre jetzt mehr so ein klassischer Slasher.»

Theo erzählt uns ein düsteres Märchen von unschuldigen Nerds, die auf schreckliche Weise ermordet werden. Einer nach dem anderen fallen sie einer grausamen Feministin mit Hexenmaske zum Opfer. Schließlich steht die Femi-Hexe mit ihrem langen Schlachtermesser auch unserem Beta-Helden gegenüber. Die Lage scheint aussichtslos, als ihm in letzter Sekunde eine vollbusige Männerrechtlerin zu Hilfe eilt. Gemeinsam erlegen sie die Hexe. Abspann.

«Ach ja, und die Feministin trägt auch so ein Shirt mit Hashtag *AllMenAreTrash* oder so», fällt Theo noch ein – und ich bin hingerissen! Die politische Botschaft mag problematisch sein, aber den Film würde ich mir sofort anschauen! Ich rieche Kultpotenzial!

Doch Jasper ist wenig beeindruckt. Jasper findet das zu albern.

Jasper hält an Theos altem Grundnarrativ fest, an der Geschichte eines vom Feminismus in den Suizid getriebenen Mannes. Das findet er gut, und er hat auch allerhand Anekdoten, Statistiken und Vorfälle mitgebracht, die man damit verknüpfen könnte. Eine würde auch Theo ganz persönlich betreffen: «Neuntes Sozialgesetzbuch, Paragraph 64, Absatz 3! Kennt ihr den?» Wir kennen ihn nicht. «Da werden die Krankenkassen dazu gezwungen, behinderten Frauen Programme zu zahlen, um deren Selbstbewusstsein zu stärken, aber nur Frauen und Mädchen! So, und Theo, du hast mit deiner Behinderung kaum Einkommen, musst aber zu den teuren Pick-Up-Artists gehen.»

«Dating-Coaches», korrigiert Theo.

«Dating-Coaches», wiederholt Jasper. «Aber das ist doch geisteskrank! Wie ungerecht ist das denn?»

An therapeutischen Maßnahmen hat Theo zwar kein Interesse, aber jetzt findet auch er, dass das alles sehr ungerecht ist. Nur – wie kriegt man das mit einem Kurzfilm erzählt?

«Gute Frage», sagt Jasper, aber er ist ja noch längst nicht am Ende. Er hat noch viel mehr Ungerechtigkeiten parat. Zum Beispiel, dass Frauen ja schon wegen der ganzen Abtreibungen viel gewalttätiger seien als Männer. Dass die «privilegierten Trullas» von den Grünen mit ihrem Genderfaschismus immer diese eine falsche Statistik nennen würden. Dass da in der linksradikalen Presse erst letztens wieder so was behauptet wurde. Dass da noch was war und noch was und noch was, und habt ihr das mitbekommen? Immer tiefer schimpft er sich in seinen Strudel gefühlter Ungerechtigkeiten herein, und auch wenn die bald mit unserem großen Kurzfilm nichts zu tun haben, hört Theo andächtig zu.

Jasper beschäftigt sich eben viel mit seinen Feinden. Auf Facebook hat er sich einen *Nom de guerre* zugelegt, ein Alias, mit dem er auf die ganzen bösen Feministinnen reagieren kann. Die meisten seiner Erzählungen enden dann auch mit dem immer gleichen Satz: «Und dann habe ich drunter gepostet ...» Und ich begreife: Jasper ist ein Troll. Ein Krieger der Kommentarspalten, der mit seinem Lenovo-Notebook erbitterte Schlachten schlägt. Irgendwie freut mich die Erkenntnis.

Man ärgert sich doch so leicht über Internet-Trolle und deren Hasspostings. Ich lasse mich da vielleicht auch allzu leicht triggern. Stelle mir meist irgendwelche kichernden Provokateure vor, die ganz beiläufig ihre Widerlichkeiten in den digitalen Orkus rülpsen, um dann zufrieden ihrer Wege zu gehen. Aber Jasper mit den müden Augen ist kein bisschen zufrieden. Alle Facebook-Posts, Tweets und DruKos der Welt wären nicht genug, um seine immense Wut zu artikulieren. Er lacht jetzt zwar immer mal wieder auf – ja, da habe er es dieser oder jener Radikalfeministin so richtig gezeigt! –, aber das Lachen klingt bitter und müde. Der ganze Jasper wirkt ziemlich müde. Nur die Spinnwebhaare tanzen ihm lustig über die Stirn. Jasper hat sich die Freude weggehasst.

«Meine letzte Beziehung ist schon lange her», sagt er, «und wenn ich ehrlich bin: An Frauen bin ich gar nicht mehr interessiert.»

Jasper hat sich den Wunsch nach Liebe weggehasst.

«Das ist aber gut so», sagt er.

Er hat sich die Einsamkeit schön gehasst.

«Und krasserweise hat sogar mein Sexualtrieb brutal abgenommen», sagt Jasper.

Er hat sich den Pimmel weichgehasst.

Und auch das findet er gut.

Jasper bezeichnet sich selbst als MGTOW, zählt sich also zu den merkwürdigen Geschlechter-Separatisten, die glauben, dass es ganz ohne die Weiber einfach besser sei. Kurz überlege ich, ob Jasper sich womöglich nur seine Homo- oder Asexualität nicht eingestehen will – aber nein. Theoretisch würde er ja mit den Frauen, aber politisch sei es ihm eben unmöglich: «Eine Beziehung mit einer Frau kann sehr gefährlich werden. Du bist der ausgeliefert. Die muss nur was sagen, und du bist gleich der Täter.»

Das Gespräch im Biergarten führt zu keinem befriedigenden Ergebnis, aber Theo und Jasper wollen gemeinsam weiter am Drehbuch arbeiten. Vielleicht kommt ihnen ja noch der zündende Einfall für ein cineastisches Meisterwerk. Und zumindest in ihrem YouTube-Geschmack sind sie sich schon einig. Casanova-Coach Maximilian Pütz etwa, bei dem Theo einen Kurs absolvierte, den unterstützt Jasper mit einer monatlichen Spende. «So etwas muss man unterstützen: Der macht echt gute Videos über Feministen und wird dafür in die rechte Ecke gestellt! Das ist ja Rufmord, das ist geisteskrank.»

Theo nickt. Und ich nicke mit, auch wenn ich mir erst letztens Pütz' Videos über die Corona-Lüge und die Impfdiktatur angesehen habe, seine Lobpreisung der AfD und seine Kollaboration mit dem rechten Hetzer Oliver Flesch, der neben politischer Agitation auch lange Jahre den extraschlüpfrigen Blog «Wahre Männer» betrieb. Aber Pütz behauptet eben, einer der ihren zu sein, ein echter Mann der Mitte, und allein die Behauptung reicht Jasper und Theo – unerklärlich, wieso der rechtschaffene Casanova-Coach in die rechte Ecke gestellt werde!* Und auch Steven Crowder und Dr. Jordan Peterson finden die beiden prima: ein rassistischer YouTube-Comedian und ein kanadischer Psychologieprofessor, der mit seinen maskulistischen und transphoben Polemiken zum Shooting Star des Antifeminismus wurde. Jasper versteht sich zwar als liberal, aber Crowder und Peterson teilten eben so schön aus gegen den «wahren Faschismus», gegen politische Korrektheit und feministische Gutmenschen.

Als ich ihn später nach Hause begleite, frage ich Theo ganz direkt nach seinen politischen Überzeugungen. «Also, ein paar Sachen, die der Jasper gesagt hat, die fand ich schon ziemlich heftig», antwortet Theo nach langem Überlegen. «Und ich bin jetzt nicht direkt *gegen* die AfD, weil, man muss ja schon was tun für die Männerrechte. Aber … also beim Wahl-O-Mat ist die AfD bei mir immer ganz unten.»

Er klingt so, als wolle er sich bei mir für seine fehlende Radikalität entschuldigen. Und da ist schon wieder das Mitleid. Verdammt, jetzt will ich es doch versuchen. Ich will ihm helfen. Und begleite ihn noch hinein.

* Max Pütz und Oli Flesch, die beiden hart-rechten Busenfreunde, habe ich auch getroffen. Auf Mallorca, wo sie beide als gute deutsche Patrioten leben. Ich war mit ihnen essen und trinken, rauchte mit Flesch einen Frühstücksjoint auf dem Balkon seiner Wohnung in Cala Rajada, lauschte Max' Plädoyer gegen das Frauenwahlrecht und ertrug Olis Phantasien eines Völkermords an «den Musels». Und wie gerne würde ich über diese skurrilen und widerwärtigen Macker schreiben! Über Pütz' wahnhaften Verschwörungsglauben und Fleschs Testosteronspritzen, über ihre Kontakte zur AfD und der Neuen Rechten, über ihre kruden Männlichkeitskonstruktionen.
Aber die Welt des antifeministischen Männerwahns ist einfach zu groß. Es gibt zu viele Geschichten. Ich werde mein mallorquinisches Abenteuer wann anders erzählen müssen.

Theo dreht sich um sich selbst wie ein verwundeter Balletttänzer. «Hier irgendwo muss es doch sein», murmelt er. «Nur wo?»

Die Regale und Schränke seiner kleinen Wohnung sind vollgestopft mit DVDs. Aberhunderte, eher Tausende Filme, viele noch in Klarsichtfolie eingeschlagen. Theo will mir einen bestimmten raussuchen, ein echtes Sammlerstück – ein Kurzfilm, bei dem dutzende Menschen aus dem Kinosaal gestürmt seien, so heftig sei der, richtig brutal! Und er gibt mir eine kleine Preview, erzählt von der einen krassen Szene, in der sich ein Kerl Stacheldraht um den Penis wickelt, um sich dann mit dem mörderischen Genital über eine Frau herzumachen, und man sieht echt alles, versichert Theo, wirklich, jedes Detail! «Aber wo ist der jetzt?»

Theo dreht noch eine Pirouette, gefolgt von einem Grand Plié vor dem großen Regal, dann ein gestolperter Abgang, weiter in den Flur, da sind noch mehr Regale, noch mehr Filme, noch mehr DVD-Cover, die mir entgegenbluten: Splatter, Gore und Exploitation, Mondo-, Giallo- und Folterfilme stapeln sich in die Höhe, wuchern die Wände entlang, überwuchern sogar die Männer- und Datingliteratur, erobern den Wohnraum. «I Spit on Your Grave» und «The Defiler» und «Violent Shit 4.0» und alle drei Teile von «Ilsa – She-Wolf of the SS», in der Limited Collector's Edition, versteht sich.

Schund und Scheiß, Ekelhaftes und Verstörendes. Eigentlich mag ich Horrorfilme – aber ich fürchte, das ändert sich gerade. Na gut, immer noch besser als die Videos von Max Pütz oder Jordan Peterson, denk ich mir. Weniger gefährlich. Geschmackvoller. Da entdecke ich die Bücher von Pütz und Peterson im Regal. «Der perfekte Eroberer» und «12 Rules for Life», gleich neben den Kannibalenfilmen.

Theo hat die Suche nach dem ominösen Stacheldrahtpenis-

Film aufgegeben und mein Interesse an seiner Bibliothek bemerkt. «Guck mal!» Stolz hält er mir ein Büchlein vor die Nase: «Das ‹Deep Wet Torture Handbook›», ein Führer durch die Welt der «100 besten Frauenfolterfilme». Eine nackte, in Ketten gelegte Frau schaut mich vom Buchumschlag ziemlich unglücklich an. Ich schaue ziemlich unglücklich zurück.

«Das Buch ist in Deutschland verboten», prahlt Theo. «Das hat Andreas Bethmann geschrieben, der Regisseur von ‹Vegetarierinnen zur Fleischeslust gezwungen›. Und so Splatterpornos hat der gemacht.» Einige der Splatterpornos hat Theo auch in seiner Kollektion. Und das Buch in vierfacher Ausfertigung.

Es gibt etliche Studien zu der Frage, ob der Konsum gewaltverherrlichender Medien zu gewalttätigem Verhalten führt. Die Antwort: Es kann ein Faktor sein, aber eben nur einer unter mehreren, und es ist nicht der einzige, nicht der ausschlaggebende.

«Das Buch bewertet die Filme nicht nur nach Qualität und Erotik, sondern auch nach Härte», erklärt Theo: «Auf einer Skala von eins bis zehn. Eins ist nur so ein Schlag ins Gesicht, bei zehn wird die Frau ganz auseinandergenommen.»

Ich möchte kotzen. Ich möchte ihm ins Gesicht schlagen. Ich möchte ihn auseinandernehmen. Nicht für sein blutbesoffenes Steckenpferd, nicht für seinen Fetisch und nicht für das abartige Buch. Aber ich ertrage es nicht, dass er eine so erbärmlich offensichtliche Allegorie lebt: Der Pick-Up-indoktrinierte Mann als Stalker, Bluthund, Menschenjäger. Nein, so groß mein Mitleid auch ist, ich kann Theo nicht helfen. Das ist auch nicht meine Aufgabe. Und es gibt Sachen, die will ich nicht sehen.

Irgendwie wollte ich Theo für ein Opfer halten. Ein Opfer der roten Pillen, ein Opfer der Männerrechtler, Männer-Coaches und Pick-Up-Arschgeigen. Aber das ist er nicht. Genauso wenig wie Jasper. Ja, die roten Pillen zerstören ihre Leben. Aber ich weiß nicht, ob sie selbst nicht auch welche zerstören. Ich weiß nicht, welchen Schaden Jasper bei seinen digitalen Feldzügen anrichtet. Weiß nicht, wie Theo sich auf seiner antiromantischen Frauenhatz aufführt. Das sind aggressive Männer, und ich habe keinen Schimmer, ob sie Täter sind oder noch zu welchen werden können.

So oder so, «Opfer» kann und mag ich sie nicht nennen. Sie sind etwas anderes. Sie sind Beute.

In der toxischen Sumpflandschaft der Manosphere begegnet man einer ganzen Menge gefährlicher Gestalten. Aber die Manosphere selbst ist auch ein Jagdgebiet, denn sie lockt Schwache und Lädierte. Wird bevölkert von Kranken und Gekränkten und Traumatisierten. Sicher, diese Kaputten können ebenfalls unsagbar gefährlich sein, aber sie sind eben auch einfache Beute. Schrecklich einfache Beute. Und es sind nicht bloß schnöselige Scharlatane und geldgeile Sexisten, die es auf sie abgesehen haben.

Da sind noch ganz andere Räuber auf der Pirsch.

Ein Ausflug in die USA

Von Kicherfaschisten, Incels und der Alt-Right

Pepe did nothing wrong!

Früher ist Pepe ein netter Kerl gewesen. Der anthropomorphe Froschmann mit den dicken Glubschaugen, doppelt gestaffelten Tränensäcken und wulstigen Lippen war doch nur eine harmlose Comicfigur: Er kiffte, kotzte und zockte Videospiele. Um viel mehr ging es nicht im ziemlich unspektakulären Web-Comic «Boy's Club», in den Pepe 2005 hineingeboren wurde. Nein, weder der freundliche Froschmann noch sein Schöpfer, der Comiczeichner Matt Furie, können was dafür, dass sich Pepe Mitte der 2010er Jahre zum globalen Symbol für Frauenhass, Neofaschismus und Rechtsterrorismus entwickelte. Aber man kann es sich nun mal nicht aussuchen, ein Meme zu werden.

Die beiden Pepes, mit denen ich durch die Häuserschluchten von Boston marschiere, die hingegen konnten es sich aussuchen. Ganz freiwillig sind sie sechs Stunden aus Pennsylvania hergefahren, haben sich großzügig grüne Schminke ins Gesicht geklatscht und mit knallrotem Lippenstift ihr Grinsen verziert. Sie wissen, was sie symbolisieren, und sie genießen es. Genießen die Aufmerksamkeit, die auf sie gerichteten Kameras, den Hass. Sie kichern, glucksen, gackern und marschieren mit mir und allerhand Alt-Right-Aktivist*innen, Evangelikalen, Schwulenfeinden, Neonazis und Geisteskranken auf der ersten und hoffentlich einzigen «Straight Pride Parade» durch die Stadt.

«Ach, eigentlich trollen wir hier die Leute ja nur», sagt Jayden, der Dickere der beiden Froschjungs. «Diese ganze Veranstaltung ist ja ein Witz. Aber ein notwendiger Witz!» Und er kichert.

Jayden und sein Kumpel Josh haben Pepe auf dem Imageboard *4chan* kennen- und lieben gelernt, da, wo die Cartoonfigur überhaupt erst ihre unrühmliche Bedeutung erhielt. *4chan* ist eine ganz besonders düstere Ecke des Internets, aber eine, die mit ihren 27,7 Millionen monatlichen Usern maßgeblich die weltweite Onlinekultur bestimmt: Anonym werden hier Memes und Witze und Bilder gepostet, gerne auch Schockierendes, Rassistisches und Frauenfeindliches neben Anime-Bildchen und allerhand Porno-Schrott. Ein bisschen nihilistische Kampfansage und politische Transgression, eine ganze Menge *Shitposting.* Hauptsache, es provoziert Reaktionen. Hauptsache, es wird gesehen. So funktioniert das Board eben: Die ekligsten und anstößigsten Beiträge überleben. Denn eklig und anstößig, so nehmen sich auch seine meisten User wahr. Daher auch der zelebrierte Hass auf die *Normies*, die Normalos: Menschen, die eine Perspektive haben oder Beziehungen führen – und solche, die es wagen, eine Frau zu sein. «Tits or GTFO», also «Zeig die Titten oder verpiss dich», ist nach wie vor die Standardantwort auf Besucherinnen, die den Fehler machen, sich als weiblich zu erkennen zu geben.

Das war im Grunde schon alles, was *4chan* vor der großen Radikalisierung war: eine trostlose Heimat für wütende Freaks und soziale Außenseiter. Das sagt auch Jayden: «Männern und Jungen wird ja heutzutage eingetrichtert, dass sie nicht sie selbst sein dürfen. Die sollen Platz machen für die Frauen und so weiter. Also klar, dass die sich so fühlen, als würden sie nirgendwo dazugehören.» Ein Kamerateam filmt mich und meine Froschkameraden. Sie grimassieren, strecken ihre Bäuche raus, wollen eklig sein. Erfolgreich. Ich schäme mich, neben ihnen herzugehen.

Aggressive junge Männer, die sich ausgeschlossen fühlen und im Stich gelassen, gemeinsam einsam in ihrem digitalen Kosmos aus Selbsthass, Ekel und unermesslicher Wut. Ja, da passte das grotesk-traurige Froschgesicht von Pepe ganz wunderbar dazu. Erst wurde Pepe zum Meme, dann zum Säulenheiligen. Und damit sich die Normies nicht an der amphibischen Ikone bedienen konnten, ließen die User*innen den Froschmann zusehends zu einem der ihren werden, zu einem pubertär-widerwärtigen Arschloch. Schon gab es Bilder von Pepe, der an 9/11 in die Twin Towers fliegt und von Blackface-Pepe, von Dschihad-Pepe und Neonazi-Pepe, von Pepe, der Frauen tötet, Kommunisten erschießt oder Juden vergast … Aber das war alles nur ein Scherz! *Just for the lulz!* Man wälzt sich im eigenen Elend und triggert die *Social Justice Warriors*, die Gutmenschen, ist ja nur ironisch gemeint. Alles ironisch, genauso wie der übrige Brachialrassismus, Frauenhass und Antisemitismus, den die anonymen 4channer tagtäglich in ihre Webseite pumpen. Und die Besucher des noch ekelhafteren Ablegers *8chan/8kun*. Und die Deutschen, deren Englisch zu schlecht ist, in ihr Imageboard *Krautchan/Kohlchan*.

Es ist ohnehin oft schwer zu sagen, wo Ironie aufhört und bitterer Ernst beginnt. Und im Internet ist diese Unterscheidung fast unmöglich.

Jayden und Josh werden von einer Journalistin gefragt, weshalb sie hier sind. Die beiden Frosch-Dudes geben sich Mühe, ihr Grinsen zu unterdrücken: «Es mangelt im Mainstream an der Repräsentation heterosexueller Stimmen», erklärt Josh, der zusätzlich zu seinem Make-up auch eine Clownsperücke und rote Schaumstoffnase trägt. Er ist ein Clown-Pepe, glaubt sich in der Clown-World, in der alles verkehrt ist. «Heterosexuell zu sein bedeutet, eine Familie zu gründen und Kinder zu gottesfürchtigen Männern und Frauen zu erziehen. Dafür wollen wir uns einsetzen!» Die Journalistin bedankt sich für die Auskunft, und die beiden Froschjungs kichern zufrieden. «Fucking Libtards!», sagt Jayden, meint damit *«liberal retards»*, also «behinderte Liberalos», und er strahlt mich an. Die Schminke schmoddert ihm mit dem Schweiß über das teigige Gesicht.

Jayden ist es wichtig, nicht als Rechter zu gelten. Eigentlich sei er ja links oder zumindest libertär oder so was in die Richtung, aber er hasse halt die *Democrats*, die mittlerweile eigentlich alle Sozialisten wären, mit ihrer kulturmarxistischen Identitätspolitik. Das sei ihm schon zu Schulzeiten aufgefallen. Damals wurde er als Sexist, Rassist und Schwulenhasser abgestempelt – und zwar völlig grundlos: «Nur, weil ich ein weißer, heterosexueller Mann bin!»

Ich lache, aber Jayden lacht nicht. Den Satz hat er ernst gemeint.

Es war 2014, als dann auch Cartoon-Pepe ernst genommen werden musste. Als er zum politischen Symbol wurde und *4chan* endgültig zum Brutkasten für den rechtsradikalen Nachwuchs.

Pride and Prejudice and Monsterpower

Im Grunde ist diese ganze kicherfaschistische Parade in der Ästhetik meiner neuen Froschfreunde gehalten. Schon ihre Prämisse ist diese ätzende Halbironie: Wenn die queere Community ihre Identität in der Öffentlichkeit feiert, dann sollte das die heterosexuelle Mehrheit erst recht tun – zumal doch niemand mehr unterdrückt werde als der heterosexuelle Mann! Manche der Demonstrierenden glauben das wirklich, andere finden das einfach nur unglaublich lustig. Und viele, so auch Jayden und Josh, glauben das wirklich *und* finden es unglaublich lustig.

Die Veranstalter haben für das beste Kostüm einen Geschenkgutschein im Wert von hundert Dollar ausgelobt, die beiden Froschjungs sind also nicht die einzigen, die in Kostümierung erschienen sind. Unter den vielleicht vier- oder fünfhundert Teilnehmern erspähe ich da einen Tyrannosaurus Rex und dort eine Catwoman, allerhand Cartoonfiguren und Neonfarben und Elastan inmitten von MAGA-Kappen und Stars und Stripes. Ein bisschen Provokation, ein wenig Irritation, eine ganze Menge

Make America Great Again. «Trump 2020» steht hoffnungsvoll auf dem Umzugswagen.

«Wenn Männer heute Mädchen sein können, dann kann ich auch ein Hai sein!», brüllt ein erwachsener Mann, der unter seinem Haifisch-Ganzkörperkostüm erbärmlich schwitzt und das Kinderlied vom Baby Shark anstimmt. Ein Mitglied der berüchtigten Schlägertruppe Proud Boys lacht und singt mit.

Ernst gemeinte Ironie, gutgelaunter Menschenhass, der Glaube an den unterdrückten Mann – das musste ich mir einfach ansehen. Musste Anton Schneider über den Atlantik fliegen lassen. Natürlich nicht Anton, den verzweifelten Männerrechtler, in diese Rolle sollte ich ja sowieso nie so richtig hineinfinden. Nein, hier bin ich Toni, rechtsradikaler Schreiberling für ein Magazin der deutschen Neuen Rechten, eine Art neofaschistischer Auslandskorrespondent. Ach, die Details sind auch nicht so wichtig: mein Facebook-Account, kahlrasierter Kopf und deutscher Akzent reichen zur Akkreditierung. Mark, John und Samson, die Organisatoren der Parade, empfingen mich schon am Vortag mit amerikanischer Herzlichkeit und statteten mich mit einem Presseausweis aus. Erläuterten mir bei dieser Gelegenheit auch gleich die üble Lage der amerikanischen Männer und Familien, unter ständigem Beschuss durch Feminismus, Trans-Lobby und Kommunisten. Und eine evangelikale Aktivistin aus Texas, die als Rednerin bei der Abschlussveranstaltung auftreten wird, war gleich so entzückt vom deutschen Gast, dass sie ihre beiden Hände auf meinen Brustkorb legte, ihre Augen schloss und für mich betete: auf dass ich bald Kinder in die Welt setzen und mich Satan mit seiner höllischen Homosexualität verschonen möge. «Heavenly Father, let Toni see the light!» Amen.

Super Happy Fun America nennt sich die Gruppe, die zum Marsch der stolzen Heten gerufen hat. Gut, bis vor kurzem nannten sie sich noch Resist Marxism, aber das war ihnen für diesen Anlass doch etwas zu eindeutig. Es muss ja nicht gleich jeder wissen, dass die rechtsradikalen Veranstalter Kontakte zu noch heftigeren Gruppierungen haben: zu den Proud Boys und zu Revolt Through Tradition, zu Patriot Prayer und zur Patriot Front … Außerdem kann man auch als superglückliche Spaßamerikaner die Sache mit fanatischem Ernst betreiben: Zum Sturm auf das Kapitol in Washington im Januar 2021 stellte Super Happy Fun America gleich sechs Busse, um unbeugsame Trump-Unterstützer, Möchtegern-Putschisten und Verschwörungsgläubige in die Hauptstadt zu kutschieren. Mark, einer der drei Organisatoren, stürmte auch selber das Parlamentsgebäude – und wurde bald darauf vom FBI festgenommen.

Das ist sie also, die sogenannte Alternative Right, an der kaum was alternativ, aber so ziemlich alles extrem ist. Es ist eine kuriose Selbstbezeichnung für dieses diffuse Sammelbecken, ein loses Netzwerk aus Rechtsextremen, *White Supremacists* und Online-Trollen, garniert mit den Gestalten der Alt-Light, also Ultrarechten, die ihre menschenfeindlichen Positionen bloß einen Hauch höflicher artikulieren. Der Begriff spukte schon länger durchs Netz, aber als Bewegung gewann die Alt-Right erst im Jahr 2014 an Bedeutung – in just dem Moment, in dem das Internet auch mit antifeministischen, frauenfeindlichen und homophoben Tiraden geflutet wurde.

Und Pepe, der freundliche Frosch, wurde zum ausgesprochenen Neonazi.

Sicher, über den Umweg antifeministischer Ressentiments und frauen- und schwulenfeindlicher Haltungen rekrutiert die extreme Rechte schon sehr lange und sehr erfolgreich ihren Nachwuchs. Aber der Aufstieg der Alt-Right zeigte erst, wie verteufelt effizient diese Taktik angewandt werden kann. Ihre Strategie, die nicht zuletzt auf den Wahlsieg von Donald Trump ausgerichtet war, wurde bald zum Vorbild der Rechten auf der ganzen Welt – und auf der ganzen Welt wurden junge Männer radikalisiert. Steve Bannon, ehemals Strategieberater und Einflüsterer von Trump und Leiter der rechtsextremen Webseite *Breitbart News*, spricht inzwischen offen über seine eigene massive Beteiligung daran. Über seine sorgsam geplante Safari in der Manosphere.

Das riesige politische Potenzial gekränkter Männlichkeit hatte Bannon bereits 2007 erkannt, und zwar in der Videospiel-Community. Damals wurde Bannon CEO der Firma Internet Gaming Entertainment, die eine «World of Warcraft»-Farm betrieb – will heißen, die Firma verkaufte Gamern virtuelle Streitäxte, Ritterrüstungen, Goldstücke und ähnliches Gedöns. Bannons berufliches Intermezzo in der Gaming-Industrie blieb zwar kurz, aber er zeigte sich von seinen Kunden begeistert. Er hatte eine Welt entdeckt, bevölkert von Millionen junger Männer, die sozial unbeholfen waren, dafür aber relativ wohlhabend und politisch instrumentalisierbar. Millionen Jungs wie Jayden und Josh. In Bannons eigenen Worten: «Diese entwurzelten weißen Männer hatten Monsterpower.» Und diese Monsterpower wollte Bannon anzapfen. Die Gelegenheit dazu präsentierte sich ihm 2014 auf einem Silbertablett.

Gamergate war, um es kurz zu machen, eine üble Hetzkampagne videospielender Sexisten. Das Ganze begann mit relativ überschaubaren Shit-Stürmen gegen drei Frauen. Zum einen war da die Medienwissenschaftlerin Anita Sarkeesian, die schon seit 2011 auf ihrem feministischen YouTube-Kanal kritisch über Videospiele sprach. Die beiden anderen waren die Computerspielentwicklerinnen Zoë Quinn und Brianna Wu, die 2013 ihr experimentelles Indie-Game «Depression Quest» veröffentlichten. Im Grunde gab es also keinen Anlass für irgendwas.

In der Szene der «Hardcore Gamer» und digitalen Männeregos begann es dennoch zu rumoren. Ein feministischer YouTube-Kanal und ein paar positive Rezensionen für ein kleines Computerspiel wurden in der Szene zu massiven Skandalen aufgebauscht, zum Menetekel einer feministischen Bedrohung: Die Feminist*innen würden den Gamern ihr «unpolitisches» Hobby kaputtpolitisieren, ihnen womöglich die virtuellen Männerphantasien mit Supersoldaten, Über-Ninjas und italienischen

Schnauzbartklempnern bald ganz verbieten! Als dann auch noch der Ex-Freund der Computerspiel-Entwicklerin Quinn behauptete, sie habe sich ja nur hochgeschlafen, war der Skandal perfekt. Im Sommer 2014 versammelte sich unter dem Hashtag Gamergate eine zornige Horde, um gegen politische Korrektheit und Diversity in der Gaming-Welt zu wettern.

Die Monsterpower explodierte in einem antifeministisch-sexistischen Wust aus Hetze, Beleidigungen, Mord- und Vergewaltigungsdrohungen. Und Bannon sorgte dafür, dass Wut und Empörung sich immer weiter steigerten. Als Chef von *Breitbart* stellte er den rechtsextremen Provokateur Milo Yiannopoulos ein, der schnell zu einer der führenden Stimmen dieser Hasskampagne wurde, eifrig rote Pillen verteilte und zum Kulturkrieg aufrief: Die «gesamte Community» müsse sich geeint gegen «eine Armee soziopathisch-feministischer Programmierer und Aktivisten» zur Wehr setzen, schrieb Yiannopolous, und bald sammelten sich hinter *Breitbarts* Fahne Männer aus allerhand weiteren Sphären und Subsphären, Männerrechtler und Fundamentalisten, Neonazis und YouTube-Hetzer.

Breitbart erklärte sich jetzt zu «*DER* Plattform der Alt-Right». Gamergate war ihre eigentliche Geburtsstunde.

The Rise and Fall of Milo Yiannopolous

Wir lassen uns treiben in der Brandung aus Provokation, Schlachtrufen und Parolen. Wir mögen nur ein paar hundert sein, aber auf der Gegenseite sind es viele tausend. Die Sprechchöre und das Geschrei vermischen sich, an den Rändern unseres homophoben Hetenzugs kommt es immer wieder zu Handgreiflichkeiten. Viele scheinen gerade dafür gekommen zu sein: «It's go time!», schreit ein zittriger Kerl und sprintet Richtung Gerangel, versucht sich durch die Polizeiabsperrung zu kämpfen. Aus unseren Lautsprechern schmettert Aretha Franklin ein

Lied über weibliches Empowerment, und Cops in martialischer Kampfausrüstung knüppeln in die Menge, ihre Pfeffersprayfontänen glitzern in der Sonne.

Mit anderen Worten: Die Stimmung ist hervorragend!

«Das muss man genießen», ruft Jayden. Ein Troll scheitert nur, wenn sich keiner über ihn aufregt, und wir baden in Aufregung! Wenig verwunderlich, denn oben auf dem Umzugswagen in unserer Mitte tänzelt doch tatsächlich Milo Yiannopolous, der große Gamergate-Brandstifter, selbsternannte «Pop Star of Hate» und einstige Übertroll himself. Er ist das Maskottchen der Parade, ihr *Grand Marshall* und Starredner.

Mit Yiannopolous war Bannon tatsächlich ein Meisterstreich gelungen. Der junge Brite ist nicht nur außerordentlich vorzeigbar, rhetorisch begabt und als glühender Frauen- und Islamhasser politisch voll auf Linie – er ist auch schwul. Seine Sexualität wurde seine Visitenkarte, sein Gimmick: «Versucht gar nicht erst, mich einen Rassisten zu nennen», erklärte der Rassist Yiannopolous immer wieder gerne: «Ich habe mehr Schwarze Schwänze gelutscht, als ihr es jemals tun werdet.»

Schwul, witzig und flamboyant as fuck, damit begeisterte Milo die Kicherfaschisten der ganzen Welt. Wenn ein so ausgestellt schwuler Mann gegen homosexuelle und trans Menschen hetzte, dann fand man das drollig, seinen fanatischen Frauenhass und Antifeminismus charmant: «Feminismus ist ein Krebs», ist so einer von Milos Lieblingssätzen, meist gefolgt von Erläuterungen, hinter dem Feminismus verberge sich neomarxistische Ideologie und ein Plan zur Ausrottung der «westlichen» Bevölkerung. Der einzige Ausweg: Man müsse «Daddy» Trump wählen, die Frauen an den Herd verbannen und die Geburtenraten wieder ankurbeln. «Wenn ich könnte, würde ich die Erfindung der Pille und der Waschmaschine rückgängig machen.»

Milo lässt den Wagen zum Laufsteg werden, stolziert ihn entlang, dreht sich und wirft lachend den Kopf in den Nacken:

«Be loud and be proud, my straight darlings!», flötet er uns zu. Ja, er versteht sein Handwerk noch immer – allein schon dieses Outfit! In sexy Schuljungenuniform und kurzem Höschen ist er erschienen, hellblaue Kniestrümpfe, die Slipper mit rot funkelnden Pailletten verziert und eine dazu passende Glitzerkappe: «Make America Straight Again». Natürlich, die Witze, die er raushaut, sind allesamt zum Kotzen, aber die Pointen sitzen fast so gut wie die Haare, seine Performance ist verlässlich. Das ist verspielter Rechtsextremismus in Louis Vuitton, Menschenverachtung mit platinblonden Strähnchen, fescher Faschismus mit einem Gläschen Perrier-Jouët. Es gab eine Zeit, da hielt ich Milo Yiannopolous für einen der gefährlichsten Männer der Welt: der einzige Rechtsextreme mit echtem Sinn für Humor! Zum Glück ist diese Zeit schon lange vorbei.

Im Frühjahr 2017 war Milo auf der Spitze seines internationalen Ruhms angelangt. Mit seinem schrillen Hass war er zum Multimillionär geworden, seine *«Dangerous Faggot»*-Vortragstour durch die amerikanische und britische Universitätslandschaft wurde von Hunderttausenden live im Netz mitverfolgt, er wurde in Talkshows geladen, und sein Buchdeal beim renommierten Verlagshaus Simon & Schuster hatte ihm 250 000 Dollar Vorschuss eingebracht – und trotz all der Öffentlichkeit schaffte er es, sich als «Märtyrer der Meinungsfreiheit» zu inszenieren. Aber dann tauchte ein Interview auf, in dem er sexuelle Beziehungen von erwachsenen Männern mit minderjährigen Jungen rechtfertigte. Das war's! Frauenhass, Rassismus, Antisemitismus und gutgepflegte Kontakte in die Neonazi-Szene? Damit hatten seine Fans, Arbeitgeber und Mäzene kein Problem, Quatsch, dafür liebten sie ihn. Aber Pädophilie, und dann auch noch schwule, das überschritt dann doch die Grenzen des guten Geschmacks! Außerdem hatte die Alt-Right beileibe keinen Mangel an rechten Provokateuren und Online-Hetzern, die nur allzu gern nachrückten. Yiannopolous verlor seinen Posten bei *Breitbart* und den Buchdeal, verschwand erst in seine Telegram-

Gruppe, dann in die Bedeutungslosigkeit. Immerhin lud ihn die AfD-Bundestagsfraktion noch 2019 als Stargast zu ihrer «Konferenz der freien Medien» nach Berlin ein, was allerdings zu internen Parteistreitigkeiten führte. Milo durfte schließlich nicht im Bundestag auftreten, sondern nur in einem benachbarten Restaurant.

Aber hier, auf der Straight Pride Parade, kann Milo noch einmal seine ruhmreichen Tage ein wenig aufleben lassen. Hier gibt es neugierige Journalist*innen und Blitzlichtgewitter, eine erzürnte Gegendemonstration und eine eingeschworene Fangemeinschaft. «I am your pet faggot», ruft Milo und die Demonstrierenden kichern.

Ach, die Pädo-Kommentare von damals seien doch nicht ernst gemeint, finden Jayden und Josh, der schwule Milo sei nur ein bisschen degeneriert. «And we're degenerates, too!» Und sie jubeln ihrem Helden zu. Schreien seinen Namen.

Die Beute feiert ihren Jäger.

«I'm no fucking Incel!»

Irgendwo auf den letzten Metern, zwischen Straßenschlacht und Gewühl, Motorradcops und Pfefferspray ist der Großteil der stolzen Demonstration verlorengegangen. Gerade mal hundert, vielleicht hundertfünfzig haben es auf den Plaza der Bostoner City Hall geschafft, da versperrt die Polizei den Zugang. Die Super-Happy-Fun-Organisatoren bitten uns um Geduld, versuchen noch, mit den Beamten und der Stadtverwaltung zu diskutieren. Es bringt nichts. Bald macht sich Unentschlossenheit unter den Wartenden breit. Ohne den Feind wirken die Menschen in der seltsamen Backsteinarchitektur des riesigen Platzes merkwürdig klein. Leise weht das Skandieren der Gegendemo zu uns herüber. All die Provokateure und Fanatiker*innen, die Neonazis, Proud Boys und Freaks, die alternden Trumpisten und jugendlichen Edgelords stehen schwitzend beisammen, starren auf ihre Smartphones oder wandern ziellos im Kreis. «Make Normalcy Normal Again», krakeelt einer ins Nichts, und ich frage mich, ob diese Trostlosigkeit bereits die Normalität sein soll, die er sich herbeisehnt.

Jayden und Josh kauern auf der großen Treppe. Irgendwie bin ich froh, dass es meine Froschfreunde auch bis hierhin geschafft haben. Jayden hat sein Daikimakura auf seinem Schoß, hält es fest umklammert. Daikimakuras, das sind diese japanischen Umarmungskissen für Einsame, bedruckt mit Anime-Figuren, an die man sich anstelle eines lebendigen Partners kuscheln kann. Aber Jaydens Kissen ist natürlich nur ein Witz, ein ironisches Requisit. Darauf ist kein süßes *Waifu* und kein sexy *Husbando* zu sehen, sondern das Antlitz von Carl Benjamin, noch so ein rechtsradikaler Red-Pill-Gamergate-Brite. Als Sargon of Akkad brachte er es zur zweifelhaften Berühmtheit auf YouTube, pestet dort vor einem erschütternd großen Publikum gegen Frauen, Feminismus und die anderen üblichen Feindbilder, kandidierte erfolglos für die rechtspopulistische UKIP und wurde 2020 von der AfD zu ihrer zweiten Medienkonferenz in den Bundestag geladen. Sargon ist zwar nicht ansatzweise so interessant wie Milo, aber Jayden ist trotzdem ein riesiger Fan: «Das Kissen hat Sargon auch nur herstellen lassen, weil wir nicht aufgehört haben, ihn damit zu nerven, bis er nachgegeben hat. In seinem Online-Shop stand in der Produktbeschreibung nur der Satz ‹Ihr ekelt mich an›.» Jayden kichert sein ekliges Froschkichern. Und ich muss ihm jetzt doch die eine Frage stellen, die mir schon die ganze Zeit durch den Kopf weht.

Incels, die *Involuntary Celebates*, also ungewollt Enthaltsamen, stellen in der ohnehin beklemmenden Manosphere die dunkelste Subsphäre dar: ultratoxisch, labil und saugefährlich. Eine Online-Community aus zumeist jungen, ungefickten Männern, die nicht bloß eine rote Pille geschluckt haben. Sie haben das ganze

Medizinschränkchen der Maskulisten geleert und sich zuletzt die sogenannte schwarze Pille einverleibt. Wer *blackpilled* ist, der wähnt sich nicht nur unterjocht von der politisch korrekten Diktatur des Weibes, der ist auch davon überzeugt, dass es keine Hoffnung mehr gibt. Keine Hoffnung auf Glück, auf Gerechtigkeit, erst recht keine auf Sex. In einer Welt, in der wahre Männlichkeit ein käufliches Produkt ist, halten sie ihre körperliche Substanz für minderwertig. Kein Coach, kein Selbstoptimierungsprogramm und kein Maß an Arbeit könne sie noch zum *vollwertigen* Mann machen. Alles, was ihnen bleibt, ist der Hass: auf sich selbst, auf das Universum und vor allem auf die Frauen.

Und Steve Bannon, auf seiner unermüdlichen Jagd nach der Monsterpower wütender weißer Jungs, machte auch vor den Bewohnern dieser Subkultur nicht halt. Dem Whistleblower Christopher Wylie, einem ehemaligen Mitarbeiter der Datenfirma Cambridge Analytica, verdanken wir die Information, dass Bannon vor allem auch Incels rekrutieren wollte.

Ihre Anfänge nahm die Incel-Bewegung in den neunziger Jahren, zunächst als virtuelle Selbsthilfegruppe für sexlose Menschen jeden Geschlechts. Erst mit der Zeit entwickelte sich daraus ein Hort für hyperaggressive Männer. Sie gingen davon aus, dass ihnen als Betas das Naturrecht auf Sex und Liebe von den feminismusverseuchten Frauen kategorisch verwehrt werde. Im Grunde die logische Schlussfolgerung aus all dem Dreck, den man so zu hören bekommt, wenn man sich als einsames Kerlchen in der Manosphere herumtreibt. Oder auf dem deutschen Gender-Kongress. Oder auf *4chan.*

Für Bannon und die Alt-Right waren die Incels in jedem Fall ein gefundenes Fressen. «Die Ausbeutung isolierter, entfremdeter und wütender junger Männer mit extremistischer Ideologie», schreibt der Whistleblower Wylie, «das ist eben, was Terroristen tun.» Und tatsächlich: Während die Alt-Right ihre groß angelegte antifeministische Kampagne im Netz fuhr, radikalisierte sich die ohnehin zutiefst radikale Incel-Bewegung weiter. Die

Vermischung von Antifeminismus, Rassismus, Antisemitismus und Militanz fand bei den unfreiwillig Zölibatären ihren Kulminationspunkt. Und entlud sich immer wieder in Gewalt.

Im Mai 2014 machte sich der 22-jährige Incel Elliott Rodger im kalifornischen Isla Vista auf, Rache für sein sexloses Dasein zu üben. «Vergeltung», weil ihm diese kaltherzige Welt eine Freundin verwehrte, «das wunderschöne Mädchen, dass ich verdient habe.» Das schrieb er in seinem «Manifest» und ermordete bei seinem Terroranschlag sechs Menschen und verletzte 14 weitere. Dann erschoss er sich selbst. Innerhalb der Incel-Communities, in den Foren, auf Reddit und den Imageboards, wurde Rodgers als Held und «Supreme Gentleman» gefeiert. Zu seinen Verehrern gehörte auch der Kanadier Alek Minassian. 2018 proklamierte der auf Facebook den Beginn der «Incel Rebellion», dann fuhr er mit seinem Van gezielt in eine Menschenmenge, verletzte 16, tötete zehn. Acht davon Frauen.

Die Motive der Incels sind nicht neu. Sexuell frustriert, sozial isoliert, narzisstisch gekränkt und voll Hass auf Frauen, griffen Männer lange vor der Incel-Bewegung zur Waffe. Vermutlich, seitdem es den Menschen gibt und Männer zur Waffe greifen können. Aber die Incel-Kultur gibt diesen mörderischen Impulsen eine Sprache, gibt ihnen Codes und eine Plattform, verbreitet sie, lässt sie über die Displays und durch die Köpfe junger Männer rauschen.

«I'm no fucking Incel!»

Jayden kichert extralaut und verdreht die Augen: «Incels sind schreckliche Typen, absolut schrecklich!» Aber klar kennt er ihre Sprache, und er nutzt sie auch: Männer werden unterteilt in Alphas, Betas und Omegas, und die ganz besonders selbstbewussten Alphas mit ihren «starken Genen» nennt man *Chad* und man verachtet sie zutiefst – weil sie die *Stacys*, die Alphaweibchen mit den großen Brüsten und fortpflanzungsfreudigen Becken abgreifen. Linke Männer nennt man *Soyboys*, weil die durch ihren Tofukonsum und hohen Östrogenhaushalt weich geworden wären, und generell für alle Frauen gibt es die Bezeichnung *Roasties.* Weil Incels finden, dass Labia wie aufgeschnittenes Roastbeef aussähen. Ach, es ist so erbärmlich, aber Jayden besteht darauf, dass er sich nur ironisch an diesem Lexikon bedienen würde. Nur als Gag, als Joke, just for the lulz, of course.

Klar begegne man Incels auch auf *4chan*, sagt Jayden, «aber die haben ja auch ihre eigenen Foren und Webseiten. Du darfst da auch der Presse nicht glauben, von wegen gefährlich ... Das sind nur wütende Jungfrauen! Denen fehlt bloß Selbstbewusstsein, die wissen halt nicht, wie man sich als Mann verhält. Und die glauben, nicht mehr dazuzugehören.»

«Und du fühlst dich dazugehörig?»

«Schon. Ich habe gute Freunde und so. Gut, ich hatte zwar auch noch nie Sex, aber ich weiß, dass ich vögeln könnte, wenn ich wollte.»

«Warum willst du denn nicht?»

«Weil ich eben nicht will. I simply don't care.» Jayden gluckst wieder ein wenig in sich rein. «Ich könnte ja. Ich komme aus einer langen Beziehung, aber äh, die wollte sich für die Ehe aufsparen, und, ähm ... dann hatte ich erst letztens was mit einem anderen Mädchen, aber da wollte ich einfach nicht.»

Ich nicke und lasse es auf sich beruhen. Und Josh, der schweigend zugehört hat, merkt jetzt an, dass er sogar schon mal Sex gehabt habe: «Ich habe zwar nur einen Bodycount von 1, aber immerhin!»

Ich will meinen Froschfreunden Glauben schenken, und ich kann ihnen ja auch nicht in ihre grün geschminkten Köpfe gucken. Zum Glück.

Immerhin sind sie ihrem Helden jetzt ganz nahe. Keine zehn Zentimeter trennen Jayden und Josh von dem extravaganten Hassprediger, der über ihnen steht und quietscht: «Schaut euch das an, was ist das hier für eine Scheiße?» Yiannopolous hampelt etwas herum, damit seine Paillettenschuhe im Sonnenlicht funkeln können: «Alles, worum ich gebeten habe ist ein Lesepult! Gut, und um eine Suite im Ritz-Carlton mit ein paar netten afroamerikanischen Herren, die mir Gesellschaft leisten, das ist alles! Just kidding – nur ein verdammtes Lesepult wollte ich!»

Ein Lesepult hatten die Veranstalter nicht zur Hand, aber sie hatten Jayden und Josh, und die beiden haben sich nicht lange bitten lassen. Eine Handbewegung, schon klettern sie hoch auf die Bühne, knien nieder, halten nun gemeinsam eine Platte über ihre Köpfe. Die beiden Froschjungs mögen sich selbst für wertlos und ekelhaft halten, aber die Alt-Right hat einen Wert in ihnen gefunden. Als lebendige Möbelstücke. Als Ablage. Als Werkzeug.

«Jetzt haltet das mal gerade!», rügt Milo, und Jayden und Josh geben sich Mühe und kichern. Sie kichern über alles, über diese halbironische Erniedrigung, über ihr ganzes halbironisches Dasein, das ihnen wie ein schlechter Witz vorkommt. Jayden grinst mir zu. Auch ich stehe auf der Bühne. Darf als rechtsradikaler Journalist Toni Schneider das Geschehen aus nächster Nähe verfolgen. Jayden gluckst, sein Bauch wackelt, seine Kehle bläht sich auf. Als ob unter der Schminke nur noch eine giftige Krötenkreatur wäre – herangezüchtet, abgerichtet, dressiert … Nur ein paar Schritte, dann wäre ich bei ihm. Dann könnte ich versuchen, die Metamorphose zu stoppen. Ich würde Milo an den blondierten Haaren packen und ihn von den Jungs wegreißen, würde Jayden mit meinem Ärmel die grüne Farbe aus dem Gesicht wischen und ihn anschreien, so lange, bis das Kichern stoppt, bis er aufhört, williges Werkzeug zu sein und fleischgewordenes Meme!

Genau! Brüllen werde ich, so lange und so laut, bis er wieder Mensch ist!

Ich tue natürlich nichts dergleichen. Ich könnte es auch gar nicht, dafür ist es viel zu spät, die Verwandlung längst vollendet. Und gegen diese Menge lässt sich nicht anbrüllen. Die hundert, hundertfünfzig Menschen johlen und lachen wie tausend. Sie lachen erst über die entmenschlichten Krötenjungs, dann über den lustigen Schwulen, der gerade über die «degenerierten Linken» phantasiert, über pädophile Dragqueens und indoktrinierte Mannweiber. Er tippelt über die Bühne, preist die wilde Natur des heterosexuellen Mannes und erklärt Mutterschaft zur einzig wahren Form von Weiblichkeit – und weil Milo seine Ausführungen mit überkandidelten Gesten und Gequieke unterlegt, findet die Menge das zum Schreien komisch. Im Kontrast zu diesem merkwürdigen Typen können sich die Kerle im Publikum besonders hart und männlich vorkommen. Und ich schaue von der Bühne auf sie herunter, sehe in ihre aufgerissenen Mäuler und roten Gesichter. Kreischendes Gelächter und rhythmisches Geschrei. «It's great to be straight!»

Es ist eine weitere Metamorphose: Hass, verzerrt zu Humor.

Eine Weile später, im März 2021, wird es übrigens noch eine bemerkenswerte Verwandlung geben: Milo Yiannopolous wird seine «Heilung» verkünden. Er sei nicht mehr schwul, Sodomie sei eine Sünde, und er habe nun seinen Weg zu Jesus Christus gefunden. Seit dieser wundersamen Wandlung sei sein Ehemann nur noch ein platonischer Freund und Mitbewohner, er fühle sich jetzt rundum gesund, und sogar die Hunde hätten aufgehört, ihn ständig anzubellen. Das wird er wirklich genauso behaupten, und er wird bekanntgeben, eine Klinik für «Konversionstherapie» in Florida eröffnen zu wollen, um dort schwule Jungs und Männer in die Heterosexualität zu foltern.

Für ein wenig Aufmerksamkeit hasst Milo eben alles. Auch – oder gerade – sich selbst. Vielleicht sind sie gar nicht so verschieden, Milo und die ekligen Froschjungs.

«Let's go!», ruft Mickey, der kleine Faschist, und drückt das Gaspedal durch. Das Chassis des klapprigen Toyota bebt, der Tacho klettert auf 85 Meilen pro Stunde. Ich versuche das in Kilometer umzurechnen, aber es gelingt mir nicht, und der öde Bostoner Vorort rast an uns vorbei. Altersschwache Holzhäuser mit schmuddeligen Fassaden, nasser Asphalt, Stripmalls aus neonbeleuchteten Fastfood-Restaurants, One-Dollar-Stores und verrammelten Ladengeschäften.

«Das ist eine verdammte Shit-Show», sagt Mickey, die rechte Hand am Lenkrad, den linken Arm theatral auf der Fensterablage drapiert. «Bald ist das alles nicht mehr – nicht die Vereinigten Staaten, nicht der Westen. Deswegen bin ich auch Faschist, also, so ein ganz klassischer Faschist, so Mussolini-Style. Entweder wir kriegen einen weißen Ethnostaat hin, oder das war's!» Ich nicke, aber ich bin mir gar nicht mehr so sicher, warum ich mich mit Mickey überhaupt treffen wollte, weshalb ich mich um alles in der Welt in sein Auto gesetzt habe. Irgendwas habe ich gesucht. Richtig, Antworten wollte ich – aber auf welche Frage noch mal?

Eigentlich wollte ich mir doch nur Bannons Beute ansehen. Wollte die kleinen Jungs und einsamen Typen sprechen, die mit kicherndem Antifeminismus und *politisch unkorrekter* Antihaltung aus den Tiefen der Manosphere und Imageboards gelockt werden. Wollte die Rekrutierungsmechanismen qua ironische Menschenverachtung, Männlichkeitsversprechen und bunte Cartoon-Figuren besser verstehen lernen. Aber ich fürchte, dafür bin ich zu spät – auch wenn ich in den zehn Tagen nach der hässlichen Hetero-Parade rundum beschäftigt bin.

Im Bostoner Sumpf der Alt-Right hat sich die Anwesenheit des deutschnationalen Schreiberlings Toni Schneider schnell rumgesprochen. Man trifft sich gerne mit mir, erzählt offenherzig vom antifeministischen Überlebenskampf und preist den großen Noch-Präsidenten und Pussy-Grabber Donald J. Trump. Viele erhoffen sich durch mich auch eine transatlantische Vernetzung, einen Ausbau der internationalen Nationalen. Aber obwohl ich jeden Tag in irgendwelchen Bars und Restaurants sitze, mit superglücklichen Spaßamerikanern und bärtigen Kellerkerls, rechtslibertären Anarchokapitalisten und nationalistischen Frauenfeinden – von der Ironie und kunterbunten Provokationen ist bei diesen Treffen kaum noch was zu spüren.

Logan, ein stolzer Proud Boy, der an der Organisation der Parade beteiligt war, legt mir etwa dar, dass er inzwischen nur noch den Heiland und die Religion als Ausweg aus der Misere der Moderne sehe. Connor, den ich tags darauf treffe, erklärt, dass Gamergate ihn zwar aufgeweckt habe, man zum Fortbestand der westlichen Welt allerdings sehr viel klarer Kante zeigen müsse: «Diese Kriegsführung mit Witzen und Memes, das ist total 2016. Was bringt es dir denn heute, mit Pepe-Masken die *Libs* zu *ownen*, wenn die dich dann einen Nazi nennen und du deinen Job verlierst?» Während der Parade ist Connor deshalb auch gar nicht erst mitmarschiert, hat sich stattdessen lieber mit schwarzer Sturmhaube in die Gegendemonstration gemischt und dort gefakte Antifa-Flyer verteilt: «Straight Sex is Rape», stand dadrauf und «Sex with Whites is White Supremacy». Eine kleine Operation unter falscher Flagge, die er auch kein bisschen ironisch meinte: «Die Linken glauben das ja wirklich! Und was bringt es, über solche Menschen zu lachen, wenn die dich umbringen wollen?» Was seine Flyer-Aktion daran ändern soll, begreife ich zwar nicht, aber dass er es ernst meint, stelle ich nicht in Frage. Als MGTOW will Connor mit der marxistisch-feministisch vergifteten Frauenwelt nichts mehr zu tun haben, sagt er, und auch sonst bereitet er sich auf das Schlimmste vor. Zu unserem Treffen kam er bewaffnet. Umkreiste mich erst ein paarmal aus sicherer Entfernung. Wollte sich vergewissern, dass ich auch alleine gekommen war. Und dafür sorgen, dass ich auch ja die Pistole unter seinem Hoody wahrnehme. «Man kann ja nie wissen, heutzutage.» Zumindest damit hat er recht.

Und jetzt eben Mickey, der kleine Faschist im rasenden Toyota.

Mickey ist Mitte zwanzig, sieht aber mit seinem Zahnfleischgrinsen und immerfeuchten Hundeblick sehr viel jünger aus. Daran ändert auch seine martialische Silberkette und das Shirt mit dem Logo der Neonazi-Miliz «Rise Above Movement» nichts. Mickey wundert es nicht, dass ich jenseits der Parade so wenig von der postironischen Internetkultur finden konnte. Sicher habe er während der Glanzzeiten von Gamergate auch viel begriffen über Meinungsfreiheit, Feminismus und Marxismus. «Aber diese Zeiten sind vorbei. Und die Alt-Right, wie man sie sich vorstellt, gibt es auch gar nicht mehr. Es gibt jetzt nur noch die Schwuchteln, die weiter fucking Spiele spielen, und die ernsthaften Leute, die wirklich was tun wollen. Wer konsequent weiterdenkt, der muss jetzt was tun.»

So kümmerlich Mickeys Gedankengänge auch sind, leuchtet dieser Satz doch irgendwie ein: Die kleinen Kicherfaschisten wurden ja nicht zuletzt radikalisiert, um der Präsidentschaftskampagne von Trump zu helfen. Die Wahl eines misogynen und rassistischen Fernsehmillionärs wurde ihnen als subversiver Akt verkauft, als ein Stören des Systems. Aber nach der Wahl 2016 hatte die toxische Internet-Avantgarde ihren Zweck erfüllt – und jetzt? Wie so viele andere auch trat Mickey die Flucht nach vorne an. Er wurde Mitglied von Resist Marxism, der Vorgängerorganisation von Super Happy Fun America, wurde sogar ihr Sprecher. Aber auch das war ihm bald zu wenig. Mickey hatte die Rhetorik und Ideologie gefressen, den Antifeminismus, Frauenhass, die Verachtung für alles Nicht-Weiße und Nicht-Heterosexuelle – seine ganze Identität hat er um diesen Hass herum aufgebaut. Er klingt wie ein kleines Kind, das im Dunkeln Angst hat und deswegen die ganze Stadt anzündet.

«Wir brauchen Faschismus, und dafür brauchen wir einen

Krieg der Rassen, so sieht's aus», sagt Mickey. Eine Veranstaltung wie die Straight Pride Parade hingegen würde gar nichts bringen: «Wie kannst du die Sache ernst meinen und dann mit irgendwelchen *Liberals* und einer Schwuchtel an deiner Spitze durch die Straßen marschieren?»

Mit quietschenden Reifen kommt der Toyota vor einer Starbucks-Filiale zum Stehen. Mickey ist gerade knapp bei Kasse, aber weil ich keine Lust habe, weiter mit ihm in der Gegend rumzurasen, lade ich ihn auf einen Kaffee ein. «Oh, ich weiß schon, was ich nehme!», ruft Mickey und hastet durch den Nieselregen hinein.

Zufrieden beäugt Mickey seinen Iced Pumpkin-Spice-Latte mit Sahne und extra Vanillesirup in Venti. Das sind 770 Milliliter, die er durch einen Plastikstrohhalm in sich reinsaugt, während er mir erklärt, dass ein wahrer Faschist ganz grundlegend mit Ironie nichts am Hut haben sollte. Überhaupt müsse man als wahrer Faschist viel an sich arbeiten. Er wolle eben konsequent das, was er predigt, auch leben. Seit fast zwei Jahren sei er deswegen *straight edge*: «Ich trinke nicht, rauche nicht, keine Drogen und No-Fap, also kein Wichsen.» Den Trick hat er von den Proud Boys gelernt, auch wenn ihm diese rechtsextreme Schlägergang schon wieder viel zu soft sei. «Aber durch das No-Fap erhöht sich dein Testosteron-Level!»

Ich lache laut, aber Mickey beharrt darauf: Das sei eine männlich-wundersame Energie, die sich da in seinem Hodensack zusammengebraut habe, und die rentiere sich: «Ich habe jetzt sogar mehrere Freundinnen gleichzeitig. Mit den Pornos sollen die Männer ja sowieso nur kaputtgemacht werden.» Er sagt das mit großem Nachdruck. Fast rührend, wie sehr er sich ins Zeug legt, wie unbedingt er von mir, dem rechtsradikalen Reporter aus Übersee, gemocht werden will. Aber selbst wenn er nicht zeitgleich an einem Dreiviertelliter zuckersüßer Sahneplörre nuckeln würde, wäre mir das alles zu albern.

«Nein, Toni, im Ernst: Pornos sind wie Drogen», protestiert

er düster gegen meine gute Laune, «Pornos haben den gleichen Effekt aufs Hirn wie Kokain!»

«Klingt doch super», lache ich, «eine günstige Alternative also!»

Mickey lacht halbherzig mit, aber offensichtlich kommt er gar nicht gut damit klar, dass ich ihn nicht ernst nehmen will, und ich lege nach: «Ach, komm schon, Mickey, warum kannst du vor deinem Rassenkrieg nicht ein bisschen Spaß haben?»

Aber Mickey hält eisern an seinen Idealen fest: Man müsse alles ausrotten, was die westliche Welt und die traditionelle Familie bedrohe.

«Ausrotten?», frage ich.

«Genozid», sagt Mickey.

Ich frage noch mal nach, aber Mickey meint das ganz genau so: «Wie willst du denn sonst noch Ordnung schaffen in diesem Chaos?»

«Na gut», sage ich, «dann mach mal: Wen willst du denn an die Wand stellen?»

«Wie jetzt?»

«Wenn du deine faschistische Diktatur errichtet hast, wen killst du alles? Komm auf die Rampe und selektier mal.»

Mickey gefällt die Frage sehr, über die scheint er sich schon oft Gedanken gemacht zu haben, und er zählt auf: «Als Erstes die Banker. Und die Zionisten und Globalisten natürlich.» Die Juden also, wer auch sonst sollte hinter der Pornoindustrie stecken. «Und als Nächstes sind Prostituierte und Pornodarstellerinnen dran. Damit wäre schon eine ganze Menge getan.»

«Alle Prostituierten und Pornodarstellerinnen?», frage ich.

«Alle! Auch die männlichen.»

«Aber was ist mit Softporno-Darstellern? Die tun ja nur so.»

«Kill 'em!» Mickey grinst mich mit seinem Zahnfleischgrinsen an.

«Man könnte fast glauben, dass du ein Problem mit Sex und Frauen hast», sage ich. Aber darauf antwortet Mikey nicht mehr.

Er weiß, wie unheimlich er gerade ist, und das findet er klasse. Er grinst einfach weiter und nuckelt an seinem Strohhalm.

Und ich lache. Einfach, um dagegenzuhalten, um ihn zu ärgern. Auch wenn mir das Lachen längst vergangen ist. Und den amerikanischen Faschisten das Kichern.

Ein paar Monate nach meinem Besuch in Boston muss Mickey ins Gefängnis. Er hat seine Ex-Freundin gestalkt und belästigt. Hat 35-mal gegen das Annäherungsverbot, eine einstweilige Verfügung, verstoßen. Vier weitere Frauen haben ebenfalls einstweilige Verfügungen gegen ihn erwirkt. Nach seiner Entlassung schließt er sich der Neonazi-Gruppierung NSC 131 an. Richtig gute Leute, findet Mickey, die müsse ich unbedingt kennenlernen.

Wäre die Pandemie nicht gewesen, ich wäre wirklich noch einmal zurück in die Staaten geflogen. Nicht wegen Mickey, aber da waren doch so viele Kontakte, die ich ausbauen wollte, so viele amerikanische Jäger in der weltweiten Manosphere, so viele Architekten des hypermaskulinen Hasses … Aber vielleicht ist es gar nicht so schlimm, dass mein Kaffee-Exzess mit Mickey meinen Ausflug in die USA beendet. Die antifeministische Hetzkampagne und kicherfaschistische Online-Offensive der Alt-Right haben auch in Deutschland gewütet, tiefe Spuren hinterlassen und heftigen Schaden angerichtet. Auch deutsche YouTuber bellen ihre antifeministischen Wutanfälle in ihre Kameras, auch deutsche Incels träumen in ihren Foren von Rache, Vergewaltigung und Mord.

Und auch von kleinen Neonazis, die sich faschistischen Männlichkeits- und Vernichtungsphantasien hingeben, habe ich zu Hause mehr als genug.

ZWEI

DER PROTOTYP DES NEURECHTEN KRIEGERS

VON RECHTSEXTREMEN MÄNNERBÜNDEN UND FASCHISTISCHEN RAPPERN

«Wir müssen unsere Männlichkeit wiederentdecken. Denn nur wenn wir unsere Männlichkeit wiederentdecken, werden wir mannhaft. Und nur wenn wir mannhaft werden, werden wir wehrhaft, und wir müssen wehrhaft werden, liebe Freunde!»

BJÖRN HÖCKE

«Aus großem Bizeps erwächst große Verantwortung.»

KOLLEGAH

Im Netz der Neuen Rechten

Angst und Schrecken in Halle (Saale)

Mein Kopf ist kahlgeschoren, Augenbrauen und frisch gezüchteten Schnauzbart habe ich mir dunkel gefärbt, Kastanienbraun Nr. 4, das Fred-Perry-Polo steht mir ausgezeichnet, und auf der Nase trage ich eine nagelneue Brille, überteuert und potthässlich, aber «ein Gestell für den sportlichen Erfolgstypen». Das hat mir der Optiker beteuert.

Im August 2019 trage ich dieses Outfit zum ersten Mal. Ich stehe ganz am Anfang meiner Recherche, will nur ein wenig reinschnuppern in die Welt der rechten Männerbünde. Deswegen schleppe ich mich durch Halle an der Saale. Es herrscht drückende Hitze, unübersichtliches Gedränge, Geschrei, Gerempel.

Die Identitäre Bewegung, die Quasi-Jugendorganisation der Neuen Rechten, veranstaltet heute ihr großes Sommerfest. In ihrem Hausprojekt, dem pompös getauften «Flammberg», soll die Festivität stattfinden. All die rechtsextremen Influencer*innen und juvenilen Aktivist*innen von Rang und Namen haben sich angekündigt.

Aber ich komme nicht hinein. So gut wie niemand kommt herein. Antifaschistische Demozüge blockieren die Straßen, Demonstrierende versperren den Zugang zur rechten Immobilie, die Polizei fährt Großaufgebot, lässt bald die anreisenden Rechtsextremist*innen nicht mehr vom Bahnhofsgelände. Zornig krakeelen einige bärtige Neonazis in Lederweste vor der Absperrung herum. Vergeblich. Die Stadt ist dicht.

Rechtsradikale Menschengrüppchen schnaufen durch die Seitenstraßen, desorientiert, schwitzend, wütend. Ich hänge mich an einen versprengten Trupp identitärer Kerls aus Bayern. Wehende Fahnen, die Hosen kurz, die Waden wie Baumstämme. Wacker marschieren sie vorwärts. «Bestimmt findet sich noch ein Weg rein, jetzt ist nur Standhaftigkeit gefragt», versichert mir ein besonders kräftig-quadratischer Germanenbursche, versichert es auch sich selbst, blickt dann aber doch beunruhigt zu seinen Kameraden. Vorne kommen wir nicht durch, da ist Polizeisperre, also scharf abbiegen und gleich noch mal, denn da hockt schon wieder Antifa. Trillerpfeifen, Lufthörner, egal, dann eben da lang, nur nicht umkehren, «Und vor allem: nicht provozieren lassen, Männer!» Wirklich, eine schweinische Hitze. Über unseren Köpfen das Rattern des Polizeihelikopters. Vielleicht erst mal über den Marktplatz?

«Wir sind aber nicht im Kreis gelaufen, oder?»

Natürlich sind wir im Kreis gelaufen.

Es ist Chaos. Es ist wunderschön. Es geht bergab mit der Identitären Bewegung.

Der bestialische Massenmord von Christchurch im März 2019 hat die Neue Rechte in eine strategische Krise gestürzt. Der Naziterrorist benutzte die Sprache der Identitären Bewegung, bekannte sich zu ihr, spendete ihr Geld, sah sich als Vollstrecker ihrer Ideologie. Er demonstrierte, was das Geraune vom «großen Austausch», die «Radikalisierung der Männer des Westens» und der Kampf um die «Geburtenraten» in letzter Konsequenz bedeutet. Er ermordete 52 Menschen.

Ich sehe das Video des Massakers. Aufgenommen vom Mörder selber mit seiner Helmkamera. Ich höre die Witze, die er macht, bevor er Menschenleben auslöscht. Ich verstehe seine kicherfaschistischen Anspielungen, die Memes, die Musik in seinem Autoradio und die Aufschriften auf seinem Gewehr. Mir wird übel, noch bevor das Morden beginnt.

Dieser Terroranschlag war nicht der erste, den neurechte und Alt-Right-Propagandist*innen zu verantworten haben. Aber das Ausmaß des Verbrechens ist kaum zu begreifen. All das, was man befürchtet, wenn man sich mit dieser düsteren Denke auseinandersetzt, manifestierte sich in diesem Akt der Gewalt. Das ist faschistisch-apokalyptische Männlichkeit.

Zwei Wochen vor dem halleschen Sommerfest stuft der Verfassungsschutz die IB als rechtsextrem ein. Fünf Jahre und einen Massenmord brauchen die Verfassungsschützer*innen für diese Einschätzung.

Ich sag's ja bloß.

Die bayerischen Knaben marschieren von dannen, ein strategischer Rückzug. Ich lasse sie ziehen. Der Schweiß tropft mir in die Augen, die Sonne verbrennt mir die nackte Kopfhaut, meine Schläfen pochen. Ich gebe auf. Ich bin umsonst nach Halle gekommen. Und ich könnte nicht glücklicher sein.

Sollen sie doch einfach vor sich hin rotten!

Der Gedanke fühlt sich gut an: Warum sie nicht einfach ignorieren, ihnen keine zusätzliche Aufmerksamkeit mehr schenken! Sie nicht einmal mehr erwähnen! Aufmerksamkeit ist doch, was sie wollen. Wovon sie leben, wonach sie betteln mit ihren Aktionen und Provokationen, Internet-Stunts und «metapolitischen» Medienstrategien. Sie sind es nicht wert, dass ich mich bei ihnen einschleiche! Meine körperliche und psychische Gesundheit aufs Spiel setze. Vielleicht ist ihre Zeit ja schon vorüber. Vielleicht war der bestialische Mord von Christchurch die Zäsur. Der Anfang vom Ende.

Ich wollte das glauben. Ehrlich.

Aber dann betrat ich die Welt der Schmerzensmänner. Schwebte durch die Manosphere, sprach mit all den Typen, die sich doch zum Großteil weder als rechts, schon gar nicht als radikal verstehen. Und ich klickte mich durch all die Internetforen, YouTube-Kanäle, Imageboards, Chatgruppen und Discord-

Channels. Und begriff erst das Ausmaß, mit dem die Rechten den Diskurs verändert haben und noch immer verändern. Wie tief sich ihr Fiebertraum vom untergehenden Westen und der muslimischen Invasion, dem grassierenden Genderwahn und dem Aussterben wahrer Männlichkeit in die Köpfe der Menschen eingebrannt hat.

Der Schaden ist angerichtet. Und aufgehört haben sie noch lange nicht.

Und dann der Oktober 2019. Der nächste Terroranschlag. Nicht mehr in Neuseeland, nicht mehr am anderen Ende der Welt. Diesmal findet er hier statt. Ausgerechnet in Halle an der Saale, gegen die dortige Synagoge. Und wieder sitze ich nachts vor meinem Computer, wieder die Videoaufzeichnung von der Helmkamera eines Naziterroristen. Wieder ein junger Mann, wieder geht es um den «Großen Austausch», Feminismus, Geburtsraten: «Hallo, mein Name ist Anon, und ich glaube, der Holocaust hat nie stattgefunden. Feminismus ist schuld an der sinkenden Geburtenrate im Westen, die die Ursache für die Massenimmigration ist – und die Wurzel dieser Probleme ist der Jude.»

Seine Sprache ist die der Imageboards und Incel-Foren, der Anschlag das Echo der Taten von Utøya, El Paso, Poway und Christchurch. Im «Großen Austausch» fließen Antifeminismus, Antisemitismus und Rassismus zusammen. Juden, Frauen und Migranten werden zum Feind. Der weiße Mann ist das Opfer, das sich wehren muss. Wieder hart werden muss. Wehrhaft. Gefährlich.

Und gefährlich sind sie geworden. Der mörderische Männlichkeitswahn rückt näher. Viel zu nah.

Also noch mal. Ich rasiere mir den Schädel glatt, färbe mir Brauen und Schnauzer kastanienfarben, das Fred-Perry-Polo sitzt noch immer, und ich mach mich auf die Reise. Ich kann nicht wegschauen. Wir haben so lange weggeschaut, haben die sogenannte Neue Rechte so lange ihre Selbstinszenierungen zelebrieren lassen, haben sie mit Grusel, Faszination und Abscheu reproduziert. Sogar ihre Eigenbezeichnung haben wir übernommen: die «Neue Rechte», was für ein Witz! Ich weigere mich, ihre Selbstinszenierung zu akzeptieren und ich weigere mich, wegzuschauen. Denn ich weigere mich, Angst zu haben. Dann zeigt mir halt, was das sein soll, ein wehrhafter, neurechter Germane!

Außerdem habe ich für meine potthässliche Erfolgstypenbrille knapp zweihundert Euro gezahlt. So eine Investition muss sich lohnen.

Der Männerbund

Wo schleiche ich mich da eigentlich ein? Und wonach suche ich?

Es war 1902, als der Ethnologe Heinrich Schurz den Begriff des Männerbundes prägte. Natürlich war die traditionelle Männlichkeit schon damals in einer tiefen Krise. Traditionelle Männlichkeit an sich tut ja ohnehin wenig anderes, als in Krisen zu verfallen. Und das 19. Jahrhundert mit seiner Frauenbewegung, jüdischen Emanzipation, seinem industriellem Kapitalismus und all dem hat ihr besonders zugesetzt. Das Patriarchat war ins Wanken geraten, und nun war es also der Ethnologe Schurz, der mit seinen unwissenschaftlichen Studien zu irgendwelchen «Urvölkern» den verunsicherten Männern wieder Mut zusprach.

Schurz war zu dem Schluss gekommen, jeglicher gesellschaftliche Fortschritt sei den Zusammenschlüssen exklusiver Männergruppen zu verdanken gewesen. Frauen, befand Schurz, seien nur in der Lage, sich um Fortpflanzung und Familienverbund zu kümmern, also hätten sich die Männer schon immer von ihnen lösen und zusammentun müssen. Nur so hätten die tüchtigen Typen Zivilisationen erschaffen und Kulturen gebären können. Der Männerbund sei also die Keimzelle des modernen

Staates, schrieb Schurz. Dann starb er an einer Blinddarmentzündung.

Aber seine zutiefst falschen Thesen lebten fort, seine Idee des Männerbundes setzte die Hirne, Herzen und Hoden der deutschen Männer in Brand. Bald schon entwickelte sich daraus eine regelrechte Staatstheorie. Allen voran war es der Schriftsteller und Wandervogel Hans Blüher, der sich ab 1917 an dieser Theorie abarbeitete.

Da ein starker Staat nur von starken Männern ausgehen könne, erklärte Blüher, brauche es eben starke Führer. Ein solcher «charismatischer Männerheld» sei in der Lage, die deutschen Knaben den Fängen der Frau zu entreißen, den «weichlichen und schwülen» Beziehungen zu ihren Müttern und Familienverbänden, und in ihnen eine mann-männliche Erotik zu wecken. Diese Erotik würde den Männerbund überhaupt erst zusammenhalten, könne die männlichen Tugenden der «germanischen Rasse» wieder stärken und somit das «feministische Zeitalter» beenden. Der männliche Staat sei zum Greifen nah.

Heute mögen Blühers Thesen bizarr klingen, aber damals konnte er damit eine ganze Menge Männer begeistern: von Thomas Mann bis Franz Kafka, vom alten Kaiser Wilhelm II. bis zu Heinrich Himmler. Besonders für die reaktionären Antidemokraten der Weimarer Zeit (also genau für die Protofaschisten, auf die sich die heutige Neue Rechte beruft) wurde Blühers Grundgedanke, das politische Ideal des straffen Männerbunds, zu einer zentralen Idee. Entsprechend floss es auch in die Ideologie der Nationalsozialisten ein, und ungebrochen leben die männerbündischen Strukturen in der extremen Rechten bis heute weiter. Die kuriose Liebe zu allem Männlichen. Der Muskel- und Körperkult. Die Verachtung alles Weiblichen und Verweiblichten. Die kumpelige Kameradenliebe.

Man könnte also davon ausgehen, dass der Prototyp des neurechten Mannes ein junger, viriler und durchtrainierter Kerl sein müsse. Einer, der sich von starken und charismatischen Männern radikalisieren ließ und der es sich zur Lebensaufgabe gemacht hat, männerbündische Strukturen voranzutreiben. Der nun selber zum starken und charismatischen Führer werden will, um andere, noch jüngere und virilere Knaben zu harten Helden im Krieg um Volk und Nation auszubilden. So einen Prototyp müsste ich finden …

Und tatsächlich habe ich genau diesen Prototyp des neurechten Mannes getroffen.

Ohne zu wissen, dass er existierte, war ich monatelang auf der Suche nach ihm. Monate, in denen ich mich durch die grauenhafte Welt der Neuen Rechten manövrierte. Ich war auf einer geradezu verzweifelten Suche nach einem Protagonisten für meine Recherche. Nach irgendjemandem, der mir diese finsteren Sehnsüchte begreiflich machen, eine Innenperspektive in dieses bedrohliche Konstrukt geben könnte. Ich wollte verstehen! Und so pilgerte ich von Veranstaltung zu Veranstaltung, ertrug Reden und Parolen, führte allerhand lange Gespräche mit fiesen Männern. Aber das Schlimmste: Um Zugang zu der Neuen Rechten zu bekommen, musste ich in die holzvertäfelte Albtraumwelt der rechtsextremen Burschenschaften zurückkehren. Eine Welt, die mit dem Rechtsruck an unheimlicher Bedeutung gewonnen hat. Eine bierverklebte Infrastruktur und Nachwuchsschmiede im neurechten Geflecht.

Die Alte Breslauer Burschenschaft der Raczeks zu Bonn (Ein Abend in sechs Bieren)

Ich folge einem Scheitel aus Haar und Vaseline die knarzende Holztreppe herab. Es riecht nach kaltem Rauch und Zitrus-Bodenreiniger. Vorbei am gerahmten Stadtplan von Groß-Breslau hinein in die Kellerkneipe unter der Bonner Südstadt. An der Tür ein Emaille-Schild: «Deutsches Schutzgebiet». Marschmusik, Reichskriegsflagge, ein ausgestopfter Fuchs glotzt mit gläsernen Murmelaugen auf die acht Burschen und ihren Gast.

War es wirklich so schlimm damals, in meiner Albtraumnacht bei der Münchner Danubia? Zehn Jahre sind eine lange Zeit, und ich war damals doch ziemlich klein, vielleicht noch leicht zu beeindrucken … Von der Danubia wollte ich mich dann doch lieber fernhalten, sicherheitshalber, aber leider Gottes gibt es ein reichhaltiges Sortiment rechter Burschen. Meine Wahl fiel auf die Alte Breslauer Burschenschaft der Raczeks zu Bonn. Das ist nicht nur ein bestechender Name, die Raczeks sind auch eng mit meinen Münchner Danuben verbandelt, stehen mit ihnen sogar in einem Kartellverhältnis. Was das genau bedeutet, weiß ich zwar nicht, aber es klingt ziemlich ungut.

Das erste Bier. Männerbündische Standhaftigkeit

Formelle Begrüßung, bitte, Herr Schneider, nehmen Sie Platz. Beineberg, bringen Sie dem Mann ein Bier! Und bringen sie mir auch eins mit! Neugierig stellt mir der Vaseline-Scheitel Fragen, schnarrend, überakzentuiert, eingeübt. Er klingt, als hätte er einen Volksempfänger verschluckt, Baujahr 1937.

Ich erzähle ihm von meinem fiktiven YouTube-Format, meiner Suche nach passenden Protagonisten, um dem linksversifften Mainstream eins auszuwischen, Porträts von Akteuren, die deutsche Werte hochhalten. Und unbeirrbar-traditionelle Männer wie die Raczeks, sage ich, so ein aufrechter Männerbund, das wäre natürlich grandios!

«Durchaus ein honoriges Unterfangen», lobt mich der Scheitel, aber nein, er fürchtet, die Raczeks können daran nicht teilnehmen. Da müsse man Vorsicht walten lassen und auch wenn ich im Hause jederzeit willkommen wäre – dafür solle ich mich lieber an die DB wenden.

Die DB, das ist die Deutsche Burschenschaft, der Dachverband der so richtig hart rechten Kooperationen. 70 Bünde und 7000 Mitglieder umfasst er in Deutschland und Österreich. Bis

2011 waren es noch doppelt so viele. Dann lösten die Raczeks einen heftigen Richtungsstreit aus, die sogenannte Ariernachweis-Debatte: Die völkischen Burschen forderten, dass nur noch Jungs von «abendländisch-europäischer Abstammung» in den Dachverband aufgenommen werden dürften. «Nun, das ist eine grundsätzliche Frage, und die müssen wir mit Tradition und Prinzipientreue beantworten», schnarrt der Scheitel. «Und wie Sie sicherlich gemerkt haben, sind diese Qualitäten politisch in der Szene wieder von großer Relevanz. Männerbündische Standhaftigkeit ist im nationalen Kampf nach wie vor gefragt.»

Leider hat der Scheitel damit recht, und deswegen bin ich ja auch hier. Die DB mag ordentlich geschrumpft sein, aber das Erstarken der Neuen Rechten gab den verbliebenen braunen Burschen ordentlich Aufwind und ein paar wesentliche Funktionen in ihrem Netzwerk. Es gibt massive personelle Überschneidungen und enge Verbindungen. Burschen schreiben für neurechte Publikationen, arbeiten in den Organisationen, Stiftungen und Verlagen. Manche arbeiten eng mit Götz Kubitscheks Institut für Staatspolitik zusammen, dem zentralen Organ des neurechten Netzwerks. Oder auch mit der Identitären Bewegung, mit der Veranstaltungen abgehalten wurden, sogar Kampf- und Wehrsportübungen. Und dank des Aufstiegs der AfD gibt es nun auch eine Menge nagelneuer Karrierechancen. Wie schon die österreichische FPÖ zuvor, engagieren nun auch AfD-Politiker linientreue Mitarbeiter aus deren Reihen. Im Bundestag sind 36 DB-Korporierte tätig. Einige von ihnen auch aus der Münchner Danubia.

Das zweite Bier. Humor muss sein

Ich bewundere die Krawatte eines sehr jungen Burschen: Modell Alexander Gauland, dunkelgrün mit Hundemuster. «100 Prozent Seide, handgefertigt», sagt er stolz. Die gibt es im Shop des neurechten *Arcadi*-Magazins für 44,90 zu kaufen, da hat er auch die passenden Socken her, die er mir fröhlich präsentiert.

Dann erzählt er mir vom Kotzen. Erklärt, dass viele Korporierte regelmäßig versuchen, unsägliche Mengen Bier in sich hineinzuzwingen, um sie dann gegebenenfalls wieder auszukübeln. Pressen und pabsten nennt sich dieser burschenherrliche Ritus. Deswegen seien die Kellerkneipen auch meist gekachelt, und er zeigt mir gackernd ein paar Fotos auf seinem Handy: die schönsten Kotzbecken in den schönsten Kellerkneipen Deutschlands.

«Wir machen das freilich nicht», schnarrt der Scheitel dazwischen. «Das machen die Verbindungen, die sich nur mit Gerstensaft verbrüdern und disziplinieren können. Wir hingegen haben die Politik, die uns zusammenhält.»

«Löblich», sage ich, und der kleine Hundekrawattenbursche erzählt mir von seiner Sammlung patriotischer Memes. Zigtausende hat er auf seine Festplatte archiviert und noch mal genauso viele Variationen von Pepe, dem unfreiwilligen Faschisten-Frosch. «So 'n bisschen digitalen Unfug treiben, Gutmenschen triggern. Humor muss sein», lacht er und hebt seinen Bierkrug.

«Prost», sage ich.

«Prost», sagt der Hundekrawattenbursche.

«Heil», schnarrt der Scheitel.

Was um alles in der Welt mache ich hier?

Das dritte Bier. Weiterbluten

Der Jurist ist ganz besonders zerhackt. Eine schlechtgenähte Narbenwulst wuchert über die Wange, als hätte George Grosz sie ihm ins Gesicht gepinselt. Über vierzig Mensuren hat der Jurist bereits gefochten, und er will damit auch wacker weitermachen. «Angst überwinden. Den eigenen Mann stehen», sagt er und lässt das Bier in großen, regelmäßigen Schlucken in sich hineinlaufen.

Der Jurist hat sein Studium längst hinter sich gebracht, ist bereits promoviert, ist als Anwalt tätig, auch für AfD-Politiker, auch für IB-Aktivisten. Aber alter Herr will er noch nicht sein – sonst dürfte er ja nicht mehr seinen Brüdern den Säbel ins Gesicht dreschen. Also hat der Jurist ein Fernstudium aufgenommen. So darf er weitermachen. Weiterkämpfen. Weiterbluten.

«Was macht ein Männerbund in Zeiten von Feminismus und Gender?» Das wurde Philip Stein, der ehemalige Pressesprecher der Deutschen Burschenschaft einmal in einem Interview gefragt. «Warten», erklärte der, «und zwar, bis die von der Androgynie enttäuschten jungen Frauen den Weg zu einer echten Schmissvisage suchen und finden.»

Beineberg wird eine neue Runde holen geschickt, und für einen kurzen Augenblick schauen die anderen etwas melancholisch in ihre leeren Krüge. Als würden sie auf mehr warten als nur ein neues Bier. Und die Marschmusik macht Rumtata.

Intermezzo

Für den Schnupftabak haben die Raczeks ein kleines, hölzernes Katapult, dass ich ausprobieren soll, kommen Sie schon, Herr Schneider, nur zu, nur Mut! Der Tabak wird in zwei Löchlein gestreut, ich halte meine Nase drüber, und die kleine Maschine jagt mir die Gletscherprise in den Schädel.

«Scheiße!», entfährt es mir.

«Da muss man durch», lacht der zerhackte Jurist.

Das vierte Bier. Neue Nazis und kommunistische Mannweiber

Eigentlich unfassbar, dass diese Kellernazis zur Neuen Rechten gehören! Dabei war doch die ganze Idee des neurechten Projekts, sich vom Nationalsozialismus zu distanzieren.

Den Einfall hatten ein paar Faschisten in den sechziger Jahren. Öffentlich kam man als bekennende Hitleranhänger*in eben in der deutschen Nachkriegsgesellschaft nicht besonders gut an, also tricksten sie ein bisschen rum: Sie behaupteten einfach, Hitler sei gar nicht rechts gewesen, überhaupt sei der Nationalsozialismus eigentlich ein Sozialismus und die Geschichte der deutschen Rechten habe entsprechend 1933 geendet.

Historisch gesehen ist das irgendwo zwischen Geschichtsklitterung und blanker Idiotie, aber als rhetorischer Taschenspielertrick ist das gar nicht doof. Denn nun waren sie keine Neonazis mehr! Nun konnten sie als «Neue Rechte» firmieren. Als Erben der Weimarer Protofaschisten, die sie bei der Gelegenheit auch gleich zu «konservativen Revolutionären» hochjazzten. Aber Nazis? Nein, wer will schon ein Nazi sein …

«Also, wenn man mich fragt, ob ich rechts bin, sage ich: Ich bin Nationalsozialist. So.»

Das verkündet der Volksempfänger-Scheitel und holt aus, spricht über den «Nationalsozialismus an sich», über seine Funktion, seine Qualität, seine Möglichkeiten, jaja, und noch mal: «der Nationalsozialismus an sich», und ein paar Sätze später schnarrt es: «Ich verstehe nicht, weshalb Antisemitismus schlecht sein soll. Semiten an sich lehnen ja offensichtlich europäische Werte ab.» Das würde der Scheitel auch jedem mitteilen, der ins Haus der Raczeks käme, dazu müsse man stehen.

Zumindest diese letzte Aussage ist interessant, besonders, wenn man sich so anschaut, wer denn alles die Raczeks besuchen kommt. Denn das sind nicht nur neurechte Aktivisten, Rechtsextreme und greise AfD-Bundestagsabgeordnete: Eben berichtete mir noch ein kleiner blonder Bursche von dem ganz tollen Vortrag des Biologieprofessors Ulrich Kutschera, der zu der Zeit noch Lehrstuhlinhaber an der Universität Kassel war. Der Herr Professor habe hier jedenfalls über den ganzen Genderwahnsinn referiert, über Frühsexualisierung und den Versuch «kommunistischer Mannweiber», die Menschen zu geschlechtslosen Unisex-Kreaturen kaputtzugendern. Der kleine blonde Bursche muss ganz doll lachen bei dieser Vorstellung.

Das fünfte Bier. Ach, überhaupt, die Frauen!

«Ach, überhaupt, die Frauen!», seufzt der schnarrende Scheitel. Mit der Frauenwelt hat er jetzt ganz abgeschlossen.

Wie kommt's?

«Nun, immer wieder biedert man sich den Frauen an. Das mache ich nicht mehr. Entweder es passiert von alleine, oder es passiert gar nicht mehr», sagt er, genehmigt sich eine Prise Schnupftabak und versichert mir dann noch schnell hinterher, dass er in den letzten sechzehn Jahren einen «hochfrequenten Frauenverschleiß» gehabt habe. «Aber darauf habe ich mittlerweile keine Lust mehr. Es ist mir vor allem vor dem Hintergrund egal, dass, egal, was wir tun, hier ohnehin das Kalifat bald Einzug halten wird.»

Aber wäre selbst das nicht schöner mit einer Frau an der Seite?

«Manche Leute haben das Glück. Auch wenn sie dann nur eine Dunkelhaarige abkriegen, nicht wahr?», und er stößt dem Bundesbruder zu seiner rechten den Ellenbogen in die Rippen und lacht ein blechernes Volksempfängerlachen.

Eine ganze Weile spricht man in der Kellerkneipe der Raczeks noch über Herkunft und Haarfarben, streitet über Pomade versus Vaseline und schwärmt vom besten Friseur der Stadt, der selbst die lästigsten Wellen in den Haaren zu bändigen weiß. «Nur macht die Vaseline mein Haar nun auch etwas dunkler. Als Kind, da hatte ich ja noch strohblondes», schnarrt der Scheitel nostalgisch und denkt zurück an bessere, unbeschwerte Zeiten.

Das sechste Bier. Hegemoniale Männlichkeit auf Steroiden

Ich nehme noch einen Schluck, und … Nein! Nein, wirklich nicht.

Ich stehe auf, und auf einen Schlag steigen mir Alkohol, Hass und Ekel in den Kopf. Im Ernst: Was mache ich hier? Weder bin ich die Antifa noch der Verfassungsschutz! Überhaupt, wo ist dieser Verfassungsschutz jetzt gerade? Hat der was Besseres zu tun? Was macht der beruflich? Ja, klar, das hier ist männerbündische Ekelhaftigkeit par excellence, ja, hier gibt's sadistische Umgangsformen, homophobe Parolen und homoerotische Untertöne, ja doch, Frauenverachtung und Antigenderismus und all das in rauen Mengen sogar! Aber das sind offene Faschisten, stolze Nazis! Natürlich zelebrieren die ihre faschistische Männlichkeit! Sie mögen ihre Funktion im unheimlichen Netz der Neuen Rechten erfüllen, aber diese hässlichen Burschen sind antik! Was soll ich über die schreiben? Was herausfinden?

«Meine Herren, danke für diesen herrlichen Abend», sage ich und gehe zügig. Exit.

Ich stehe schwankend auf der Straße. Mein Blick verschwommen, mir ist zum Kotzen. Vielleicht ist es das letzte Bier oder die Gletscherprise oder der Kreislauf. Vielleicht das Wissen, dass ich wieder zurückmuss. Nicht zurück zu den Raczeks, Gott bewahre, und auch nicht zu den Danuben. Nicht mehr in diese Bier- und Hassexzesse der Kneipen, wo die Männer ihre Körper vergiften. Aber der Geist will ja auch vergiftet sein. Und mit dem Hinweis auf den Dachverband hatte der schnarrende Scheitel leider recht.

Und ich folge seiner Anweisung: Es geht nach Marburg ins Haus der Germanen. Hier laufen allerhand Fäden des neurechten Filzes zusammen, und sie laden zu einer Konferenz. Sehr exklusiv, vier Vorträge plus Kulturprogramm für fünfzehn Euro. Eine wunderbare Gelegenheit für interessierte Patrioten wie mich, um Kontakte zu knüpfen und der Selbstinszenierung der Neuen Rechten als feinsinnig-distinguierte Revolutionäre beizuwohnen.

Die Marburger Burschenschaft Germania (Der Vogelmann und der fade Faschismus)

Ein Männerkörper in Heldenpose, nackt, muskelbepackt und von grüner Patina überzogen, und zwischen seinen breiten Schultern ein Adlerkopf. Mit stechender Entschlossenheit blickt der nackte Vogelmann aus seinen metallischen Augen, fast so, als plane er, ganz Entenhausen ethnisch zu säubern. Und wo ich auch hinschaue, der nackte Vogelmann blickt zurück. Vom

Transparent hinterm Rednerpult, von den Flyern und den Programmkarten, von Postern, die hier verkauft werden, und von einem gerahmten Ölgemälde auf einer Staffelei im Foyer.

Entworfen und in Bronze gegossen wurde der nackte Vogelmann von Arno Breker, dem Bildhauer von Hitlers Gnaden, der mit seinen homoerotischen Muskelmännekens die Ästhetik der Nazidiktatur prägte. Aber mit den Nazis habe die Statue natürlich nichts zu tun, bestimmt ein adipöser Bursche in Couleur, der mein Interesse an dem unheimlichen Maskottchen bemerkt hat: «Die Skulptur ist eine Verkörperung von Europa nach dem Krieg», sagt der Adipöse mit kennerischer Mine. «Die Stärke Europas ist noch da, aber die Identität verlorengegangen. Deswegen hat die Statue auch keinen menschlichen Kopf.»

«Junges Europa» hatte Arno Breker seine Vogelkreatur genannt, und «Junges Europa» nennt sich auch die heutige Konferenz, ausgerichtet vom neurechten Jungeuropa Verlag. Von Exzess ist hier, in der unangenehm hübschen Fachwerkvilla der Marburger Burschenschaft Germania, nichts zu spüren. Das Saufen und Bluten, Schreien und Eskalieren gehört heute nicht hierher, das sind Interna, die Zurichtung des Männerkörpers. Heute geht es um den Geist. Oder nein, zumindest um eine Ästhetik der Vergeistigung. Auch das: sehr männlich.

Im lichtdurchfluteten Saal unter riesigen Kronleuchtern und dekorativen Säbeln tummeln sich alle möglichen Menschen, die im feinmaschigen Netz der Neuen Rechten mitarbeiten oder drinhängen: rechtsextreme Intelligenzia mit Einstecktüchern und Alte Herren in Mütze und Couleur, AfD-Funktionäre in dunklen Sakkos und Neonazis in Cordjacke. Dazwischen ein paar Interessierte, wutbürgerliche Ehepaare, tüddelige Rentner und Prolls, denen Tätowierungen diverser Kreuze, Kruzifixe und missgestalteter Raubtiere unter Ärmeln und Kragen hervorkriechen.

Aber die absolute Mehrheit der Anwesenden bilden die Nachwuchskräfte. Fünfzig oder sechzig junge Männer und sehr junge

Männer. Es sind Burschen, Identitäre und Mitglieder der Jungen Alternative, kaum auseinanderzuhalten. Die meisten sind gleich in mehreren Organisationen aktiv und alle tragen sie ihre hippen HJ-Hipster-Frisuren, den radikalen Façon-Schnitt, ausrasiert im Nacken und an der Seite, streng gescheitelt oder mit Überzeugung zurückgestriegelt. Und die jungen Frauen, nicht weniger beeindruckend, tragen Bauernzöpfe, blond, kunstvoll geflochten, dick wie Bockwürste. Allerdings sind nicht viele von den jungen Frauen gekommen. Acht, vielleicht neun, und wenn mich nicht alles täuscht, sind das auch keine Aktivistinnen. Sie sind Damenbegleitung.

Klar, nach außen inszeniert sich die neue Rechte als gleichberechtigt – oder zumindest als geschlechtermäßig halbwegs ausgewogen und modern. Immer sind es Frauen, jung, hübsch und gut durchblutet, die bei identitären Demos in allererster Reihe die Fäuste recken und für Fotokampagnen und Insta-Stories in züchtigen Blusen Modell stehen. Brave Mädels, die den ethnosexistischen Angstszenarien der Rechten ein Gesicht verleihen. So lassen sich die rassistischen Märchen von migrantischen Vergewaltigerbanden besonders gut ans Bürgertum verkaufen. Werbetechnisch ist das clever, aber in Marburg ist von süßen Postergirls oder scheinemanzipierten Kriegerinnen nichts zu sehen. Sie verschwinden zwischen den jungen Männern, die sich im Raum ausbreiten, ihn einnehmen und sehr intellektuell dreinschauen.

In kleinen Gruppen stehen sie beisammen, rauchen Zigaretten, Zigarillos, und sogar ein paar Pfeifen erspähe ich. Sie sitzen mit übereinandergeschlagenen Beinen auf den Futons im Salon oder debattieren am Verkaufsstand über die neuesten Propagandabändchen aus Schnellroda.

Keine Frage, das ist ihre Welt. Ein Herrenclub. Der nackte Vogelmann wirkt recht zufrieden.

Verstohlen öffnet der adipöse Bursche eine Halbliterdose Monster Energy Ultra und schüttet sie in einen Steinkrug. «Ne kleine

Stärkung, bevor es losgeht», erklärt er, «die letzte Nacht war etwas bierselig.» Dann gönnt er sich ein paar tiefe Schlucke und einen dezenten Rülpser in den geschlossenen Mund. Ich sitze trotzdem gerne neben ihm. Hinter seinem massigen Körper kann ich mich ein wenig verstecken.

Die Vorträge sind schwer erträglich. Klar, inhaltlich sind sie das auch, aber das meine ich nicht, damit habe ich gerechnet, wer hier referiert, gehört zum inneren Zirkel der Neuen Rechten. Es ist die Form, die mir zu schaffen macht. Mit der ich das Gesagte kaum zusammenbringen kann.

Da ist etwa Dr. Dr. Thor von Waldstein, der wirklich so heißt und als ein «Vordenker der Neuen Rechten» gilt. Dabei war Rechtsanwalt von Waldstein früher so richtig «alt-rechts», war im NPD-Umfeld aktiv, bot einem Holocaust-Leugner juristischen Beistand, und auch sonst will so gar nichts an diesem aschfahlen Mann *neu* wirken. Mit dem verkniffenen Gesichtsausdruck eines verbiesterten Rentiers, der einfach seine Ruhe will und seinen kläffenden Dackel tritt, referiert Waldstein über den Volksbegriff. Also, über das, «was einmal unter dem stolzen Begriff des Volkes verstanden wurde». Über was auch sonst. Erstaunlich ist allerdings seine Performance! Tief hat Dr. Dr. Waldstein seine völkischen Sehnsüchte im verstaubten Akademikerblubb vergraben, endlose Relativsätze, ungelenk verkettet, vorgetragen in schleppender Langsamkeit und einer derart lustlosen Monotonie, als würde ihn das alles selbst ganz entsetzlich anöden.

So fade kann also Faschismus sein …

Der adipöse Bursche kommt damit auch nicht gut klar. Zügig leert er seinen Energydrink, hilft aber nicht, jetzt sackt ihm dauernd der schwere Schädel zur Seite. Immer nur ganz kurz, keine Sekunde, dann schreckt er auch schon wieder hoch, reißt die Äuglein ganz weit auf und gibt sich große Mühe, hellwach zu wirken, intellektuell-kritisch, leichtes Kopfnicken, ja ja, das Volk. Bloß nicht einschlafen!

Mir kommt der Gedanke, ob das nicht Dr. Dr. von Waldsteins

eigentlicher Plan ist: Versteckt er seine finsteren Gedanken absichtlich in dieser betäubenden Langeweile? Will er uns mit seiner Eintönigkeit gar in einen hypnotischen Trancezustand versetzen? Im Traumzustand verzaubern? Der staubgraue Doppeldoktor, womöglich ein schurkischer Meisterstratege? Dr. Dr. Mabuse?

Aber nein, das ist es nicht. Denn so wie Waldstein klingen hier alle Referenten: monoton, fad, völkisch. So klingt der identitäre Aktivist und Soziologiestudent, der sein dürftiges Referat (Thema: Irgendwas mit Identität) halbherzig herunterleiert. Und so klingt auch der neurechte Netzwerker John Hoewer, eine robuste Gestalt mit feuerrotem Undercut. Er wirkt nicht nur lustlos, sondern auch böse verkatert. Tapfer quält er sich durch seine Aufzeichnungen, aber die Zunge liegt ihm schwer im ausgedörrten Mund. Unappetitliche Schnalz- und Schmatzgeräusche, andauernd der Griff zum Wasserglas. Entsprechend schwer fällt mir das Zuhören. Dabei interessiert mich Hoewers Vortrag sogar wirklich, ein Bericht über Geschichte und Gegenwart der italienischen Rechten.

«Es geht nicht darum, ob der Faschismus gut oder schlecht ist», versichert uns Hoewer vorsichtshalber, immerhin ist er Mitarbeiter der AfD-Landtagsfraktion Sachsen-Anhalt, da muss man sich schon etwas zusammenreißen. Seine Bewunderung für die italienischen Faschos ist aber offenkundig. Besonders angetan ist er von der Casa Pound, einer Organisation hyperaggressiver Extremisten, die sich selbst als «Faschisten des 3. Jahrtausends» bezeichnen. Hoewer pflegt sogar persönlich Kontakt zu denen. Und damit ist er nicht alleine: Auch bei den Raczeks wurde mir von den guten römischen Freunden vorgeschwärmt, die sich in der Tradition der faschistischen Avantgarde sehen. Als Erben der Futuristen und antidemokratischen Provokateure des frühen 20. Jahrhunderts, die damals eine Gesellschaft forderten, in der alles Weibliche ausgemerzt wird. Eine maschinierte Nation aus reiner Vernunft, reinigendem Krieg und stählernen

Erektionen. «Die Casa Pound strotzt vor Jugendlichkeit», erklärt Hoewer tonlos. «Sie transportiert einen Lebensstil, der einerseits locker ist, aber andererseits auch gnadenlos und radikal im positiven Sinne.»

Und ich krieg's nicht zusammen. Dieser stumpf dahinstolpernde Klang will nicht zum Gesagten passen. Egal wie bedrohlich es ist – es klingt nach gar nichts. Nach schlechter Wikipedia oder nach mündlicher Prüfung, nach Drei minus.

Mit gespenstisch leeren Gesichtern glotzen die schnieken Burschen um mich herum vor sich hin, die Senioren krümmen sich keuchend in ihre Notizbüchlein, und ein paar Jungs tippen heimlich auf ihren Handys, hängen auf Telegram rum oder spielen Candy Crush oder was weiß ich. Und der Adipöse? Hart hat er gekämpft, aber jetzt sind ihm endgültig die müden Äuglein zugefallen, der Rumpf sackt zusammen, der schwere Schädel kommt auf dem Doppelkinn zum Liegen. Gleichmäßig schnauft er in sich hinein und träumt.

Und ich begreife. Genau so soll es auch sein!

Es geht gar nicht um die Inhalte, nicht wirklich. Die kennt hier doch jeder. Wer dem Ruf des sexy Faschovögelchens folgt, weiß, worauf er sich einlässt! Nein, es geht genau um diese Langeweile! So sind doch die allermeisten akademischen Konferenzen: langweilig. Alltag. Mittelmäßig, wenn überhaupt. Und hier, bei der neurechten Konferenz im Hause der Germanen, wird das Gesagte eben zur Normalität erhoben. Die Extremisten werden zu Normalos, ihr Hass zum Allgemeinplatz, der Faschismus selbstverständlich.

Es funktioniert ja auch bei mir: Stundenlang höre ich sie schon sprechen, von Kulturmarxismus und Kulturkrieg, von Volk und Rasse – und ich langweile mich. Wenn ich hier auffliegen sollte, wenn mich einer der zerhackten Faschos oder durchtrainierten Kampfsportler erkennen sollte, kann ich nicht sagen, ob ich hier noch heil rauskomme. Ich weiß das doch, und trotzdem muss ich ein Gähnen unterdrücken. So ist das eben im ganz normalen

Faschismus. Ich bin weder entsetzt noch erstaunt. Keiner hier ist entsetzt, niemand erstaunt. Und gerade das ist das Entsetzliche und Erstaunliche.

Vielleicht ist das schon die Erklärung für den Erfolg der Neuen Rechten. Ein bisschen Langeweile, ein wenig akademische Stelzensprache, etwas Knigge und die feschen Frisuren – das reichte schon an Camouflage. Schon waren sie für das deutsche Bürgertum kaum noch wiederzuerkennen.

Dabei wollen wir doch alle gerne glauben, dass Rechtsextremisten nur ungebildet sind. Arme Säue oder subproletarische Vollidioten. Irgendwie eine schöne Vorstellung, denn sie bedeutet, Bildung könnte gegen Hass immunisieren. Und wie soll dann jemand mit Doktortitel oder kleinem Latinum, fließendem Französisch oder gutbestücktem Bücherregal ein schlechter Mensch sein?

Also ließ man die Neofaschisten in den letzten Jahren ein wenig im Mainstream, pardon, im Hauptstrom mitplanschen. Presse, Staat und Verfassungsschutz wollte es lange so gar nicht gelingen, die freundlichen Faschisten einzuschätzen. Renommierte Professor*innen publizierten Briefwechsel mit neurechten Wortführern. Große Zeitungen druckten Interviews und Homestories über ihren exotisch-konservativen Lifestyle. Und Publizist*innen setzen sich noch immer mit ihnen auf Podien, um das alles mal auszudiskutieren. Sportlich-agonistische Debatten, mit Rechten reden, why not? Mal gewinnen die Demokraten, mal die Faschisten. So ist das eben in Deutschland. Ein Freundschaftsspiel.

Was haben wir schon zu verlieren?

Endlich eine längere Pause. Zeit, die neurechten Männer kennen- und verstehen zu lernen, den Reiz des gegenkulturellen Mannseins zu spüren. Aber es gelingt mir nicht. Keiner will so richtig mit mir sprechen. Kaum stelle ich mich zu den Grüppchen der jungen Männer, verstummt ihr blasiertes Lachen, versanden die lärmenden Gespräche. Das Interesse an mir, dem Unbekannten, dem Newcomer, hält sich in Grenzen. «Ein YouTube-Kanal? Ach, Männlichkeit, wichtiges Thema. Dann ma viel Glück damit.» Und man verweist mich an andere Veranstaltungen, Burschenschaften, Akademien.

Vielleicht will man mich erst einmal abklopfen. Beobachten. Sehen, ob ich es auch wirklich ernst meine. Das Biotop der Gegenmoderne ist eben sehr exklusiv. Vielleicht sind die Kerle auch noch eine ganze Spur vorsichtiger geworden, seit der Verfassungsschutz sie auf dem Kieker hat. Oder trete ich nicht selbstbewusst genug auf? Ist da Zweifel in meinem Gesicht, eine Weichheit, Angst, irgendetwas, was die Burschen hinter meinem gefärbten Schnurrbart und der sportlichen Erfolgstypenbrille ausmachen können?

Enttäuscht geselle ich mich wieder zum Adipösen, der sich in den Nebenraum an den Tresen verzogen hat. Da gibt's zwar keine rechte Kulturrevolution, dafür aber Eintopf mit Erbsen und Kassler, dazu Konterbier und Kaffee und Kuchen, und der Adipöse verschlingt die üppigen Leckereien im Akkord. Zum Atmen bleibt kaum Zeit, geschweige denn zum Reden. Aber er hat nichts gegen meine Anwesenheit. Ich nehme ein Stück Streusel, auch wenn ich keinen Appetit habe, und wir stehen schweigend beisammen. Umweht vom Geschimpfe bierbäuchiger Funktionäre, von Tiraden gegen die verweichlichte West-AfD und die Verschwulung der Jugend und so weiter. Sexismus und Antifeminismus fallen mir hier schon kaum noch auf, das niemals enden wollende Gerede vom Genderwahn. Es ist selten das Hauptthema der Gespräche, nur der ständige Nebensatz, die selbstverständliche Grundierung jeden Gedankens. Vielleicht auch der einfachste Talking Point, der den Rechten hier zur Verfügung steht. Der am wenigsten kontroverse, den sie auch draußen ungeniert artikulieren können. So was lässt sich auch in der Mainstream-Presse lesen.

Zum Abschluss spricht noch Dr. Diego Fusaro. Philosoph, Wuschelkopf, Uni Mailand. Er hat beste Kontakte zur Casa Pound und sein Herz schlägt für zwei Dinge: den Nationalismus und den Sozialismus. Findet er beides so richtig stark. Deswegen müsse man das wieder zusammenbringen. Das Nationale und das Sozialistische. Nur wie? Was der quirlige Dr. Fusaro hingegen gar nicht gut findet, sagt er auch: die globalistische Herrscherkaste mit ihrer Genderideologie und die Regenbogenlinke mit ihren «sogenannten Menschenrechten», die nur der «absolutistischen Herrschaft des Dollars» dienten. Über die genderideologische Bedrohung hat der Querfrontler kürzlich sogar ein ganzes Buch verfasst.

Nach seinem Vortrag habe ich die Gelegenheit, kurz mit ihm darüber zu sprechen. Gerne will Fusaro mir auch darlegen, weshalb er in diesem feministischen Zeitalter als Nationalmarxist eine intellektuelle Fusion mit der Rechten für notwendig erachtet, und auch meine Fragen zu seinem guten Bekannten Aleksandr Dugin, dem großen faschistischen Vordenker Russlands, will er mir beantworten – aber da fährt uns schon ein schmissiger Germane ins Gespräch. Bittet den Signor Dottore mitzukommen, man wolle den Abend doch in kleiner Runde ausklingen lassen.

Mutlos bleibe ich im großen Saal zurück. Die identitären Widerstandskämpfer wollen nicht mit mir sprechen, der italienische Querfront-Fascho soll nicht mit mir sprechen, und der Adipöse ist schon wieder an die Theke verschwunden. Und zu allem Unglück wird jetzt auch noch das Kulturprogramm dargeboten, schon drischt ein Bursche mit der grobmotorischen Finesse einer Panzerhaubitze ein paar alte Weisen in das Klavier. Erst den antibolschewistischen Klassiker «Avanti Ragazzi». Dann «Des Geyers Schwarzer Haufen» und «Der Tod in Flandern». Die wurden schon bei Hitlerjugend und SS gerne geschmettert.

Und der nackte Vogelmann fährt seinen Adlerkopf herum

und schaut mich an, schaut mir direkt in die Augen und, ich schwöre es: Er grinst. Verhöhnt mich, weil ich in diese alt-neuen Männerbünde aus Kruppstahl einfach nicht hereinfinde. Weil ihre Bedrohlichkeit nicht abnimmt. Weil ich mich davon, von ihnen, von allem, verunsichern lasse. Und der Vogelmann lässt lasziv seine Brustmuskulatur hüpfen, und jetzt sind da kleine scharfe Zähnchen in seinem Bronzeschnabel, und er flüstert mir zu, ganz leise, aber doch deutlich zu vernehmen, mit dem flamboyant-österreichischen Akzent von Ralph Fiennes als Amon Göth: «Go fuck yourself, Jew Boy.»

Und ich entscheide, dass ich weitermachen muss. Der Vogelmann kann mich mal.

Das Café Extrablatt (Harte Männer in harten Zeiten)

Ich habe ihn gefunden. Den Männerhelden, geformt im Blüher'schen Männerbund. Die moderne Verkörperung der Antimoderne. Der neurechte Krieger. Der Prototyp. Und so bezeichnet er sich sogar selber!

Natürlich bittet mich der prototypische Neurechte in die prototypisch westdeutsche Mittelstadt: Wesel am Niederrhein. Hier kommt er her, hier passt er auch wunderbar hin. Die Häuser sind verklinkert, das Rathaus historisch, und wir setzen uns ins Café Extrablatt, eine Filiale dieser prototypisch-westdeutschen Systemgastronomie. Ab 19 Uhr ist Happy Hour, Frühstück gibt's bis Mittag, und aus dem Radio dudelt das Beste aus den Achtzigern, den Neunzigern und von heute. Wir bestellen zwei kleine Pils.

Der Prototyp des neurechten Mannes heißt Kai Alexander Naggert. Er ist 27 Jahre alt, irre durchtrainiert und fast genauso charismatisch. Gut sieht er aus. Der Haaransatz zieht sich zwar schon dezent zurück, aber die Frisur ist stylish, das Lächeln ziemlich Schwiegersohn, die Street Fashion samt Bauchtasche ausgesprochen Hipster.

Sicher ist er von Kopf bis Fuß in New Balance gekleidet, und sicher weiß ich, dass die Marke unter extrem Rechten extrem beliebt ist – das Markenlogo, ein großes N, das erinnert sie so schön an das Wort Nationalist oder Nazi, an die in Deutschland wirklich tabuisierten N-Wörter. Aber die Kleidermarke selbst ist völlig unverfänglich, damit kann Kai durch die Stadt laufen und im Café Extrablatt ein paar Bierchen trinken, ohne dass irgendwer blöd guckt. Auch in dieser Hinsicht ist er ein Prototyp des neurechten Aktivisten. Das Neue ist eben die Verpackung. Faschismus im stylishen Redesign, dazu die rhetorischen Taschenspielertricks, das intellektuelle Getue. Reine Oberfläche, aber es funktioniert. Man würde Kai nicht ansehen, dass er als Jugendlicher Mitglied einer Neonazi-Kameradschaft war.

Kai freut sich sehr, dass ich, Toni Schneider, der rechtsradikale Werbefachmann, eine Propaganda-Doku über ihn und sein Schaffen drehen will. Aufmerksam hört er mir zu, während ich noch mal meine eingeübten Standardsätze in hirntotem Werbejargon aufsage, über slick geframten Content, natürlich patriotisch, aber im human interest Mini-Doc-Format, mit so richtig high Quality und Budget und übelst liberalem Framing! Kais zufriedenes Grunzen spornt mich an, ich trage jetzt noch mal so richtig dick auf, schimpfe über die linke Zensur und wie wir sie mit meinem Knowhow aushebeln können, wie wir unfickbar werden, seine Geschichte und seine Message einem breiten Publikum vermitteln können. Das verspreche ich ihm! «Deine Arbeit muss die fette Reichweite bekommen, die sie verdient – und das schaffen wir auch!»

Und Kai denkt. Kai nickt. Kai strahlt. «Um Reichweite, ja, Mann, genau darum geht's!» In unseren Zeiten sei kaum etwas wichtiger, als die Menschen zu erreichen, sagt Kai. «Und wenn wir etwas reißen wollen, dann müssen wir jetzt handeln! Sonst ist es zu spät.» Ich gebe ihm recht, muss dann aber doch nachfragen, was genau er damit meint.

«Es gibt da diesen Spruch, den ich sehr liebe: ‹Harte Zeiten schaffen harte Männer, harte Männer schaffen gute Zeiten, gute Zeiten schaffen weiche Männer, und weiche Männer schaffen harte Zeiten.›» Kai schaut mich sehr tiefgründig an. «So sieht's aus. Jetzt hatten wir gute Zeiten, und du siehst ja, wie die Männer nur so verweichlichen und die weiche Zeit prompt dafür sorgt, dass alles kaputtgeht. Das wird die Männer auch wieder abhärten, aber wir haben jetzt zum ersten Mal eine Zeit der schwachen Männer, in der plötzlich harte Männer von außen importiert werden. Wir sind noch mitten in der Abwärtsspirale, aber kriegen währenddessen völlige Alphas rein.»

«Absolut!», sage ich. Ich versuche seinen Ton zu imitieren, diese fein austarierte Mischung aus schnoddrigem Genuschel, zynischem Witz und aggressivem Nachdruck: «Die Moslems kommen, aber die deutschen Männer verweichlichen trotzdem weiter!» Es gelingt mir nur so mittelprächtig. Kai kann das sehr viel besser als ich.

«Ebendas, und aus dieser Situation rauszukommen wird verdammt schwer! Und wenn's von heute auf morgen losgeht, Tag X anbricht und es knallt hier übertrieben – ganz ehrlich? Wir Deutschen hätten das Nachsehen!»

Der Kellner bringt uns das Bier, und Kai bedankt sich artig. Zahnpastalächeln, Augenzwinkern. Die älteren Damen am Nebentisch bestellen Käsekuchen und Lumumba, ein Yorkshire Terrier schläft zu ihren Füßen, und im Radio singt Kylie Minogue. Niemanden im traulichen Weseler Café Extrablatt kümmert es, was wir besprechen. Warum auch? Kai schafft es mühelos, die apokalyptischen Zukunftsvisionen in unauffälliger Nonchalance und Plauderton zu verpacken. Wir fallen nicht auf, wir sind nur zwei junge Männer, die sich über die Krise der wahren Männlichkeit und den Untergang Europas unterhalten. «Come on baby, do the locomotion», singt Kylie, und wir sprechen über die muslimische Invasion und die wehrlosen Deutschen und über ebendiesen Tag X. Den sehnsüchtig antizipierten Moment, auf den man sich als guter Rechtsextremist vorbereitet. Das tut Kai schon lange. Seit 2017 sogar hauptberuflich.

Seine identitären Umtriebe hatten Kai damals den Job im örtlichen IT-Unternehmen gekostet. Er verlor Freunde, Bekannte schnitten ihn auf der Straße, und der Vater brach den Kontakt ab, von einem Tag auf den anderen. Wollte ihn nicht mehr sehen, nicht ihn, nicht mehr die Enkelkinder. «Sicher tut das weh», sagt Kai, «sehr sogar.» Und dann waren da die finanziellen Konsequenzen. Statt Firmenwagen, Weihnachtsbonus und Strandurlaub blieb nur noch Idealismus, aber aufgeben? Das war keine Option: «Kann ich meinen Kindern eine Zukunft kaufen? Oder muss ich die Zukunft erstreiten? Ich hab mich für Letzteres entschieden. Lebe seitdem in Armut, aber mit reinem Gewissen.» Jetzt gab es für Kai nur noch den Kampf für die Sache! Und er stürzte sich hinein.

Schnell war er in den Rängen hochgeklettert, war jetzt Regionalleiter der Identitären Bewegung Nordrhein-Westfalen. Theoretisch geschult, körperlich gestählt und vernetzt mit dem Who's who der deutschen Rechten. Er koordinierte Ortsgruppen, organisierte Treffen, plante Aktionen. Banner wurden von Dächern und Brücken herabgelassen und bengalische Feuer gezündet, Flashmobs auf dem Unicampus veranstaltet und Demos gegen den «großen Austausch». Agitation und Propaganda für die Verteidigung der «Festung Europa». Antimodern, revolutionär und hip, so geben sie sich, die jungen Bewahrer*innen des Abendlands, und Kai stand das Label ganz ausgezeichnet.

«Das war schon eine geile Zeit», resümiert er. Und trotzdem kann er mich gut verstehen. Ich berichte ihm von meiner frustrierenden Reise, den vielen unbeantworteten E-Mails und zaghaften Telefonaten, erzähle von den holzvertäfelten Kellern voll blasierter Schniegelboys, von der verstaubten Zeitkapsel unter der Bonner Südstadt und der abweisenden Arroganz in Marburg. Und Kai nickt, hört sich das an und lacht.

«Tja ja, die Burschenschaftler! Saufen schön versteckt in ihren Kellerräumen und machen nichts. Scheiß Marketing, generieren kaum Nachwuchs.» Dabei könnten die eigentlich eine Menge erreichen, findet Kai: «Es gibt da ja ganz geile Veranstaltungen und dann klatschen die sich das Eisen ins Gesicht, nee? Das ist ja genau das Kriegerische, was man im Mann wiedererwecken muss. Aber gesellschaftlich spielen die doch keine Rolle gerade.»

«Und die Identitären?»

Kai seufzt schwer, verzögert die Antwort mit einem Schluck Bier. «Ich will nichts Schlechtes sagen, das sind ja alle meine alten Leute, nee? Ich bin mit denen auch noch total eng, und die planen jetzt auch wieder echt krasse Dinger.» Und jetzt muss er doch grinsen. «Aber stimmt schon, in gewisser Weise ist die IB übelst abgehoben. Das ist halt der Anspruch: Speerspitze sein, das intellektuelle Maximum, die wehrhafte deutsche Jugend ohne Migrationshintergrund. Die fühlen sich schon sehr elitär, sehr verschlossen. Und klar ist das auch ein Problem.»

Als er damals frisch in die Szene hineinkam, hatte er das sehr befremdlich gefunden. «Alter, ich war ja so ein ganz Normaler, war noch voll im Modus: jedes Wochenende Party oder mit meinen Jungs Kante geben und Hip-Hop hören und sonst was. Und dann komm ich zur IB, und was passiert als Erstes? Werd ich erst mal richtig schön auf so ein Volkstanzwochenende geschleift.» Eigentlich sei er auch nur mitgegangen, um die patriotischen Mädels zu treffen, sagt er, «damit haben die mich gelockt, und ich war ja noch Single.»

Er kann wirklich gut erzählen, trifft die Pointen, ich muss ehrlich lachen. «Und dann steh ich da und denk mir auch nur so: ‹Was ist denn bei euch kaputt?› Das war eine komplett geführte Veranstaltung! Komplett durchgetaktet mit Regelplan. Acht Stunden geführter Tanz am Tag, zwischendurch Gitarrenstunde und abends in feinster Runde Volkslieder singen. Alle so im Stuhlkreis mit Liederbuch.» Kai setzt sich extra gerade hin, zieht eine komische Grimasse und stimmt an: «‹Nachts steht Hunger starr in unserm Traum / Tags die Schüsse knallen her vom Waldessaum.› Kannst du dir vorstellen, ja? Und die Mädels? Ich sag's dir, Trachten und volle Montur, das ganze Programm, sahen aus wie aus dem vorletzten Jahrhundert. Wie so Amische, und genauso gut waren die auch drauf!» Breites Grinsen. «Also bis auf eine.» Siegerlächeln, Schlückchen Bier. «Die hab ich mir dann auch geklärt.» Und wir lachen ein donnerndes Männerlachen, lang und laut, weil Sex, haha, und die Käsekuchendamen samt Terrier schrecken auf.

Manchmal hasse ich meinen Job. Ich sitze vor diesem schnieken Neonazi, und das Einzige, was mir durch den Kopf geht: Er ist perfekt! Kai steckt tief im Netzwerk der Neuen Rechten und gewährt mir einen Blick hinter ihre durchgestylte Fassade. Er beherrscht die Rhetorik der Identitären, aber spricht den Subtext aus. Er ist saugefährlich und verstörend nett, adrett rausgeputzt und gewaltbereit. Und im Kampf um die deutsche Männlichkeit hat er vor kurzem erst einen ganz neuen Weg eingeschlagen.

Die Identitären haben einen harten Rückschlag nach dem anderen eingesteckt – erst der Verlust der meisten Social-Media-Kanäle und damit ihrer digitalen Reichweite, dann macht der Verfassungsschutz Stress, jetzt mussten sie sogar das Hausprojekt in Halle aufgeben … Die Neue Rechte mag entsprechend etwas vorsichtiger geworden sein, die Identitären etwas leiser, aber Kai drängt jetzt erst so richtig ins Rampenlicht. Will's ein bisschen besser machen, lauter, größer, populärer als die identitären Eliten.

Seit einem halben Jahr, seit dem Sommer 2019 ist er als rechter Rapper aktiv. Wirklich wahr: rechtsradikaler Rap!

«Musik ist halt der geilste politische Botschaftsträger», sagt Kai. «Jede Bewegung braucht ihre Lieder, und womit kannste die Jugend schon besser erreichen?»

Ich hasse es, dass er damit recht hat. Und weil Kai die alten Volksweisen eben nur so mittelgut findet und die altrechten Rocknazis zum Großteil kacke, weil Rap eben das größte Genre überhaupt ist und weil er doch früher ohnehin viel Hip-Hop gehört hat ... Wegen alldem hat er sich dem rechtsextremen Rapper Chris Ares angeschlossen: ein massiver Hüne aus München, der eigentlich Christoph Aljoscha Zloch heißt und es mit seinen Songs aus Hass und Hetze in den letzten Jahren immer wieder in die Presse und sogar in die Charts geschafft hat. Kulturrevolution geht eben auch mit Mic und Doppelreimen. «Paarmal hatten wir uns getroffen, dann war's auch schon entschieden», erzählt Kai. «Wir sind der Neue Deutsche Standard!»

So haben Chris und Kai ihr Label genannt, ihre Rap Crew. Wirklich: NDS, Der Neue Deutsche Standard.

Und Kais Künstlername lautet tatsächlich: Prototyp.

Und der Prototyp vom Neuen Deutschen Standard grinst mich an, und ich kann nicht anders. Ich grinse zurück. «Das ist echt krass», sage ich. «Wirklich, völliger Wahnsinn.»

«Du hast keine Vorstellung!», lacht Kai und hebt das Glas. «Prost Toni, wir können echt was Stabiles reißen!»

Die Alte Hallesche Burschenschaft Rhenania-Salingia zu Düsseldorf (Radikale Körper)

Yeah, Prototyp – toxisch, männlich!
Sojaboys und Feministen glotzen ständig
Ungebändigt, lustige Kanten
Was, Alter, hast du gedacht, dass wir tanzen?

Das ist der erste Song, Quatsch, das sind sogar die ersten Worte, die ich von Kai zu hören bekomme. Ein paar Wochen vor unserem Treffen in Wesel wummern sie dumpf durch die allgemeine Schäbigkeit der Düsseldorfer Burschenschaft Rhenania-Salingia. Das Haus gleich hinter der Auffahrt zur sechsspurigen Rheinknie-Brücke hat seine besten Tage schon hinter sich. Alles verstaubt, verlottert und verranzt, in der Luft der Geruch von altem Bier und frisch Erbrochenem. Aber davon lässt man sich hier nicht stören. Die Burschen haben ihr Haus zur Verfügung gestellt, dafür ist man dankbar. Nun will man Kai feiern, den Prototyp, den frischgeschlüpften Krieger im neurechten Kampf um die Köpfe, der hier seinen neuen Song vorstellt.

Der Track wird vom Band gespielt. Ein Liveauftritt war den Düsseldorfer Buxen wohl zu riskant, hätte für viel zu viel Aufmerksamkeit gesorgt. Aber auch wenn er nicht rappen darf: Kai performt. Und wie. Umringt von seiner Abendgesellschaft versucht er der neuen Persona als neurechter Hip-Hop-Germane gerecht zu werden. Er trägt Aggro-Straßenrap-Ästhetik in diese Welt aus strammer Soldatenehre und finsterer Nostalgie, versucht eine dope Lässigkeit zu verkörpern und gleichzeitig den kantigen Art-déco-Kiefer und Körper anzuspannen. Und so bizarr diese Fusion auch anmuten mag, sie gelingt ihm.

Ich will nicht sagen, dass die Stimmung *gut* ist, aber sie ist mitreißend. Kaltschnäuzige Ausgelassenheit im Raum, kontrollierte Aggression. Unglaublich, dass die durstigen Fußsoldaten und kumpelhaften Fressenpolierer um mich herum dieselben Identitären sind, wie ich sie in Marburg erlebt habe. Dieselben pseudointellektuellen Revoluzzer, die in Schnellroda mit Kubitschek und Dr. Dr. Waldstein Pfeife rauchen und am Lagerfeuer volkstümliches Liedgut singen – hier ist von ihrem schnöseligen Gehabe kaum eine Spur.

Kaum habe ich das runtergerockte Burschenschaftshaus betreten, schon werde ich in eine Debatte gezogen, was man im Fall einer Antifa-Attacke heute Abend machen könne – wär ja möglich, is ja denkbar, so Zecken mit Molotow und Kantholz, hier vor der Tür, was dann? Und man gibt sich den Bedrohungsszenarien hin, den Gewaltphantasien, man boxt Schatten, lässt die imaginierten Zecken so richtig schön Bordstein fressen, pantomimisch in die Kniekehle und dann auf den Hinterkopf, *bämm!*, so machen wir's, ne?

«Ganz – genau – so!», ruft Konrad, eine kleine drahtige Gestalt, null Prozent Körperfett, der ganze Körper eine einzige verhärtete Muskelfaser, und ich folge ihm an die Theke. Es gibt Altbier, Pfeffi, Jägermeister. Wir bestellen zwei Herrengedecke.

Gerne berichtet Konrad mir von der identitären Basisarbeit, die ihm am meisten am Herzen liege: konkrete Stadtteilpolitik, gezielt in die Bevölkerung gehen, die Klientel direkt ansprechen und sich verwurzeln. Ihm sei das sehr wichtig, in seiner Jugend sei er ja auch mal Kommunist gewesen. «Du kannst die Leute also echt überzeugen.» Auch er habe erst den «gravierenden Fehlschluss der Linken» begreifen müssen: «Die glauben, der türkische Arbeiter habe die gleichen Interessen wie wir, die deutschen Arbeiter. Hat er aber nicht. Die Linken stellen Multikulti über den Klassenstandpunkt.» Und aus diesem «Denkfehler», glaubt Konrad, sei die linke Postmoderne entstanden: «So verschwindet das Nationale. Erst zerstören sie die individuelle Identität, dann zerlegen sie die Gesellschaft. Du kannst ja wechseln mit den Identitäten heute, ne? Heute bist du Mann, morgen bist du Frau, dann bist du ein Baum.» Konrad haut sich den Schnaps rein und schaut mich finster an: «Die Postmoderne ist die letzte Konsequenz der kapitalistischen Marktwirtschaft, wenn man das mal so zu Ende spinnt. Diese genderideologische Zerstörung, das ist wie die globale Migration, das nutzt ja nur den … ämm.» Er braucht einen Moment. «Den Großkapitalisten.»

Ich nicke. Kann mir vorstellen, wen er damit meint. Der Mörder von Halle hat es für ihn ja ausgesprochen.

Das ist also die Neue Rechte, Straßenlevel. Hier muss ich nichts weiter tun, ich werde absorbiert, gehöre dazu. Wer den Weg zu dieser Untergrund-Veranstaltung für rechte Musikliebhaber gefunden hat, ist willkommen. Das gilt für mich und für die gedunsenen Alkoholiker mit den schrundigen Gesichtern, für die seltsamen Gestalten an der Theke und auch für die beiden alternden Neonazis, die man hinter ihren Rücken abschätzig

«Kraken» nennt, wie mir Konrad erklärt: «Das sind halt so wirbellose Altrechte, denen früher oder später immer eine Flosse zum Gruß nach oben geht.» Fürs neurechte Image natürlich gar nicht gut. Und Teenager sind auch da. Nur eine Handvoll, aber sie fallen auf, die halbwüchsigen Fremdkörper zwischen den durchtrainierten Männern. Unsicher schauen sie um sich, ob sie auch ja alles richtig machen.

Und jetzt also Kais Song, der Auftritt, der keiner ist: «Bruder, mach's mir nach / denn Deutschland wird am Glas verteidigt», dröhnt die Hook aus den Lautsprechern, der klägliche Refrain. Das ist neurechter Humor, und die Punchline sitzt, es gibt ein gutturales «Höhöhö» und mitgrölen lässt sich das auch super, also Gläser in die Luft und alle noch mal zusammen: «Deutschland wird am Glas verteidigt! Deutschland wird am Glas verteidigt!»

Die Teenager drücken Brust und Kinn nach vorne raus, imitieren Kais Posen, seinen Gesichtsausdruck und nicken mit dem Beat. Und weil's die Stimmung erlaubt, wird noch ein zweiter Song gespielt, und wieder sind es die ersten Worte, die mich völlig entgeistern: «Prototyp, NDS, eure Zeit ist um / Ich bin dieser Typ, der rote Pillen in die Zeilen pumpt / Das ist Chartlisten-Reinigung.» Der Song heißt «Prototyp Patriot». Ich könnte heulen.

Viel Applaus und etwas Gejohle, der rechte Influencer Miró Wolsfeld, der sich selbst als libertär bezeichnet, hält noch eine kurze Lobrede auf die aufblühende rechte Kulturszene – dann geht man zur Feierei über. An die klebrige Theke oder ins lärmende Gespräch, und ich stelle mich zu Kai, dem frischgebackenen Popstar des neurechten Untergrunds, der sich um seine juvenile Fanbase kümmert. Um diese verlorenen Jungs, die ihn aufgeregt um Selfies bitten.

«Was du in Düsseldorf gesehen hast, ist natürlich nur ein winziger Ausschnitt», wird Kai später im Weseler Café prahlen. Seit er zum Prototyp geworden ist, habe sich sein Publikum vervielfacht. «Natürlich ist das ne sehr andere Art von Aktivismus, aber jetzt erreiche ich viel mehr Leute. Und so viele, die vorher gar nicht politisch waren! Ich habe nie mehr gewirkt, als in diesem Moment!» Er zückt sein Handy, präsentiert mir die Nachrichten, die ihm seine Fans auf Instagram schicken. «Bei der IB bekam ich auch viel Rückmeldung von so patriotischen Boomern, aber jetzt kontaktieren mich halt Jugendliche. Schreiben mir, dass die das fühlen, was ich sage. Das ist phänomenal.»

Tatsächlich klingen die Jugendlichen ganz verliebt, als sie in Düsseldorf ihrem Heroen erklären, was er ihnen bedeutet. Julian zum Beispiel, ein Sechzehnjähriger mit leicht unproportionalem Postpubertätskörper. Eigentlich gehe er nie zu patriotischen Veranstaltungen, denn nach dem Abi will er zur Polizei. «Aber heute musste ich einfach kommen!» Von Chris Ares' Rassistenrap ist er schon echt lange großer Fan, und dass Kai sich ihm jetzt angeschlossen hat, freut ihn riesig: «Das ist so geil, dass in der Szene jetzt richtig was passiert!»

Julian und die anderen Teenies kennen Kai noch von seinem YouTube-Kanal. Mit Unterstützung vom neurechten Netzwerk probierte sich Kai eine ganze Zeit lang als patriotischer Digital-Comedian und Über-Edgelord. Drehte maximal unwitzige Pranks und rassistische Sketche. Im Grunde genau das, was auf YouTube ohnehin erfolgreich ist, nur eben noch menschenverachtender. «Ruhrpott Roulette» nannte sich der Channel, auf dem Kai und sein identitärer Kamerad Marius in der Fußgängerzone Passant*innen ärgerten, feixend gegen Queere und Migrant*innen hetzten oder mit schwarz angemalten Visagen durch die Gegend liefen. Ein bisschen Blackface hier, ein bemühter Tabubruch da, rechtsradikaler Humor in lauwarm. Verhältnismäßig viral gingen allerdings ihre Musikparodien, bei denen Kai zum ersten Mal seine Rapkünste unter Beweis stellen konnte.

Dem sechzehnjährigen Julian bedeutet Kais Content jedenfalls eine ganze Menge. «Das ist so krass, was du da immer ablieferst, gerade jetzt, wo alles online zensiert wird. Ist einfach geil zu sehen, dass Menschen wie du sagen, was Sache ist. Sonst bekommt man doch das Gefühl, das ganze Land geht in den Arsch und du stehst ganz alleine da.» Die anderen Halbwüchsigen nicken zustimmend. In seinem Städtchen würde sich Julian politisch jedenfalls ziemlich alleine fühlen, überhaupt alleine, und auf seiner Schule würden ihn die Mitschüler als Nazi beschimpfen. «Die sind alle von Wokeness durchseucht. Da machst du ein paar Witze oder so, und schon bist du ein Nazi.» Anfangs habe ihn das noch hart getroffen, aber mittlerweile würde es ihm nichts ausmachen. «Für die sind doch alle Nazis und Rassisten.»

«So sieht's aus», stimmt ihm Kai zu. Das scheint die erste Lektion zu sein, die man dem neurechten Nachschub einimpfen muss. Und trotzdem habe ich noch die Hoffnung, dass irgendwas an Julians Ausführung vielleicht dran sein könnte. Dass er tatsächlich nur ein verzweifelter, einsamer, wütender Junge ist, der ekelhafte Witze macht. Der bloß zu blöd ist, um zu begreifen, in was für eine Welt er sich da reinziehen lässt. Ich verstehe doch: Mit sechzehn kann man so rastlos sein, so gefrustet und angewidert von allem, dass man einfach nur noch *dagegen* sein will. Gegen alles, gegen den Strom, gegen das Leben. Da will man ins Dunkel springen, nur um die anderen schreien zu hören, ich weiß ja, ich war doch auch mal sechzehn. Und auch wenn er nun vor einem unsagbar finsteren Abgrund steht – vielleicht fängt er sich noch. Vielleicht ist das nur Pose und Verzweiflung. Zumindest hoffe ich das. Das hoffe ich für ihn. So sehr.

Später tausche ich mit Julian Nummern aus. Sein Profilfoto bei WhatsApp zeigt ihn mit nacktem Oberkörper auf der Hantelbank, und darunter in Fraktur «Deus lo vult» ...

Ach, Julian. Jetzt kann ich nur noch hoffen, dass du die Aufnahmeprüfung bei der Polizei nicht schaffst.

«Wart nur mal ab, das ist ja alles noch am Anfang», beschwört Kai in Wesel. «Im Grunde bauen wir mehr oder minder ne neue

Generation Jugendlicher auf.» Nicht zuletzt deswegen ist ihm sehr an der körperlichen Verfasstheit seiner Hörerschaft gelegen: «Die Jungs müssen halt fit werden, gerade in der heutigen Zeit. Gerade, wo die Leute so Waschlappen sind. Das ist mein persönliches Anliegen.»

Kai meint das ganz konkret. Als frischgebackener Rapper hat er sich für die Umsetzung seines Anliegens eine Idee bei seinen Kollegen aus der Musikindustrie abgeguckt. Er hat sein eigenes Fitnessprogramm erstellt. Ganz so, wie der Gangsta-Rapper Kollegah seit Jahren schon seinen Fans die «Bosstransformation» anbietet, ruft der Prototyp nun zur «Germanenherausforderung» auf. Nur, dass man bei Kai umsonst mitmachen kann.

«Es geht bei der Germanenherausforderung darum, das Eigene wiederzufinden», erklärt mir Kai. «Wir haben's ja in uns drin. Wir haben im Norden früher die härtesten Bedingungen gehabt. Da warst du als Mann schon durch den Alltag immer hart geschliffen, geformt von roher Brutalität. Wir waren gefürchtet in der ganzen Welt, ja? Und was sind wir jetzt? Soja-Latte-trinkende Hipster in irgendwelchen Sushibars.»

Ich weiß zwar nicht, was sein Problem mit Sushibars ist, aber lache trotzdem laut, setze sogar noch einen drauf und sag was über Männerdutt, Nagellack und Herrenkleider. Das kommt gut an. Privat geht Kai jedenfalls fast jeden Tag zum Training und jeden Sonntag mit den Kumpels boxen, das sei auch normal für einen Identitären. «Und das macht auch was mit dir, ne? Mit deiner ganzen Lebenseinstellung. Dann kannst du körperlich kämpfen, wirst aber auch sonst grundsätzlich wehrhaft.» Und das wolle er eben durch seine Germanenherausforderung mit der kommenden Generation teilen.

Das Instruktionsvideo hat Kai für jeden frei zugänglich auf YouTube gestellt, abgedruckt findet sich der Fitnessplan im jüngsten *Arcadi*-Magazin. «Das junge Magazin für Politik, Unterhaltung und Lebensstil» ist die inoffizielle Publikation der Identitären Bewegung, eine Mischung aus Herrenillustrierte,

Bravo und *National-Zeitung*, geleitet vom Leverkusener AfD-Politiker Yannick Noé. Klar, dass das Magazin auch ordentlich die Werbetrommel für die Rapper vom Neuen Deutschen Standard rührt und Kais Germanenherausforderung pusht, immerhin werden die Platten von Chris Ares und Prototyp auch von *Arcadi Musik* vertrieben.

8,50 Euro kostet das Heft. Vorne ein begeisterter Bericht von der Marburger Jungeuropa-Konferenz («Am Burschenschaftstresen wird schnell klar: Junges Europa ist Idealismus»), hinten ein wütender Verriss der neuen Star-Wars-Fernsehserie («Vielleicht zieht die Serie ja bei Mexikanern»). Und dazwischen die Germanenherausforderung, drei Seiten Hochglanz. Im Grunde ist es ein stinknormales Trainingsprogramm: Ausdauer- und Krafttraining, Regeneration, genug trinken und ja nicht die Dehnübungen vergessen. Aber die Sprache ist faszinierend: Es gehe keinesfalls um Ästhetik, schreibt Kai, denn ein Germane sei eben ein Krieger und kein Bodybuilder: «Das erklärte Ziel ist ein starker und vor allem funktioneller Körper.» Es gelte herauszufinden, «wie weit wir unseren Körper und Geist formen können».

Das hätte ziemlich genau so auch aus den «Männerphantasien» des Kulturwissenschaftlers Klaus Theweleit stammen können, seiner wegweisenden Studie zu faschistischen Männlichkeitskonstruktionen. Die Utopie des faschistischen Mannes, so Theweleit, ist die Beherrschung und Transformierung des Körpers: Aus dem desorganisierten und widersprüchlichen Gewimmel aus Fleisch, Fett, Haut und Knochen soll im Drill ein beherrschbares Instrument für die Sache werden, eine Maschine, funktional und funktionierend. Ein «Körperpanzer». Oder, wie der Prototyp Kai Naggert in seinem Instruktionsvideo erklärt: «Es geht um Disziplin, eiserne Disziplin. Wir werden uns jeden Tag dem Schock stellen, und ihr werdet merken, was für eine Willenskraft ihr habt und was ihr damit anstellen könnt.»

Kai freut sich sehr, dass zwei seiner kleinen Fans sich das Magazin mit Germanendrill gekauft haben und mit sich rumschleppen. «Stabil, aber das müsst ihr dann auch durchziehen! Heute noch ordentlich feiern, aber ab morgen dann fit werden, ne? Wir wollen ja wieder ein hartes Land!»

Es ist wirklich nicht viel anders als vor hundert Jahren, als die beschworene Krise der traditionellen Männlichkeit von Hans Blüher und Konsorten mit Hass beantwortet wurde. Als Antifeministen wie der Philosoph Eduard von Mayer sich zurückträumten in eine «männliche Rassekultur, wie Sparta sie gekannt hat». Nichts Neues in der Neuen Rechten. Und Kai, der Prototyp, hebt sein Bier in die Höhe und brüllt «A-hu!»

Und die Teenies brüllen zurück: «A-hu!»

Denn das brüllen ja auch die dreihundert halbnackten Spartaner in Zack Snyders faschistoidem Hollywoodfilm. Also, bevor sie sich auf die persischen Invasoren stürzen, um für ihre Heimat zu verrecken. Das Symbol der Identitären, den griechischen Buchstaben Lambda, haben sie natürlich auch aus diesem Film.

Es ist beschlossene Sache: Kai Alexander Naggert, der Prototyp, muss mir seine Geschichte erzählen. Seine Welt erklären. Ich schiebe die Kinder aus dem Weg und reiche dem körpergepanzerten Vorzeigerechten meine Hand. Und zum Glück habe ich mich in der Ideenwelt der Pick-Up-Artisten rumgetrieben, ich weiß jetzt, wie man so eine glatte 10 wie den schönen Kai rumkriegt: «Kai, Alter, ich war ja echt skeptisch, hier mit Patriotenrap bei den Burschis, das klingt ja eher nach Nische. Aber ehrlich, das ist ein richtig krasser Track.» *Negging* nennt sich diese 1a-Pick-Up-Methode: Das Kompliment wird mit kleinen Beleidigungen gespickt, gerade am Anfang wichtig, sonst wirkt man zu gierig. Und Kai beißt an, lacht, bedankt sich – jetzt muss ich zuschlagen. Ich habe mich lange genug mit fragilen Männeregos beschäftigt, habe auch lange genug selber so eins, ich weiß, wie man es knackt: «Wirklich, ein heftiges Brett, das ist halt ein Partybanger! Das ist exakt das, was uns Rechten fehlt: Humor.»

Streichele dem zerbrechlichen Mann das Ego, lobe seinen Humor. Für witzig wollen wir labilen Macker doch alle gehalten werden. Und Kai strahlt über beide Ohren: «Ja, Mann, boah, stabil. Das ist genau das, was ich auch sage!» Und sicher, YouTube-Doku klinge spannend, gerne könne ich mich bei ihm melden, am besten via Telegram oder Mail – und schon habe ich den Kontakt.

Target acquired, wie es in der Pick-Up-Artist-Szene heißt.

Zufrieden mit mir selbst gehe ich an die Theke, will Konrad, den drahtigen Ex-Kommunisten von vorhin, noch ein bisschen ausquetschen, immerhin sind Kai und er ganz dicke Kumpels – aber Konrad hat keine Zeit. Irgendwas scheint zu passieren, allgemeiner Aufruhr, nacheinander hetzen die Jungs heraus.

«Draußen ist Boxerei!»

Und schon ist Konrad aufgesprungen, unter Strom, kampfbereit: «Wat, sind die Linken da?»

Nein, eine Straßenschlacht wird nicht geboten, es ist nur ein betrunkener Kamerad draußen auf einen anderen los, aber drauf geschissen – Gewalt ist Gewalt. Das muss Konrad sich anschauen, jagt aufgeregt raus auf die Straße und ich hinterher.

Die ersten Fäuste sind schon geflogen, aber die Duellanten stehen sich noch gegenüber. «Wat ein Scheiß!», knurrt Konrad. «Der Paul is doch völlig hacke, der soll sich hier ma wegmachen, der Spast. Gabriel isst den doch auf, der frühstückt den.»

Aber der besoffene Paul haut nicht ab. Ein dünner Blutfaden rinnt ihm die Stirn hinunter, aber er hat noch nicht genug. Lallt Unverständliches, wütende Vokale, poltert vorwärts, den rechten Arm abgespreizt wie den Flügel einer Windmühle. Alle Kraft steckt er in den einen Schwinger – aber er trifft ins Leere. Der andere weiß was er tut. Ist flink auf den Füßen. Boxverein, Wehrsportübungen, Straßenkampf. Mühelos ist er ausgewichen, hat sich klein gemacht, Rumpf eingedreht, holt die Kraft aus den Beinen, federt hoch und *tack!* schnellt der Arm in einem kurzen Schuss nach vorne und wieder zurück, und dann gleich noch mal hinterher. *Tack!*

So klingt Schädelknochen.

Der besoffene Paul schaut verblüfft, als könne er das vage vertraute Geräusch noch nicht ganz einordnen. Zeitverzögert registriert sein Körper die Wucht der Schläge. Eine Sekunde, zwei, dann torkelt er zurück, hält sich das Gesicht mit beiden Händen und geht in die Knie.

Orgiastisches Gejohle. «Genau so!», zischt Konrad durch die Zähne, «Ganz! Genau! So!» Ein paar Zecken wären ihm zwar lieber gewesen, aber auch diese Darbietung hat ihm gefallen. Und dann sehe ich Julian, den einsamen Polizisten in spe. Glucksend vollführt jetzt auch er eine kleine schattenboxerische Kombi, Jab-Jab-Uppercut, grinst böse und hopst beschwingt dem Rudel hinterher. Zurück an die Theke.

Und jetzt verstehe ich: Ich bin versehentlich rückwärts gereist.

Was ich in den Burschenschaftskneipen erlebt habe, ist ein Endpunkt. Die korporierten Kellernazis sind eben schon angekommen: Wurden als Füchse gedrillt und indoktriniert, sind als Burschen fertig radikalisiert, haben sich fressen lassen von ihren lebenslangen Männerbünden aus Menschenverachtung. Haben sich der Welt aus Hass und Bier vollends hingegeben. Und was ich in Marburg erleben musste, war rein ideologische Indoktrination: Der mitgebrachte Hass der Jungs wurde hier nur weiter rationalisiert, normalisiert, mit Argumenten garniert und mit dekorativen Fußnoten versehen.

Aber das hier ist der erste Schritt. Ein Körper will auch radikalisiert werden. Hier, bei der Release Party des Prototyps, geht es um Körperhaltung, um physische Aggression, um Umgangsformen. Du musst deinen Männerkörper spüren lernen, als Waffe, als radikales Instrument. Das muss am Anfang stehen. Das ist es, was der Prototyp anbietet.

Der sechzehnjährige Julian steht an der Theke, das Kindergesicht rot gefleckt vor Aufregung, vor Alkoholkonsum und Blutgeilheit, und er steht gar nicht mehr so unsicher da. Er lacht laut und bestellt noch ein Herrengedeck.

Mit Rechten rappen

Die Schleusung

Keine Ahnung, wo ich genau bin. Bald müsste ich die Ländergrenze nach Brandenburg passieren. Die Bäume am Straßenrand verhindern den Blick auf die Ortschaften oder Anhaltspunkte, die Namen auf den Schildern habe ich noch nie gehört. Ich folge der Stimme des Navigationsgeräts, folge der Anweisung, die ich erst vor ein paar Stunden per Telegram-Nachricht bekommen habe: «Sei zu 20 Uhr in Schwarzheide, Total-Tankstelle, Schipkauer Straße. Dort erhältst du weitere Anweisung.» Ursprünglich hieß es, die Veranstaltung werde irgendwo in Mittelsachsen stattfinden, jetzt bin ich spät dran. Es wird dunkel, ich fahre zu schnell. Was passiert, wenn man nicht pünktlich an so einem Schleusungspunkt erscheint? Es ist mein erstes Nazikonzert, ich kenne die Etikette nicht.

Nur keine Aufregung! Solche Schleusungen sind bei konspirativen Faschoveranstaltungen üblich. Man will ja unter sich bleiben, untergrund und ungesehen, abseits von Presse, Polizei und Antifa. Man lässt sich quer durch die Pampa lotsen, über Autohöfe, Raststätten, Parkplätze. Ein bisschen Agententhriller, ein wenig Schnitzeljagd, so fühlt sich das Ganze auch extra verwegen und verboten an, das gehört zum Reiz, ein Feature im Gesamtpaket. Aber mir ist das trotzdem nicht geheuer. Weshalb kam die Nachricht so kurzfristig? Weshalb muss ich so weit fahren? Und wieso ist in Schwarzheide niemand auf der Straße? Wirklich, niemand! Keine Autos, keine Mopeds, keine Menschen, nichts. Nur Nieselregen und Asphalt, bald ein Fabrikgelände, schwere Rauchwolken, Stahlkonstruktionen, Frachtcontainer, gestapelt in den frostigen Himmel.

Endlich das schmutzige Neonlicht der Tankstelle. Auf dem leeren Parkplatz ein weißer Transporter mit Cottbuser Nummernschild. Auf den Vordersitzen zwei Kerle in Kapuzenpullis, beobachten mich aus kleinen Augen.

Ich will nicht in Schwarzheide sterben.

Das Seitenfenster wird heruntergekurbelt.

«Kann man helfen?», fragt Kerl Nr. 1. «Was für'n Konzert denn?», fragt Kerl Nr. 2, und dann wieder Kerl Nr. 1: «Soso, und wo kommst'n her?» Die Kerle Nr. 1 und 2 runzeln beide die Stirn: «Nee, nich wo du wohnst – was war deine letzte Station?»

Meine letzte Station? Auf diese Frage habe ich keine Antwort. Weiß nicht, dass die Schwarzheidener Total-Tankstelle schon der letzte Schleusungspunkt ist, und die kleinen Augen unter den Kapuzen werden noch ein wenig kleiner. Mit leicht zitternder Hand krame ich mein Handy hervor, zeige ihnen die Nachricht, erkläre, dass ich Kai persönlich kenne, dass ich ganz kurzentschlossen hergekommen bin und ...

«Jaja, passt.» Kerl Nr. 1 wirkt fast ein wenig enttäuscht. Mit kurzem Kopfnicken bedeutet er seinem Kumpan Entwarnung, und der, ebenfalls enttäuscht, reicht mir einen Zettel mit der weiteren Wegbeschreibung: «Dann ma gute Fahrt und immer schön aufpassen.» Ich frage die Kerle noch, ob sie auch zum Konzert kommen, aber da wird das Seitenfenster wieder hochgekurbelt.

Durchatmen. Weiterfahren. Durch kleine Städtchen mit blinkender Weihnachtsdekoration und über pechschwarze Landstraßen, von Schwarzheide über Schwarze Pumpe bis ins gut 50 Kilometer entfernte Spremberg. Die Perle der Lausitz. Die Stadt, von der man immer mal wieder liest, wenn es um organisierte Kriminalität in der rechtsextremen Szene geht. Man liest von einem Filz rechter Rocker, Kampfsportler, Hooligans und auch Identitärer, der sich über den ganzen Süden Brandenburgs erstreckt. Man liest von rechten Clanstrukturen. Von der «Kampfgemeinschaft Cottbus». Von Anschlägen auf die Redaktion der Lokalzeitung. Von großangelegten Razzien. Von Fackelzügen. Von solchen Dingen. Plötzlich wirken die Bäume am Straßenrand seltsam unwirklich, die harten Konturen in den Lichtkegeln der Nebelleuchte bedrohlich. Immerhin bin ich nicht mehr alleine auf der Straße. Acht oder neun Autos rasen an mir vorbei. Eine ganze Kolonne jagt Richtung Spremberg, überholt mich mit hundertfünfzig, hundertsechzig Sachen. Aber ich dreh jetzt nicht mehr um. Ich häng mich an die Kolonne dran. Natürlich fahr ich jetzt dahin.

Das ist meine Germanenherausforderung. Meine eigene apokalyptische Männlichkeit schreit nach mir: Mann muss tun, was Mann tun muss. Ich drück aufs Gaspedal.

Widerstand im Hühnerstall

Gegenüber vom Pennymarkt, zwischen dem Reifengroßhandel Hauschulz und dem Autohaus Genge, liegt die Spremberger Erlebnisgastronomie Hühnerstall. In der Tat lässt sich hier einiges erleben: Hier gibt's nicht nur Frühstück, Mittagstisch und Kantine, hier spielen auch die besten Onkelz-Coverbands der ganzen Niederlausitz, die örtliche AfD veranstaltet hier ihr Stadtgespräch, und heute Abend werden die bekanntesten rechten Rapper der Republik auftreten, Chris Ares und Prototyp vom Neuen Deutschen Standard. Die Bude ist entsprechend gut besucht.

Hundertfünfzig, vielleicht zweihundert Mann sind angereist, hergeschleust aus dem ganzen Land, einige in Damenbegleitung. Es sind Rechte, Rechtsradikale und Neonazis, ihr jeweiliger Härtegrad ist an der Garstigkeit der Shirts ablesbar. Die Gemäßigten und Vorsichtigen tragen New Balance oder Everlast, die Maßlosen und Blutdurstigen zeigen sich in Masterrace oder Pro Violence. Härte und Gewaltbereitschaft gibt es prêt-à-porter, die modischen Männer machen sich zu Litfaßsäulen ihrer Gesinnung. Aber ob mit neurechtem Hipsterhemd oder altrechtem Skinhead-Vibe, verloren wirken sie alle ein wenig.

Der Kachelboden ist klebrig, die Fenster moltonverhangen, staubige Vinylplatten baumeln mäßig dekorativ von der Decke. Nach langer Fahrt stehen die Nazis, Halbnazis und Kryptofaschisten beisammen und starren auf die leere Bühne, warten ungeduldig auf den Konzertbeginn, während aus den Lautsprechern unablässig deutscher Assi-Rap über sie hinwegschwallt. Es sind so richtig eklige Party-Banger, Frauenarzt und Finch Asozial und King Orgasmus One, mit Texten über Schlampen, Bitches und gefickte Mütter: «Das ist Neunziger-Rap aus Berlin, Nutte, bounce!» Und die Nazis und Halbnazis schauen etwas verlegen, fühlen sich nicht angesprochen. Niemand bounct. Als dann irgendwann Eminem gespielt wird, spuckt ein riesenhafter Fleischgolem mit Flammentätowierung auf der linken Gesichtshälfte auf den Boden: «Negermusik», schimpft er, und ich frage mich, ob die Idee mit dem rechten Rap wirklich ein so guter Einfall war.

Einige nutzen die Gelegenheit, um ihre Garderobe zu erweitern. An den Verkaufsständen im Nebenraum werden nicht nur Merch und Platten der Künstler angeboten, sondern auch Textilwaren in allen rechten Graduierungen. «Perry kannst du echt nicht mehr tragen», rügt mich der sehnige Kerl am Stand und deutet auf das Markenlogo auf meiner Brust, «das ist ne halbe Zeckenmarke.» Er verkauft hier die Fred-Perry-Knock-Offs der patriotischen Kleidermarke Peripetie, und er drückt mir einen Flyer in die Hand. In Zeiten, in denen «Traditionen und Werte verblassen, der Familienbegriff verschwindet und der Genderwahnsinn tobt», wolle Peripetie ihren «Beitrag leisten, dass sich das Schicksal wendet». Mit rechter Rumpfkluft gegen Genderwahn. Mit dieser starken Idee konnten die Modemacher nicht nur Chris Ares und Kai als Markenbotschafter gewinnen, auch Björn Höcke posiert auf Instagram im patriotischen Polo.

Es wird noch dauern, bis es losgeht. Tatsächlich hätte das Konzert in Sachsen stattfinden sollen, in letzter Sekunde musste es hierher verlegt werden. Deswegen die lange Anfahrt, deswegen die Verzögerungen, deswegen wurden wir artgerecht in den stickigen Hühnerstall gepfercht. «Und es sind noch viele unterwegs. Deshalb, meine Freunde, bitte geduldet euch noch!»

Chris Ares überbringt uns die schlechte Nachricht persönlich. Ein geometrischer Mensch aus lauter Winkeln und Kanten und Ecken, groß und breit und blond. Bevor sich Enttäuschung breitmachen kann, macht er ein wenig Stimmung. Denn der polygonale Hüne versteht seinen Job, nicht umsonst hat ihn das rechtsextreme *Compact*-Magazin zum «Helden des Widerstands 2019» gekürt. Chris umgreift das Mikrophon so fest, als wolle er wen damit totprügeln, und seine Stimme klingt genauso: «Der Staat hat uns und euch die Grundrechte entzogen!» Ein sachsenweites Auftrittsverbot sei ausgesprochen worden, eine Hexenjagd auf die wahren Patrioten: «So viel zum Thema Demokratie! Wir werden vom Staat angegriffen, während Millionen Illegale über unsere Grenzen kommen! Der IS marschiert bei uns ein, und Tausende Frauen werden vergewaltigt!» Der Hühnerstall zeigt sich empört. «Aber wir lassen uns unsere Rechte nicht nehmen. Wir gehen keinen Millimeter zurück!»

Auf Populismus ist Verlass, und in die kollektive Erregung schreit der flammengesichtige Fleischgolem: «Wi-der-stand!» Und die Menge schreit nun auch: «Wi-der-stand!» Und Chris reckt seine Faust empor und skandiert mit ihnen mit: «Wi-der-stand! Wi-der-stand!»

Das ist der Refrain des Abends, noch bevor überhaupt das erste Lied performt wird. Jeder kann mitsingen. «Wi-der-stand!», schreie jetzt auch ich. Es lässt sich auch deshalb so gut schreien, weil der rhythmische Widerstand so schön unspezifisch ist. Widerstand gegen alles, gegen Staat und Migration und Demokratie, gegen die Schwachen und die Schwäche, vielleicht auch gegen die lebenslange Langeweile. «Also holt euch Getränke und fühlt euch daheim», ruft Chris. «Genießt die Zeit unter Gleichdenkenden!»

Der Genuss fällt mir schwer.

Vorsichtig navigiere ich mich an den mit Frauen verzierten Männergruppen vorbei. Vorbei an den harten Nazis, die mit verschränkten Armen und düsteren Grimassen die Raummitte dominieren, kurze Pause bei den leicht verpennerten Prolls, die derweil die Theke belagern und sich strebsam volllaufen lassen. In der Ecke mit den Esstischen ein paar Dutzend Hooligans, denn neben Kai und Chris wird Bloody32 aufspielen, ein Rassistenrapper aus dem Schoß der Cottbuser Fußballultras. Die Hools haben sich dort eine kleine Fankurve errichtet: «Wir sind Krieger! Wir sind Fans! Das sind Cottbus Hooligans!» Und vorne im Raum die frisch radikalisierten Teenager, Rechtsrap-Fans und halbwüchsigen Identitären. Sie üben sich in soldatischer Disziplin. Haben sich die besten Plätze ergattert, harren jetzt in Habachtstellung. Eine undurchdringliche Miliz in Erwartung ihrer Befehle.

Ein wenig genieße ich es jetzt doch, diese Topologie reaktionärer Männlichkeitsriten zu durchschreiten: Schweigen oder Schreien, Saufen oder soldatische Disziplin. Eine etwas platte Bebilderung gendertheoretischer Grundlagen. Konstitutive Rollenbildung in einem großen, hässlichen Spiel.

Und die Frauen? Einige wenige tragen auch Ansgar Aryan oder Pitbull Germany, gerieren sich kaum weniger aggressiv als ihre Liebsten und könnten mich sicherlich mit ein paar gezielten Fausthieben zusammenknüppeln. Die Emanzipation hat auch Dunkeldeutschland erreicht, und Menschenverachtung ist unisex. Aber die meisten Frauen wirken gar nicht so. Sie stehen einfach nur neben ihren Männern. Stehen halt so rum, unscheinbar, die Gattinnen mit Meckie-Schnitten und Freundinnen mit Pferdeschwänzen, nippen an Bier und Cola, und ab und an kichern sie. Sie kichern, wenn der Mann was nuschelt oder grölt, kichern, wenn er rülpst oder ihr was in die Ohrmuschel flüstert. Es ist ein Kichern, das nach Schulhof klingt. Ein Kichern, das der französische Soziologe Pierre Bourdieu mal erklärt hat.

Frauen sind im Patriarchat zumeist von den Spielen der Männer ausgeschlossen, schreibt Bourdieu, aber da sie nicht daran teilnehmen dürfen, können sie «mit amüsierter Nachsicht die verzweifelten Anstrengungen des ‹Kind-Mannes›, den Mann zu spielen, betrachten. Noch so ernsten Spielen gegenüber können sie den distanzierten Standpunkt des Betrachters einnehmen – was sie in den Ruf bringen kann, leichtfertig zu sein und unfähig, sich für die ernsten Dinge wie etwa die Politik zu interessieren.» Bourdieu schrieb seine Analyse bereits 1998, aber die Zeit scheint im Hühnerstall schon sehr viel früher stehengeblieben zu sein.

Ein besoffener Proll an der Theke hebt seinen Arm: «Sieg Heil!», ruft er halblaut und lacht schallend, denn das war natürlich nur ein Scherz, ein Streich, eine kleine ironische Transgression. Und die Frau an seiner Seite kichert.

«Ach, Heiko», sagt sie und nippt an ihrer Cola.

Neurechte Frauen und uralter Sexismus

Kai weiß natürlich vom Männerüberschuss in der Szene. «Die Identitäre Bewegung ist eine Männerdomäne.» Das sagte er mir schon bei unserem Treffen im Weseler Café. «Dabei habe ich mich selbst darum bemüht, Frauen zu fördern.» Aber das war gehörig nach hinten losgegangen.

Da war zum Beispiel die Sache mit Lisa H., die ihre Karriere als rechtsradikale Influencerin Lisa Licentia bei der IB startete – bevor sie wegen Kai und seinen Kumpels wütend abdampfte: «Die hatte ja die ‹Identitären Frauen› gegründet. Das fanden wir cringy, das ging halt gar nicht. Also haben wir's eingestampft. Danach führte die ihren Kreuzzug gegen uns.» Und dann war da noch Reinhild Boßdorf: «Die habe ich wirklich gestützt und an sie geglaubt, hab sie zur Sektorleiterin gemacht. Aber dann ist die mir heftig in den Rücken gefallen.»

Erst habe Reinhild einen Ortsgruppenleiter bei Kai angeschwärzt. Habe behauptet, der hätte sie bedroht. Ganz klar, eine Lügengeschichte, meint Kai: «Die wollte den Kollegen richtig schlechtreden!» Kai degradierte sie, aber Reinhild war jetzt sauer, und irgendwie bekam sie ihre Hände an Screenshots aus einer Chatgruppe der Identitären Führungskader. «Und du weißt ja, wie das in einer Männergruppe ist, da wird auch mal über versautes Zeug gesprochen.» Auch über Fotos von identitären Aktivistinnen. «Dann werden auch so Sätze gebracht, wie man das am Kneipenstammtisch mal bringt, so asoziales Männergerede, jeder kennt das.» Kai lacht, weil Sexismus. Die identitären Kader waren dann jedenfalls so ein bisschen über Reinhild, ihre Schwester und ihre Mutter hergezogen, hatten die Fickbarkeit der drei Patriotinnen bewertet, ganz klassisch, auf einer Skala von 1 bis 10, dazu ein paar saftige Kommentare, «denn so sind Männer halt manchmal, ne? Ekelhaft und fies.»

Kai grinst und leert sein Bier. Reinhild habe die Screenshots jedenfalls echt nicht lustig gefunden und sich gleich ganz oben beschwert, bei Identitären-Boss Martin Sellner. «Also ruft mich Martin an: ‹Kai, den einzigen Vorwurf, den ich dir machen kann: Wieso hast du dieser Frau einen Leitungsposten gegeben?›»

Wieder lachen wir, weil man über Sexismus augenscheinlich gar nicht genug lachen kann, egal wie bekannt die ewig gleichen Pointen. Und das ist auch schon alles, was Kai über die «rechten Feministinnen» zu sagen hat: «Die sollten sich halt mal um ihre Familien kümmern!»

Lisa Licentia machte nach ihrer Zeit bei der IB noch eine Weile als rechte Influencerin weiter. Dann, im Spätsommer 2020, legte sie vor laufender Kamera für Pro7 einen ebenso tränenreichen wie medienwirksamen Ausstieg aus der rechten Szene hin. Auf Twitter erklärte Lisa ihre Entscheidung, schrieb dort von ihren alten Kollegen, die das Land brennen sehen wollten und Frauen das Wahlrecht nehmen: «Frauen wurden sexualisiert. Ich wurde sexualisiert und belästigt. Ich habe die wohl schlimmsten Einblicke erhalten, die ich scheinbar benötigte, um das wahre Problem zu erkennen.» Tja ... Besser spät als nie.

Reinhild Boßdorf hingegen macht bis heute fleißig weiter. Hat ihre eigene kleine Mädels-Rassistentruppe Lukreta aufgebaut und einen YouTube-Kanal. Auf «Rein Weiblich» wirbt sie für ihren kruden Fascho-Feminismus: gegen «Entmännlichung» und «Genderwahn», randvoll mit Rassismen, Ethnosexismus und einer guten Portion Talking Points aus der Manosphere.

Ach so, und sie wettert in einem Artikel gegen ihre alte Kameradin Lisa: «Wie Licentia das Abendland verriet».

Mit Rechten reden

Es ist bald elf Uhr durch, die Spremberger Winternacht kriecht mir unter die Kleidung. Ich stehe rauchend unter der Plane vorm Hühnerstall. An einem Stand werden überbackene Baguettes verkauft, wahlweise Schinken, Salami oder Schinken und Salami. Als wahrer Patriot bestellt man doppelt belegt.

«Krasses Shirt», sag ich zu einem Nazi, dem die Kälte nichts auszumachen scheint.

«Jau», sagt der Nazi und beißt in sein Schinken-Salami-Baguette. «Find ich auch.»

Auf seiner Brust ist ein Cartoon im Stil einer Fünfziger-Jahre-Werbeanzeige abgebildet. Ein Mann im Anzug verdrischt eine halbnackte Frau, hat sie übers Knie gelegt. «Antifa Girls Need Discipline» steht in Frakturschrift darüber.

«Da steckt ne Menge Wahrheit drin, oder?», frag ich, und der kälteresistente Baguette-Nazi nickt. Er kaut. Er schluckt. Dann antwortet er: «Fotzen wollen dominiert werden.»

Mehr weiß er dazu nicht zu sagen. Ich auch nicht.

Ich gebe mir wirklich Mühe, mit den Menschen zu sprechen. Wirklich, ich versuche es, aber es will mir nicht gelingen. Nicht, dass ich sonderlich Angst hätte, aber was könnte denn all den Hass und all die hässlichen Shirts entschuldigen? Was gibt's hier groß zu besprechen? Hier gibt es Schweigen, Schreien, Saufen oder Disziplin, wirkliche Gespräche finden kaum statt. Einige schimpfen griesgrämig auf die Polizei, die vor dem Hallenbad ein paar Häuser weiter die Führerscheine der Anreisenden kontrolliert. Mir fällt es schwer, da mitzuschimpfen. Selten habe ich eine so freundliche Verkehrskontrolle erlebt.

Ich suche das Gespräch mit dem Jungvolk. Konstantin und Finn sind aus Karlsruhe hergekommen. Während der neunstündigen Anfahrt haben sich die beiden Achtzehnjährigen so richtig hochgepumpt, die ganze Fahrt über NDS und Komplott und Bloody32 gehört. Aber jetzt werden sie langsam nervös, denn es wird doch spät, und sie müssen noch in der Nacht zurück. Beide leben noch bei ihren Eltern. «Wenn die wüssten, dass ich hier bin, würden die mich rauswerfen», sagt der irritierend schöne Konstantin, Mittelscheitel, Shirt mit Chris-Ares-Schriftzug. Und Finn, klein, picklig und im neurechten Hipsterhoodie von Phalanx Europa, erklärt, dass sein Vater das vielleicht sogar gut finden würde, «der würde sogar mitkommen, glaub ich. Aber meine Mutter darf das nicht wissen. Die ist zu dumm, die rafft das nicht.»

Konstantin und Finn verstehen sich zwar als identitär, sind offiziell aber keine Mitglieder irgendwelcher Gruppen. In ihrem Karlsruher Vorort sind sie eine eigene Gruppe, sagen sie, bestehend aus zwei. Konstantin sagt, ihm habe vor allem YouTube geholfen, politisch zu werden. Und Finn sagt, ihm hätten die Ausländer geholfen, politisch zu werden. «Überall Bulgaren bei uns.» Und er erzählt, wie einer von denen einmal auf der Terrasse des Elternhauses stand. «Durch die Hecke ist der einfach durch, stand dann direkt vor mir. Den hab ich mir aber gepackt und rausbefördert, das glaubste nicht.» Ich glaub's ihm, auch wenn die Erzählung – der Eindringling penetriert die Hecke des Elternhauses – sehr zu freudianischer Traumdeutung einlädt. «Ich mein, wenn nur meine Mutter zu Hause gewesen wäre, oder ich ne Frau, is ja klar, was der gemacht hätte.»

Und der schöne Konstantin nickt: «Deswegen ist patriotischer Rap auch so wichtig!» Früher habe er auch Sido und Fler gehört, «aber da geht es halt immer um Drogen und Rumficken und so. Das ist widerlich, und das macht dich träge und weich. Das können wir Deutschen uns nicht mehr erlauben.» Deswegen ist Konstantin auch so von Prototyp begeistert, hat jetzt auch mit der Germanenherausforderung angefangen. Er zieht sein Shirt ein Stück hoch, um uns seine Bauchmuskulatur zu zeigen.

Germanen-Rap

Der Sound ist miserabel, aber laut. Metallisch scheppernde Beats und dräuende Synthie-Choräle. Zwei gargantueske Muskel-Arier stehen links und rechts am Bühnenrand, eine Mischung aus Security und martialischer Dekoration, als wären sie Leni Riefenstahl aus der Kamera gekrochen. Und in der Bühnenmitte Christoph Aljoscha Zloch und Kai Alexander Naggert: Chris Ares und Prototyp. Der Neue Deutsche Standard gibt sein erstes Konzert. Und den folgenden Satz meine ich wirklich ganz ohne ideologische Voreingenommenheit: Das Konzert ist schlecht.

Dabei geht das ästhetische Konzept zunächst bedrückend gut in der politischen Praxis auf. Mit der selbstbetitelten Erfolgssingle «NDS – Neuer Deutscher Standard» wird die Show eröffnet, und Chris und Kai pressen ihre hässliche Botschaft über deutsches Blut und standhafte Patrioten im Kampf gegen Drogen und Migranten in die Mikrophone. Ihre geometrischen Kantenkörper sind so angespannt wie ihre Stimmbänder: «Neuer Deutscher Standard, salutier vor dem Befehlshaber», rappt

Kai und das frisch rekrutierte Jungvolk jubelt seinen Generälen zu. Da ist es auch egal, dass die zwei Befehlshaber ziemlich miserabel rappen, zumindest jetzt, zumindest live. Dem einen geht alle paar Lines die Luft aus, der andere vergisst mal seinen Einsatz, mal seinen Text – keinen juckt's. Chris und Kai wirken hart, das reicht. Verbissen hangeln sie sich von Zeile zu Zeile, maschinell und breitmäulig. Spucken jede Silbe einzeln aus. Es ist dabei nicht nur der hyperaggressive Habitus von Gangsta-Rap und Straße, den sie kopieren, sie übernehmen auch seinen Klang. Das Timbre, die Modulation. Im Grunde klingen die beiden blonden Bestien nach Kreuzberger Unterwelt, aber das hier ist beileibe nicht das Publikum, das sich über Cultural Appropriation aufregen würde. Der Mashup scheint zu gefallen. Pop ist immer Umcodierung, Sample, Remix und Neukombination, warum sollte also Rap nicht auch in Fascho gehen? Gereimte Rassismen und völkische Propaganda im postmigrantischen Straßensound, gerahmt von riefenstählernen Muskelbergen. Männerphantasien treffen auf Männerphantasien.

Der Song schaffte es auf Platz sechs der offiziellen deutschen Download-Charts, und der Applaus im Hühnerstall mündet in gegrölte Sprechchöre. Die Botschaft des Liedes wird erst auf vier Wörter heruntergebrochen, «Wir sind das Volk», dann auf eines: «Widerstand!» Das schreiende Volk scheint zufrieden. Aber dann geht's rapide bergab. Denn die Rapper spielen noch einen zweiten Song. Und einen dritten. Und noch einen. Langsam greift Ratlosigkeit um sich.

«Klar haben Nazi-Konzerte ihren Reiz. Dort herrscht eine krasse Gruppendynamik! Die Faschos bekommen das Gefühl, der Staat sei machtlos gegen sie – das ist für die natürlich das Größte.» Das sagt der Undercoverjournalist und Rechtsrock-Kenner Thomas Kuban. Dutzende Nazikonzerte hat Kuban seit Mitte der neunziger Jahre besucht, meist auf eigene Faust. Er konnte es nicht fassen, wie viele dieser gefährlichen Großveranstaltungen stattfanden, wie selten der Staatsschutz eingriff. Eine Weile beobachtete er die Szene von außen, irgendwann ging er rein. Kaufte sich eine Bomberjacke und eine Knopflochkamera und stürzte sich in die verschwitzten Hallen voller Hass, Geschrei und bestürzend guter Stimmung.

Kuban spricht viel von seiner Angst bei jedem einzelnen seiner Konzertbesuche, spricht von seinem Ekel. Aber ich möchte wissen, was er daran mochte. Was funktionierte. Wann ist ein Nazikonzert ein *gutes* Nazikonzert?

Kuban muss lachen. Im Grunde sei das bis auf die schrecklichen Inhalte zunächst nicht anders als bei jedem anderen Hardrock-, Punk- oder Metalkonzert. Die Musik putscht die Leute hoch, peitscht die Stimmung an. Auf den heftigen Konzerten sind es dann Hunderte Faschos, die im Moshpit abgehen. Sie tanzen Pogo, hauen einander um, bis die Luft nach Schweiß und Blut schmeckt. «Früher haben die Skinheads ja auch massenhaft Bomberjacken getragen. Darin sieht ja selbst ein Hering aus wie ein echter Brecher.» Es ist ein martialisches Ritual, erst die Enthemmung, dann die Transgression: «In den Liedern wird zu Gewalt und Mord aufgerufen – und das Publikum grölt begeistert mit. Sie können abhitlern, wie sie wollen, nach Herzenslust Straftaten begehen, Hitlergruß zeigen, ‹Sieg Heil!› schreien, und trotzdem greift die Polizei fast nie ein.»

Kuban beschreibt diese Konzerte als Kollektive auf Zeit. Die Frauen blieben meist abseits und blickten auf das Gekeile der Menge; ein temporärer Männerbund, vereint in Schweiß, Gewalt und Hass, vereint im Verbotenen, vereint im gemeinsamen Traum einer finsteren Welt aus Blutvergießen.

In der Spremberger Erlebnisgastronomie fließen weder Schweiß noch Blut, es gibt keine gemeinsame Grenzüberschreitung und keinen erlösenden Rausch. Dabei haben es die Songtexte wirklich in sich!

Das ist nicht bloß neurechter Propaganda-Rap voller Ahnen

und Germanen, das sind mit stählernen Stilblüten garnierte Schlachtrufe: «Wir verteidigen den letzten Posten / Damit die Kinder wieder eine Zukunft haben/und nicht verkommen zwischen Gender- und Migrantenwahn», rappt Kai. «Gegen Links! Schrei es raus: Ich will leben! / Ethnopluralist!», rappt Chris. «Ich heb die Faust und steh mit Tausenden vorm Reichstag / Auf die Straße, reiht euch ein, solange ihr noch Zeit habt», rappt Kai. «Meine Ehre für mein Leben, ich will sterben für die Herzenssache», rappt Chris.

Im Grunde folgen alle Songs demselben erzählerischen Muster. Deutschland ist am Ende. Das muss in jedem Song konstatiert werden: Der «große Austausch» ist im Gange, die deutschen Frauen werden von Migranten gejagt, die deutschen Männer sind verweichlicht, die deutschen Kids nehmen Drogen, und überhaupt wird das Land von satanischen Eliten fremdgesteuert. Als Nächstes rühmen sich die rappenden Germanen ein wenig selbst, versichern sich ihrer gestählten Körper und ihrer an Todessehnsucht grenzenden Opferbereitschaft. Und schließlich rufen sie ihre Hörerschaft, das verbliebene wehrhafte Volk, zum gemeinsamen Kampf gegen die inneren und äußeren Feinde. Es ist musikalische Früherziehung für Rechtsterroristen.

Haarscharf reimt sich der Neue Deutsche Standard an Bundesprüfstelle und Indizierung vorbei, tippelt souverän auf der hauchdünnen Grenze zu Volksverhetzung und Strafbarkeit. Chris und Kai sind schlauer als die vereinzelten Nazirapper, die es seit den nuller Jahren höchstens mal auf eine NPD-Schulhof-CD schafften. Sie schmuggeln ihre Parolen raus aus der braunen Bubble, rein in die deutschen Kinderzimmer. Dafür liebt man sie auch hier im Spremberger Hühnerstall – und trotzdem scheint dem Publikum das Zuhören zusehends schwerzufallen.

Mir mag die Etikette für ein Nazikonzert fehlen, aber die Nazis haben das entschieden größere Problem: Ihnen fehlt die Etikette für ein Rap-Konzert.

Ich habe mich auf der kleinen Treppe hinter der Hooligan-Fankurve drapiert, gleich neben einem alten Rocker in speckiger Lederweste. Konzentriert versucht der, im Takt mitzuklatschen, was ihm zwar so gar nicht gelingen mag, mich aber irgendwie rührt. Außerdem habe ich von hier einen ausgezeichneten Blick über das ganze Publikum.

So viel Wut haben diese Menschen sorgsam kultiviert und mitgebracht, aber wohin damit? Einige treten nervös auf der Stelle, andere wanken ungeduldig vor und zurück. Die Menge schnauft. Lauert. Wartet auf den Moment loszulassen und durchzudrehen, aber die Musik will einfach kein Ventil bieten. Zum Pogen oder Mitgrölen eignen sich die gleichtönigen Brachialbeats einfach nicht – und lässiges Kopfnicken haben Nazis schlichtweg nicht im Repertoire. Selbst das Hip-Hop-erprobte Jungvolk, vor der Bühne aufgereiht wie brave Soldaten, scheint zusehends unsicher. Anfangs lassen einige noch den Arm zaghaft im Takt mitgehen, aber in diesem Kontext wirkt die Geste mehr wie eine Aneinanderreihung unentschlossener Hitlergrüße. Bald packen sie die Hände wieder in die Hosentaschen oder stehen Spalier.

Das Publikum muss auf seinen Einsatz warten. Muss sich gedulden, bis die einzelnen Lieder zu einem Ende kommen, dann kann sich all die angestaute Wut entladen. Zwischen den Songs wissen alle, was zu tun ist. Dann wird das Publikum zur Meute, dann gehen die Fäuste in die Luft, dann tost der Applaus, dann schreit es wie aus einer Kehle: «Wi-der-stand!» Und die kantigen Künstler machen Ansagen. Sprechen von ihren Familien, von ihren Kindern, für die sie kämpfen. Sprechen von Verbrecherstaat, Meinungsdiktatur und Vermischung der Völker, pfeffern alle möglichen Populismen in die Menge – und jedes Mal antwortet die Menge: «Wi-der-stand!»

«Wir sind die stabile deutsche Jugend», ruft Chris, und die Meute antwortet: «Wi-der-stand!»

«Ihr seid so geil, da geht einem das Herz auf!», ruft Kai, und die Meute antwortet: «Wi-der-stand!»

«Wir sind keine Randgruppe! Wir sind viele! Wir sind mehr!», ruft Chris, und die Meute, natürlich: «Wi-der-stand!»

Manchmal schreit die Meute auch «Deutsch-Land!» oder «Ost-Deutsch-Land!» oder «Volks-ver-rät-er!», aber meist ist es der gute alte Widerstand, dröhnend und ausdauernd, wieder und wieder, zwanzigmal, dreißigmal nacheinander, bis die semantische Sättigung einsetzt, bis sich Silben und Bedeutung schon vollends vom Wort getrennt haben, «Wi!» und «Der!» und «Stand!», eine inhaltsleere Verkettung bösartiger Urlaute, und dann noch weiter. Nach den ersten paar Songs dauern die Sprechgesänge länger als die Songs selbst, die Meute will gar nicht mehr aufhören damit, will weitergrölen, denn sobald der nächste Beat einsetzt, wird sich das Kollektiv wieder auflösen. Dann gibt es keine Meute mehr. Dann stehen die Menschen wieder nebeneinander, einzeln, ungeduldig, unruhig und ratlos.

Die Rat- und Rastlosigkeit geht an den Rappern nicht unbemerkt vorüber, und auch sie scheinen sich beim Agitieren und Grölen weitaus wohler zu fühlen als beim Rappen. Sie stolpern immer unbeholfener durch Trackliste und implizite Gewaltaufrufe, vergessen Wörter und ganze Zeilen, klingen bald so, als würden sie sich nach Viervierteltakt sehnen, nach altem Liedgut oder Marschmusik mit anständig Rumtata.

Nur der alte Rocker neben mir wirkt auch während der Songs ganz zufrieden. Schaut konzentriert auf seine Hände und versucht mitzuklatschen.

Für die Töchter

«Reiß die Fahne in den Himmel, lass die Fackeln brennen / Für den Verein, für die Heimat und für die Gang.» Während der Cottbuser Hooliganrapper seine Variationen rechtsradikaler Sprechmusik zum Besten gibt, gönne ich mir eine Pause. Ich gehe Luft schnappen, durchatmen, esse ein überbackenes Salami-baguette, das gar nicht mal schlecht ist. Und ich lerne Hannes kennen.

Hannes ist der vielleicht ungewöhnlichste Besucher des Abends, denn Hannes lächelt. Wirklich wahr. Steht plötzlich neben mir, raucht eine Zigarette und lächelt mich freundlich an, ein wenig schüchtern sogar. Hannes ist nur zufällig da. War auf dem Heimweg von der Kneipe, da ist er hier vorbeigeradelt, «da bin ich dann einfach ma rein, auch wenn das nich so meine Musik ist. Ich hör mehr so jemütliche Variante. Aber interessant ist schon.» Hannes fragt mich nach den Rappern, wer die sind, wo die so herkommen. Neu-rechts? Nee, das sagt ihm gar nichts. «Ich hab's auch nich so mit politischen Jeschichten. Ich wurde von der Antifa abgefragt: Hannes, bistn Linker oder bistn Rechter? Aber ich so: Bin doch nur der Hannes. Wurde von den Rechten abgefragt. Bin aber immer noch nur der Hannes.»

«Das ist doch gut so», sag ich.

«Ist das gut so?», fragt Hannes.

«Das ist gut so», bestimme ich. «Das sollst du auch bleiben.»

Aber Hannes ist ins Grübeln gekommen. «Man hat ja auch Frau und Töchter, vielleicht muss man da tätig werden. Mach mir schon Sorgen, wenn ich das alles höre, weeßte?»

Mir fällt keine Antwort ein. Ich kaue an meinem Baguette herum und mache so einen Kann-nicht-reden-hab-den-Mund-voll-sorry-Gesichtsausdruck.

«Man jeht arbeiten, man roocht mal eine, man betrinkt sich regelmäßig … Opa war ja auch in der Wehrmacht jewesen, in Russland. Und wofür, nee? Vielleicht ist da was dran, was die sagen. Vielleicht muss man da ma was machen, für die Töchter, weeßte? Man muss die Familie doch beschützen.» Hannes zieht noch einmal am glühenden Zigarettenstummel, ganz tief und auf Lunge, als müsse der Rauch da eine Leere füllen. Dann bedankt er sich für das Gespräch und geht wieder hinein.

Irgendwann ist die letzte Parole gerappt, der letzte Widerstand skandiert.

«Geil, dass du's hergeschafft hast», freut sich Kai, und mit seinem Händedruck bricht mir Chris zur Begrüßung fast die Fingerknöchel. Aber für ein längeres Gespräch haben die beiden keine Zeit, jetzt baden sie erst mal in ihrem Ruhm. Umringt von den verbliebenen drei Dutzend Fans, verteilen sie Handschläge, Faustchecks und Selfies. Halbwüchsige Hools und Nachwuchsnazis – halbe Kinder, denke ich mir. Da sehe ich die beiden tatsächlichen Kinder. Zwei Jungs, zehn oder zwölf Jahre alt, stehen vor Chris und bedanken sich artig für das tolle Konzert. Dann laufen sie mit roten Gesichtern zu ihrem stolzen Papa zurück und machen sich auf die Heimreise. Es ist spät geworden, bald zwei Uhr morgens.

Der Rest des Hühnerstalls hat sich schnell geleert. An der Theke noch ein paar halbkollabierte Prolls, ein knutschendes Pärchen auf der Bühnenkante, der flammengesichtige Golem und einige ähnlich mythologisch anmutende Männer stehen in Grüppchen beisammen. Und etwas abseits an der Wand lehnt einer der beiden riefenstählernen Muskel-Arier, die vorhin auf der Bühne noch für Sicherheit und Ästhetik gesorgt haben. Auch jetzt hat er die schenkeldicken Arme vor der Brust verschränkt, die Stirn in tiefe Falten gelegt und wacht mit seinen blassblauen Augen über die von Fans umlagerte Rechtsrap-Combo. Der Riefenstählerne ist nicht mehr jung, Anfang fünfzig vielleicht, aber gerade deshalb wirkt er so gewaltig. Die Gravitas des alternden Bodybuilders. Irgendwo habe ich ihn schon einmal gesehen, aber ich brauche einen Moment, bis mir einfällt, wo: richtig, in Kais Instruktionsvideo zur Germanenherausforderung!

Kai selbst hockt in dem zwanzigminütigen Film nur breitbeinig auf der Hantelbank und gibt völkische Motivationssprüche von sich. Erklärt die Notwendigkeit, regelmäßig Eisen zu stemmen, Cardio zu machen und exklusiv eiskalt zu duschen, um so den Schmerz zu überwinden, den «inneren Nordmann rauszulassen» und «wahrlich standhaft, fest wie deutsche Eichen, auf dem Boden zu stehen.» Was Kai da entwirft, sind utopische Körpermaschinen, wie Klaus Theweleit schreiben würde: Männer, die Funktion haben und funktionieren, deren Physis maschinisiert, deren Psyche eliminiert wird. «Freunde, der Wind wird rauer hier in Deutschland», warnt Kai, «ihr müsst bereit dafür sein, ihr müsst euch wehren können, ihr müsst in der perfekten Form sein – ihr müsst der Prototyp eurer selbst werden!» Aber wie man die konkreten Leibesertüchtigungen dann auch mit richtiger Technik ausführt, all das Bankdrücken, Kreuzheben und Kniebeugen, das erläutert der Riefenstählerne und pumpt mit seinen berstenden Muskelmassen die Gewichte demonstrativ durch die Gegend.

Der Riefenstählerne freut sich, dass ich ihn erkenne. Ja, Kai sei ein richtig guter Freund, und mit Chris sei er schon lange ganz eng, wohnt mit ihm auch gemeinsam in der «patriotischen WG» bei München. «Chris ist mein Bruder», sagt er in einer Melange aus Tiefbayrisch und amerikanischem Akzent.

Der Riefenstählerne kommt ursprünglich aus Bayern, aufgewachsen ist er aber in den Staaten, wo er dann auch fünfzehn Jahre im Gefängnis verbrachte. Hatte mit achtzehn einen alten Mann bei einem Raubüberfall ermordet. Aus nächster Nähe schoss er ihm ins Herz, schaute ihm dabei direkt in die Augen. «Das war ein schrecklicher, aber richtig intensiver Moment», erzählt der Riefenstählerne.

«Wow, echt wahr?»

«Echt wahr.»

Aber die fünfzehn Jahre Knast haben ihn verändert, sagt er. Körper und Geist hat er trainiert, seinen Weg zur Spiritualität gefunden. «Das kannst du aber auch selber nachlesen.» Seine Knasterfahrungen und Lebensweisheiten hat der Riefenstählerne auf knapp 300 Seiten festgehalten und im Selbstverlag herausgegeben. Ein Stapel der Bücher liegt im Nebenraum aus, gleich zwischen den *Arcadi*-Heften und *Compact*-Magazinen. Der Verkaufspreis beträgt symbolische 18,18 Euro. Viel Aufregendes erfährt man in den mäandernden Memoiren nicht, allenfalls, dass er als Kind missbraucht wurde, viel von Soldatentum und Brüderlichkeit hält, und im Gefängnis einen Mitbegründer der Aryan Brotherhood als «Führer der Weißen» ablöste. Ach so, und er ist riesiger Fan von Dr. Jordan Peterson, Gott und dem Neuen Deutschen Standard: «Es ist so was von krass, was Chris und Kai aufbauen», sagt er und schaut voll Bewunderung auf seine beiden kleinen Brüder. «Das kann richtig was verändern.»

«Glaubst du?»

«Schon, aber die Menschen müssen das auch selber wollen. Du musst das Böse besiegen. Das schafft nicht jeder.» Ihm sei das auch nur unter Anstrengungen gelungen. «Und eigentlich bin ich nicht der Meinung, dass man daran was ändern kann.»

«Woran kann man nichts ändern?»

«An der Seele», murmelt der Riefenstählerne düster. «Ich glaub nicht, dass sich der Mensch ändert. Auch nicht durch Bildung ... Der Mensch ist eine Bestie.»

«Du meinst, da ist was Böses in uns?»

«Ja, etwas Böses, das kriegt man nicht aus dem Menschen raus.»

«Aber aus dir ist es raus?»

«Klar, aber ich habe die Spiritualität gefunden, deswegen hab ich auch ganz ein anderes Wertesystem.»

«Das ist gut», sage ich.

«Also, ich bin natürlich kein Pazifist. Schieß jemanden auch tot, sofort», sagt der Riefenstählerne.

«Bitte?»

«Wenn's sein muss, schieß ich jemanden sofort tot. Aber das muss schon einen unheimlich geilen, krassen Grund haben.»

Darauf fällt mir nichts mehr ein. Ich will auch nichts Falsches sagen. Will ihm keinen geilen oder krassen Grund geben.

Chris bittet alle zu einem Gruppenfoto auf die Bühne. «Ihr seid der Beweis, dass es noch echte Deutsche gibt! Ihr seid die patriotische Jugend!», verkündet er pathetisch, und die patriotische Jugend strahlt und, wer hätte es gedacht, sie skandiert: «A-Hu!»

Und wie sich all die jungen Männer zum Foto aufbauen, wirken sie gar nicht mehr so kindlich. Sie wirken fast schon ein bisschen riefenstählern.

Der Boss-Exkurs: Kollegah, Kai und der Mainstream

Der Boss steht zu seinem Wort

Frühjahr 2018. Die Debatte, ob deutscher Gangsta-Rap ein Antisemitismusproblem habe, hat ihren einstweiligen Höhepunkt erreicht, als sich der unheimlich antisemitische Gangsta-Rapper Kollegah in einem Internetvideo um Schadensbegrenzung bemüht: «An alle Hörer mit jüdischen Wurzeln, ihr kommt ab jetzt gratis auf jedes Konzert Backstage mit uns chillen! Schalom!»

Na gut, wenn mich einer der erfolgreichsten Musiker des Landes und «unbestrittene König des deutschen Raps» (*Bild-Zeitung*) quasi persönlich einlädt, wie soll ich da nein sagen?

Es bedarf ein wenig Ausdauer, mehrere E-Mails und etliche Anrufe bei der Künstleragentur, aber schließlich verspricht mir die genervte Stimme am Telefon, dass ich mein Backstage-Ticket bekommen soll. «Nur ein Ticket?», frage ich stutzig. Hat Kollegah seine jüdischen Hörer*innen nicht eingeladen, auf *jedem* seiner Konzerte mit ihm abzuhängen? Ein kurzes gequältes Ächzen, ein langer Moment Stille, dann die Zusicherung: «Der Boss steht zu seinem Wort.»

«Der Boss». So bezeichnet sich Kollegah gerne und ausgiebig selber. Bürgerlich heißt er Felix Blume. Er ist Mitte dreißig, aufgewachsen im Hunsrück.

Eigentlich trifft sich alles ganz hervorragend: Als Kollegah im Herbst 2019 endlich auf Tour geht, habe ich gerade meine Recherche über politischen Männlichkeitswahn und Maskulismus aufgenommen, und er hat derweil einen Bestseller geschrieben.

«Das ist Alpha! Die 10 Bossgebote», heißt der autobiographische Männerratgeber voll sozialdarwinistischer Selbstoptimierungstipps, Tiraden gegen verweichlichte Schlappschwänze und Anleitungen zu Muskelaufbau, Disziplin und Meditation. Und wo er ohnehin schon dabei war, seine Lebensweisheiten an den Mann zu bringen, ging er unter die Männercoaches. Mit seinem «Alpha-Mentoring» bot er seinen zahlungswilligen Jüngern an, gleich ihr ganzes Leben umzukrempeln. Das Unterfangen blieb allerdings kurzlebig. Nach einigen Monaten entpuppte sich das Coachingprogramm als sektenartiger Kult, sorgte für den nächsten Skandal und wurde bald darauf eingestellt. Immerhin hat Kollegah noch sein Fitness- und Ernährungsprogramm im Angebot, die berüchtigte Bosstransformation, die Kai zu seiner Germanenherausforderung inspirierte.

Klar, Testosteron ist im Gangsta-Rap kulturelles Kapital. Überspitzte Genderbilder von vorgestern, hypermaskulines Mackertum, Schwulenfeindlichkeit und zelebrierte Frauenverachtung sind feste Bestandteile des Genres. Aber Kollegah hat das toxische Mann-Sein zum Geschäftsmodell gemacht, hat es zum Zentrum seiner Existenz erhoben. Und das mit riesigem Erfolg: Über eine Million Tonträger hat er verkauft, Platten voller Songs wie «Du bist Boss» und «Boss der Bosse» und «Bossrapper» und «Bossaura» und «Der Boss is back» und «Big Boss» und «Machomannstyle» … Kein Wunder, dass sich Chris Ares und Prototyp so offensichtlich an seinem Schaffen orientieren. Männlichkeitswahn und musikalische Menschenverachtung geht auch in Mainstream.

Das Boss-Dilemma

Mein Name ist auf der Gästeliste, mein bester Hoodie aufgebügelt, das Goldkettchen blank poliert. Richtig gute Fragen habe ich mir ausgedacht, über Männlichkeit und Islam, über Liebe und Authentizität, habe sie vorformuliert und eingeübt – und stehe dann vor verschlossenen Türen. Das Konzert wurde abgesagt. Dem baden-württembergischen Städtchen Rastatt war Kollegah doch eine Spur zu juden-, frauen- und schwulenfeindlich, aber keiner gibt mir Bescheid! Ich verbringe die Nacht in der Rastätter Bahnhofskneipe und blättere mich durch Kolles Männerratgeber.

Bald ekel ich mich vor ihm, bald bekomme ich Mitleid mit dem Boss, gefangen in einer eiskalten Welt, erfolgsgetrieben und lustfeindlich: «Sex zu bekommen wird dank deiner Bossaura für dich so alltäglich werden wie pissen gehen», schreibt er.

Der Frauenhass heterosexueller Männer habe seinen Ursprung im «Männlichkeitsdilemma», erklärt der Sozialpsychologe Rolf Pohl: Der Mann fühle sich in seinem Streben nach Autonomie von weiblicher Sexualität kontrolliert, fühle sich durch sein eigenes Begehren von ihr abhängig, deswegen hasse er die Frau. Der universalgelehrte Muskelenthusiast Kollegah scheint das genauso zu sehen und postuliert seinen Alpha-Ausweg mit MGTOW-Logik: So viel Sex, dass man genauso gut aufs Klo gehen könnte. Aber so richtig glücklich scheint ihn das nicht zu machen, also schimpft er noch etwas auf die «dummen, kleinen Schlampen, die für Geld oder ein bisschen Ruhm alles machen würden».

Will ich diesen erbärmlichen Mann wirklich kennenlernen? Aufgeben ist keine Option, predigt Kollegah, und ich nehme ihn beim Wort.

Zweiter Anlauf, diesmal in Offenbach, auch wenn es mir dreckig geht. Meine riefenstählerne Nacht in Spremberg liegt erst zwei Tage zurück, das Geschrei der Germanenjugend hallt mir immer noch durch den Schädel. Ich kann ihren Hass noch spüren. Und zu allem Unglück baumelt mir jetzt auch noch anstelle des versprochenen Backstage-Passes bloß eine VIP-Karte vom Hals. Die sieht zwar deutlich schicker aus als ein normales Ticket, ist im Verkauf auch zwanzig Euro teurer, aber das war's mit den Unterschieden. Bei der Künstleragentur ist niemand mehr zu erreichen, und statt mit Kollegah und Crew auf der Hinterbühne abzuhängen, stehe ich inmitten einer neuen Ansammlung agitierter junger Männer. Muss die nächste Rap-Extravaganza in hypermaskulin über mich ergehen lassen.

Viertausend Menschen würden in den großen Saal der Offenbacher Stadthalle passen, gekommen sind keine tausend. Vielleicht war das gegen Ende doch ein bisschen viel Skandal. In jedem Fall ist die Halle miserabel besucht. Die Fans vor der Bühne auch hier: jung, männlich und aufgereiht wie kleine Zinnsoldaten. Ich will mit ein paar der Jungs sprechen, sie aber nicht mit mir.

Immerhin ist der Sound hervorragend. Ein apokalyptisch stampfender Beat, dann pathetische Streicher. Flammen lodern jetzt von den Leinwänden, und Kollegah, ein Mann aus Muskelhypertrophie und Bartwuchs, den quaderförmigen Körper in eine kugelsichere Weste gequetscht, stampft zur Bühnenrampe. Die Fans schreien, rufen seinen Namen, und Kollegah rappt die erste Single seiner neuen Platte «Alphagenetik». Darauf reimt sich «Gewaltakte täglich». Das ist natürlich ein assonanter Reim, aber ein ziemlich guter, ein fünfsilbiger. Technisch gesehen ist Kollegah ein sehr guter Rapper. Technisch gesehen ist das ein sehr gutes Konzert. Und trotzdem fühle ich mich so, als hätte ich den Spremberger Hühnerstall nie verlassen.

Die Boss-Identität

Kai hatte bei unserem Treffen im Weseler Café Extrablatt keinen großen Hehl daraus gemacht, dass Kollegah ein großer Einfluss für ihn war. Als Jugendlicher hörte Kai viel Gangsta-Rap. Natürlich nicht in der Kameradschaft, da hörte man andere Sachen, aber mit seinen «unpolitischen Freunden». Ganz besonders gut gefielen ihm damals Fler und Kollegah, was nicht sonderlich überraschend ist: Das waren damals die zwei bekanntesten Biodeutschen im Genre. «Das ist Schwarz-Rot-Gold, hart und stolz», rappte Fler. Was mich hingegen sehr überrascht: Kai spricht noch immer mit einem gewissen Respekt über Kollegah.

«Klar, Kollegah rappt zwar viel inhaltslosen Scheiß, aber technisch ist er nach wie vor sehr stark. Seine Battletracks, die sind immer noch megagut. Er macht das super, und er hat auch den größten Wortschatz. Aber ein Vorbild kann er nicht sein … Wenn man das Eigene verrät.» Kollegah, der mit fünfzehn Jahren zum Islam konvertiert ist, ein Verräter des Eigenen – damit beginnt und endet Kais Kritik. Er schüttelt den Kopf und trinkt ein paar enttäuschte Schluck Bier. «Was soll ich da noch über ihn sagen?» Stattdessen schimpft Kai über seinen anderen Lieblingsrapper von damals, über Fler, denn der hat Kai auf Instagram erst vor kurzem einen Hurensohn genannt.

Ich bin irritiert. Müsste Kollegah, der Alpha-Moslem, nicht die ultimative Verkörperung von Kais gesammelten Ängsten sein? Der personifizierte Albtraum der Identitären Bewegung? Wieso diese zurückhaltende Kritik, woher rührt dieser respektvolle Ton? Eben noch hatte Kai von muslimischen Invasoren geraunt, die den deutschen Mann verdrängen, zerstören, ersetzen würden. Aber jetzt zeigt er sich verständnisvoll.

«Der Islam ist eine Ersatzidentität», erklärt Kai. «Der deutschen Jugend wird ihre Identität ja genommen, und dann sehen sie diese starke, ausgeprägte Kultur, die hier die Alphaposition anstrebt, die stolz ist. ‹Wir sind stark, wir haben unseren Glauben, und wir kämpfen dafür› – das ist doch das, was in jedem Mann und in jedem Jungen irgendwie schlummert. Zugehörigkeit, ein Ziel, das Eigene. Heutzutage hat man nur so eine krasse Leere, die einen verschlingt, weil man komplett entwurzelt ist. Man fragt sich: Wofür das alles? Wofür soll ich Kinder kriegen? Für was? Da liegt es nah, sich anzupassen und das anzunehmen, was man sich ersehnt.»

Er sagt das, und obwohl er doch seine Zugehörigkeit gefunden, seine eigenen dunklen Ziele längst ausformuliert hat, der Deutschen Jugend mit rechtsextremen Protestliedern ihre Identität zurückgeben will – trotz allem klingt er jetzt so, als würde er immer noch diese existenzielle Leere spüren.

Nein, Kai hasst den Islam nicht bloß. Er begehrt ihn auch. Zumindest seine Vorstellung eines bärtig-männlich-schwitzenden Islams. In gewisser Weise ist das wieder das Männlichkeitsdilemma: Man hasst das andere, eben weil man es begehrt. Kai ist eben wirklich der Prototyp des neurechten Mannes.

Die Boss-Transformation

In der Offenbacher Stadthalle. Gemächlich schleppt Kollegah seine schweren Muskelmassen über die Bühne und rattert im beeindruckenden Tempo durch seine ewig langen Reimketten und sprachakrobatischen Wortspiele. Die Zinnsoldaten sprechen die Texte mit, können jeden Song, jede Zeile. Ein uniformiertes Bataillon, gekleidet in Deus Maximus, so heißt Kollegahs Modemarke: Gott ist der Größte. Allahu Akbar. Und sicher kenne ich die Interviews, in denen Kollegah sein zutiefst fundamentalistisches Religionsverständnis preisgibt: «Der Koran ist das Buch, dem man folgen soll, das ist von Gott, da sind alle Regeln drin. Ihr müsst nur den Koran lesen, danach leben, und dann ist alles gut, dann wisst ihr Bescheid.»

Gott – noch so ein Alpha mit Bossgeboten. Trotzdem glaube ich nicht, dass Kai mit seiner These von Kollegahs «Ersatzidentität Islam» recht hat.

Als Felix Blume Mitte der 2000er zu Kollegah wurde, hatte er ein Glaubwürdigkeitsproblem. Im Gangsta-Rap geht es viel um *Credibility*, um eine Aura des Authentischen. Der stereotype Gangsta-Rapper ist ein misogyner Gewalttäter mit Migrations- und ohne Bildungshintergrund, der es gerissen vom Bordstein zur Skyline schafft. Marginalisierte Männer, die sich mit Skrupellosigkeit aus dem Betondschungel herauskämpfen müssen – das sind die Geschichten, von denen das Genre in der Regel erzählt.

Felix hingegen war ein milchgesichtiger Kartoffelboy aus der westdeutschen Provinz, der ausgerechnet in Düsseldorf ausgerechnet Jura studierte. Mit Kollegah schuf Felix eine Kunstfigur. Kollegah erfüllte jedes Klischee: ein koksdealender Zuhälter und halber Mafiaboss mit dicker Zigarre im Mundwinkel. Aber darüber konnte und sollte man auch lachen. Seine ausgefeilten Reimketten waren derart vollgepackt mit satirischer Überhöhung und ehrlich lustigen Wortspielen, dass sich die Frage nach irgendeiner Glaubwürdigkeit gar nicht erst stellte. Kollegah brachte in doubletimender Mordsgeschwindigkeit eine neue Form von Ironie und Satire ins Genre. Seine Identität – der Übertritt, die algerische Herkunft seines Stiefvaters und die kanadische seines leiblichen – all das schien fast schon Teil des großen autofiktionalen Spiels zu sein.

Die amerikanischen Kicherfaschisten haben es mir vorgelebt: Auch ironische Menschenverachtung kann ganz schnell in bitteren Ernst umschlagen. Und so wuchs Felix Blume nach und nach in seine Rolle hinein, auch physisch. Transformierte den eigenen Körper zum definierten Muskelgebirge. «Im neuen Leib», also dem gedrillten Männerkörper, schreibt Klaus Theweleit, «liegt die ersehnte Garantie, in keiner Weise lächerlich zu sein.» Tatsächlich, bald lachte niemand mehr über den Rap-Star. Es gab auch nicht mehr viel zu lachen. Der Humor verschwand, Selbstherrlichkeit, Chauvinismus und hasserfüllte Gewaltphantasien blieben, Verschwörungsglaube und Judenhass kamen hinzu. Er hatte es ja ganz nach oben geschafft, aber was ist schon ein Krieger ohne klares Feindbild?

«Hier spricht nicht mehr Kollegah, sondern Felix Antoine Blume», rappte er 2014. Der Song heißt «Alpha».

Ich weiß jetzt, warum das Konzert in Offenbach dem in

Spremberg so gleicht: Niemand hat Spaß, niemand Lust, es gibt keinen Rausch und keine Enthemmung. Keine Lieder über Liebe, keine Melancholie, keine Gefühle. Nur Kindersoldaten, die ernst auf die Bühne blicken und kopfnickend die dargebotene Härte bewundern. Das ist Rap, wenn man Hip-Hop eliminiert. Wenn man alle seine musikalischen und kulturellen Wurzeln herausreißt. Alles was bleibt, sind verkrampft konstruierte Reime, effizient berechnete Ingenieurskunst. Das Herz dieser Musik ist ein Doppelkopplungsgetriebe. Egal, wie sehr Chris und Kai sich anstellen – der deutscheste Rap kommt von Kollegah.

Identitäten sind eben Konstrukte, und die von Kollegah ist grob zusammengehämmert. Da kann er sich abwechselnd als Deutscher unter Migranten, als religiöser Fundamentalist oder als «Kanada-Germane» inszenieren. Oder, wie im Musikvideo zum Song «Hardcore», als faschistischer Führer im schwarzen Ledermantel. Im Grunde ist das unerheblich. Es sind alles nur Versatzstücke derselben Ideologie, die er mit seinem bosstransformierten Muskelleib verkörpert: der harte Kerl, der die ganze Welt dominieren kann. Der totale Männlichkeitswahn! Religion hin oder her – das ist seine wahre Identität. Eine Ersatzidentität für alle wütenden Männer.

Da kann ich mir noch so oft zureden, dass Rechtsrap bloß ein Nischenprodukt ist. Dass Chris Ares und Prototyp miserable Rapper sind. Dass auf ihrem Konzert nur ein paar hundert Leute waren ... Der ideologische Nährboden ist mehr als massenkompatibel. Spremberg ist überall.

Die männlichsten Männer Offenbachs

Eine halbe Stunde trostlose Wortakrobatik reicht fürs Erste. Ich setze mich auf die Treppe im kleinen Raucherhof, versuche es noch ein paarmal bei Kollegahs Agentur. Vergeblich. Immerhin bin ich nicht der einzige enttäuschte Konzertbesucher. Auch

Jascha und Bojan brauchen eine Pause. Dabei sind sie eigentlich Fans, also so richtige Fans, trotzdem kommen sie leicht zerknirscht rausgewankt, rauchen, trinken, kichern und schimpfen auf die Show. Mich freut das tierisch. Es liegt also nicht bloß an mir!

«Nee, liegt nicht an dir, Digga, leider. Keine Ahnung, ist halt übel!», sagt Jascha, dessen ewig langer Körper in einem giftgrünen Daunenparka steckt, und Bojan, sicher zwei Köpfe kleiner, Anglerhut auf dem Schädel und schon gut angetrunken, schwankt ein wenig und lacht: «Ja Bro, schon übel!»

Im Vergleich zu den früheren Konzerten sei das hier einfach nichts, sonst war immer alles rammelvoll, und jetzt? «Schau dir die Leleks drinnen an, keiner feiert, stehn da und glotzen!», mault Bojan. «Und überhaupt: keine Pičkas am Start!» Und weil ich jetzt etwas verloren gucke, übersetzt Jascha: «Frauen. Hier sind keine Frauen.»

«Ach so.»

«Ist aber nicht so schlimm, schau mal», sagt Bojan und präsentiert mir seinen Flachmann. Hat er am Türsteher vorbeigeschmuggelt. «Trink was, Brate, das ist Woddi. Das hilft.»

Die Sprache der beiden ist eine ausgewogene Mischung aus Hessisch und Bratan-Straßensound, was ich beides nur so mittelgut verstehe, darüber eine Prise Azzlack, gesprenkelt mit Wörtern aus der Muttersprache. Beide haben Wurzeln in Jugoslawien. Ich würde gerne wissen, wo genau, aber das sei doch scheißegal, erklärt Jascha: «Ein bisschen da, ein bisschen dort, wir sind eben Jugos, alles kompliziert. Jetzt sind wir halt hier. Und heute Abend hier-hier, beim Konzert!»

Dabei wollten sie ursprünglich gar nicht erst kommen. Das lag an der ganzen Geschichte mit dem Alpha-Mentoring, das fanden sie verdammt peinlich. «2000 Euro haben die Lauchs bezahlt, und wofür? Für Palaver und Videoseminare mit dem!» Jascha und Bojan lachen. «Für einen, der ihnen sagt: Wisch mal Arsch ab, wichs nicht und lass Finger vom Kiff? Ey, für die Kohle kannst du dir einen Diener mieten, der schmockt dich persönlich ab, wenn du dir Joint baust oder an dir rumspielst!»

Jascha hat damit natürlich recht, allerdings ist das Ganze noch um einige Spuren widerlicher: Wie eine Recherche von *Vice* und *Buzzfeed* aufdeckte, holte Kollegah seine zahlende «Alpha-Armee» zwar mit den üblichen Maschen skrupelloser Männercoaches und Pick-Up-Gurus ab, aber er führte sie noch weiter. Eröffnete ihnen eine ziemlich düstere Welt des Verschwörungswahns: In Videocalls und Facebookgruppen diskutierte er mit den teils labilen Teilnehmern allerhand Verschwörungsmärchen von Chemtrails, satanischen Eliten und Pizzagate. Das sind dieselben verschwörungstheoretischen Klassiker, die sich auch Rechtsextreme erzählen, bevor sie in Berlin den Reichstag oder in Washington das Kapitol stürmen. Dieselben Legenden, die besoffene Antisemiten bei Rechts-Rap-Partys in Düsseldorfer Burschenschaftshäusern zum Besten geben. Dasselbe Feindbild, das auch Chris Ares ausgemacht hat.

Der bosshafte Männercoach untermauert seinen Männlichkeitswahn mit rechter Verschwörungsideologie. Nicht, dass er der Einzige wäre, der das tut, damit verdient auch Maximilian Pütz sein Geld. Aber dass er, Felix Blume, Kolle, der konvertierte Moslem, ideologisch so sehr seinen rechtsextremen Epigonen ähnelt, das finde ich schon erstaunlich. Oh, wie gerne würde ich Kollegah nach seiner Meinung zum «großen Austausch» fragen!

Mit einer ausladenden Geste wischt Jascha meine Frage nach dem Verschwörungswahn aus der Luft, davon weiß er im Detail gar nicht so viel: «Ist auch egal, ist ja schon peinlich genug. Ich wollte von Kolle danach eigentlich auch nichts mehr hören, aber dann kam der neue Track. Der war halt wieder so krass, da musste ich Tickets besorgen. Scheiß darauf, dass der jetzt so behindert war.»

«Aber ist das nicht ein wenig erbärmlich, wenn so ein aufgepumpter Multimillionär seine traurigsten Fans abzieht?»

Nein, das will Jascha nicht gelten lassen: «Lass den doch mal machen, jeder macht doch mal 'nen Fehler. Ich habe in meinem Leben auch Fehler gemacht.»

«Aber du fütterst keine kaputten Typen mit Verschwörungstheorien! Und du machst hier doch auch keinen auf Alpha-Überpimmelboss und Männerratgeber. Das ist doch albern!»

«Das ist gar nicht albern. Und ich kann dir sagen, warum das so ist», und Jascha bringt sich in Position, öffnet seinen giftgrünen Mantel und spannt die ewig langen Arme zur Seite. «Verstehst du?» Ich verstehe nicht. Jascha deutet an sich herunter: «Alter, guck mal auf meine Schuhe, jetzt guck mal auf deine Schuhe. Verstehst du jetzt?» Aber ich verstehe immer noch nicht, und Jascha lacht. «Digga, ich trage Money. Diese Jacke? Tommy Hilfiger, dreihundert Euro, locker. Pulli von Philipp Plein? Noch mal dreihundert, vierhundert, scheißegal! Die Kette, müssen wir nicht drüber reden. Die Hose? DSquared, sechshundert.» Und zum Beweis friemelt er sogar das Etikettzettelchen aus dem Hosenbund hervor: «Schau ruhig. No homo, aber schau.»

«Läuft bei dir, oder?»

«Nein, Bro, das meine ich nicht!» Jascha stopft sich das Etikett wieder zurück in seine ripped Vintage-Designerjeans. «Du musst mich angucken, Digga, ich bin Ausländer, ich bin Jugo. Ich bin immer armer Kanacke gewesen, bin öfter auf Ausländeramt als auf Toilette gegangen. Ich wusste nicht mal, welche Farbe ein 200-Euro-Schein hat. Aber man muss durchhalten, hustlen, darf sich nicht ablenken lassen von Drogen, von falschen Freunden, von dies-das – und dann hat das Leben zurückgegeben. Und jetzt schau auf meine Schuhe. 500 Euro, kein Ding, ich hab Airpockets in fickteuren Sneakern, Digga, Prada, weißt, ich lauf jetzt auf Luft.»

Bojan schüttet sich noch etwas Wodka in die Cola: «Nicht abstechen, Digga, aber Jascha verdient jetzt Zehntausende im Monat, Bro! Der macht noch Millionen.»

«Ey, darum geht's gar nicht. Es geht darum: Wenn du nichts hast, hast du immer noch Hip-Hop. Im Hip-Hop geht's um deine Probleme. Um arme Hurensöhne, die es am Ende doch hinbekommen. Und wenn du nichts hast, dann ist Hip-Hop auf jeden Fall genau, was du brauchst, gelle?»

«Aber muss der da drinnen deswegen einen auf aufgeblasenen Alpha machen?»

«Ja, Digga! Muss der!»

Mich überzeugt das nicht. Gerne würde ich ihm jetzt was über *Survival Bias* erzählen, also die gefährlich falsche Vorstellung, dass es *jeder* schaffen könne, weil man es doch auch selber hinbekommen habe. Will was über Privilegien und Sexismus sagen, will auch von Kai erzählen, der doch denselben Scheiß verzapft, von Stolz und Disziplin und Durchhalten, nur eben für tiefbraun keimende Kartoffeln … Aber da zieht Jascha gerade den Reißverschluss seiner giftgrünen Hilfiger-Hässlichkeit zu, zupft sie liebevoll zurecht und schaut mich dabei so stolz an: «Bruder, das musst du verstehen! Das ist nicht leicht für so einen wie mich, das auch zu schaffen!»

Plötzlich mag ich nicht mehr widersprechen. Außerdem zwingt mir Bojan wieder einen Schluck Wodka-Cola auf und eine Antwort ab: «Sag ma, was machst du eigentlich hier, wenn du so Probleme mit Kolle hast?» Und ich sag was über mein Buch und mein Backstageticket und Kolles verfickte Agentur und meine Recherche und Männlichkeit – und Bojan ist begeistert: «Bratan, scheiß auf Kollegah und Backstage und Interview, das brauchst du alles nicht! Wenn du über Männer schreiben willst, bist du bei uns goldrichtig. Wir sind die männlichsten Männer in ganz Offenbach!»

Das ist mal ein Versprechen.

«Komm, lass mal wieder reingehen, wir verpassen noch das ganze Konzert. Und dann feiern wir noch am Auto, Bratko, so richtig schön *Tailgate*-Party! Wir haben echt guten Cognac.»

Kollegah an der Rampe. Eine Hantelbank wird auf die Bühne geschleppt. «Das hier ist die Bank, mit der ich mich vor jeder

Show aufwärme und so 'n bisschen Pump reinhole», erklärt er in Doppelbizepspose, und seine halbwüchsigen Zinnsoldaten applaudieren den dicken Oberarmen. «Aber Freunde, ihr kommt mir nicht nach Hause, ohne dass wir euch auf die Probe stellen. Wer von euch geht denn trainieren? Wer hat Bock auf Contest?»

Die Soldaten johlen, zwei Freiwillige werden aus dem Bataillon gefischt, Eisen kommt an die Stange: «Sechzig Kilo, das kann man schon mal stemmen», findet Kollegah, und dann heißt es Mann gegen Mann, Nawin aus Afghanistan gegen Basti aus Bensheim. Wer öfter kann, gewinnt.

Ein paar hundert zahlende Gäste stehen vor einer Bühne. Der DJ spielt «Eye of the Tiger». Ein Teenager drückt Gewichte in die Höhe und ein erwachsener Millionär feuert ihn halbherzig an: «Pump, Junge, pump!» Junge pumpt. 30-mal. «Gute Zahl», lobt der Millionär. Das zahlende Publikum applaudiert. Dann noch ein Teenager, wieder «Eye of the Tiger», wieder «Pump, Junge, pump!», Junge pumpt 63-mal. «Verdammt stabile Leistung!», lobt der Millionär, und Basti aus Bensheim gewinnt ein signiertes Shirt, eine CD und einen Turnbeutel. Applaus.

«Okay, Brudi», seufzt Jascha. «Das ist derbe albern.»

Wir hören uns noch zwei Lieder an, dann gehen wir wieder rauchen. Woddi trinken.

Nach und nach verlassen die Zinnsoldaten die Halle. Haben dort noch eine kleine Ewigkeit auf ein Foto, ein Autogramm, einen Händedruck vom großen Alpha gewartet, jetzt ziehen sie an uns vorbei. Viele haben morgen Schule. Wir stehen auf dem Parkplatz, es riecht nach Regen und Benzin, im offenen Kofferraum eine ganze Palette Energy-Drinks, Geschmacksrichtung Açaí, Wodkaflaschen und Gin, wir öffnen den guten Cognac, *very superior*, trinken ihn aus Plastikbechern. Aus den Boxen wieder Kollegah, Bojan will mir zeigen, wie gut der eigentlich ist, und ja doch, Kollegah kann rappen, ich weiß. Als ob das irgendwas besser machen würde. Jascha hat mittlerweile fachmännisch einen

Joint gedreht und quatscht jetzt sehr witzig und genauso erfolglos die wenigen Mädels an, die aus der Stadthalle herauskommen. Wollen die nicht auch noch ein wenig abhängen, der Cognac ist wirklich nice, das Gras auch. Nein? Und auch die Zinnsoldaten wollen nicht. «Verpiss dich, du Kiffer!», schnauzt einer Jascha an, sehr viel lauter als nötig, «Kiffen senkt den Testosteronspiegel!» Das weiß er von Kollegah, und wir müssen lachen.

«Das ist Deutschland», sagt Jascha. Irgendwann will er in Los Angeles leben, sobald es noch ein bisschen besser läuft mit seinem Geschäft. Mit seinem Import-Export-Handel, «Sachen verticken, verstehst», flüstert er geheimnisvoll, aber muss sofort grinsen. «Ist nur so 'n Ausländerwitz. Ich bin Mechatroniker, aber das klingt nicht so geil, gelle?» Und dann fragt er mich, wo ich herkomme, denn ich bin doch bestimmt auch kein Alman. «Achthundert Leute auf dem Konzert, und du bist der Einzige ohne Berührungsängste, Bro. Du hast sicher Wurzeln im Osten, so Pole, Tscheche, Ungar oder so!», lallt Bojan, und er hat auch noch recht, worüber er sich riesig freut, aber mir ist das unangenehm.

Der Migrationshintergrund als soziale Kennung … Mir passt die Rolle nicht. Ich bin hier geboren, hier bin ich assimiliert: Mein Hintergrund ist unsichtbar, meine Sprache dialektfrei, meine Haut rosa wie Bierwurst, mein Vorname Tobias! Natürlich werde ich deutsch gelesen, und Gespräche über Herkunft und Religion sind in den meisten Fällen unerträglich, warum sollte ich widersprechen? Ich bin die deutsche Leitkultur, das fleischgewordene Heimatministerium, ich bin die Vollkornstulle im ICE-Komfortbereich. Und mein Gefühl, nicht dazuzugehören, das gehört mir, das ist meins, das behalte ich für mich. Auch das irgendwie sehr deutsch: Ich fresse das in mich hinein, bis ich ein Geschwür bekomme.

Aber Bojan feiert mich jetzt als einen der ihren, erklärt, dass er mich sofort durchschaut habe. Ich sei halt auch so 'n richtiger Bratko: «Und du hast auch so Neandertalerschädel!» Er zieht sich den Anglerhut vom Kopf, um mir seine phrenologischen

Erkenntnisse im Detail zu erläutern. Ich protestiere, denn das ist wissenschaftlicher Dreck und historisch ekelhaft, aber Bojan besteht darauf: «Ey, wir haben im Osten eben Neandertalerschädel, wir sind so Männerviecher, dafür sind unsere Frauen die schönsten. Besonders die aus Moldawien, die sind so richtig fucking instagram-hübsch, so eine müsste man heiraten.» Ich gebe mich geschlagen. Hab zu viel getrunken, um heute Abend noch rassisch-esoterische Geschlechterkonzeptionen zu zerhauen. Frage stattdessen noch mal nach muslimischen Männlichkeiten, weil Jaschas Vater, erzählt er, der ist Moslem, aber Jascha nicht so wirklich. Sind Religion und Ethnizität wichtig, um ein harter Mann zu sein? Aber darüber hat Jascha keine Lust zu reden: «Bruder, wahre Männlichkeit ist einfach feiern und ein bisschen Gönnung.» Er sagt das ziemlich ernst, zieht nachdenklich am Joint und bittet Bojan, die Musik lauter zu drehen, denn Kollegah rappt gerade besonders schnell eine besonders ausgefeilte Reimkette, irgendwas über «ikonischen Kampfgeist» (darauf reimt sich «heroisch und angstfrei»), und Bojan schenkt uns vom guten Cognac nach und findet, dass das stimmt, was der Jascha sagt. Und ich finde das jetzt auch. Klar, die Jungs hätten auch sagen können, dass Gerüstbau oder Gugelhupf backen wahre Männlichkeit sei – ich hätte ihnen recht gegeben.

Ich fürchte, Bojan und Jascha sind nicht die männlichsten Männer in Offenbach. Was soll das auch sein, ein männlicher Mann? Aber im Gegensatz zu den lustbefreiten Kindersoldaten und ihren traurigen Generälen, ob nun in Offenbach oder in Spremberg, sind die beiden gutgelaunten Bratans zufrieden mit ihrem Männerdasein. Und das ist für mich ein seltener Anblick geworden. Das macht mich gerade irgendwie glücklich.

Und dann sitzen wir im Auto, und Jascha startet den Wagen: «Wir fahren jetzt in den Club mit den geilsten Frauen Frankfurts!», verkündet er und lässt den Motor ein bisschen aufheulen: «Rechnung geht auf mich, Brudi! Ehre!»

«Äm, was ist das für ein Club?», erkundige ich mich.

«Saunaclub!», ruft Bojan.

«Nichts Saunaclub!», lacht Jascha, «wir fahren in Puff!»

Und wieder protestiere ich, denn die Diskussion um Sexarbeit mag vielschichtig sein, aber ich will wirklich keinen bezahlten Sex, auch nicht auf Einladung. Doch da quietschen schon die Reifen, und wir rasen mit idiotischer Geschwindigkeit in die Offenbacher Nacht.

«Whoo!», schreit Bojan. «Whoo!», schreit Jascha. Ach, irgendetwas werde ich sicherlich über die Konstruktion von Männlichkeiten in Erfahrung bringen, denk ich mir. «Whoo!», schreie ich. Und bin dann doch sehr erleichtert, als wir keine dreihundert Meter weiter halten müssen. Straßensperre. Ausweis und Fahrzeugpapiere, und die Polizeibeamtin bittet uns auszusteigen und Jascha zur Personalaufnahme mitzukommen. «Wird's bald!» Kein Vergleich zu den freundlichen Beamten in Spremberg.

Bojan gibt mir zum Abschied noch seine Nummer. «Melde dich, wenn du wieder in der Stadt bist», sagt er und umarmt mich, denn so kann er mir besser ins Ohr flüstern: «Und jetzt hau mal besser ab, Bruder. Wir haben derbe Gras unterm Sitz.»

Nein, ich lerne Kollegah nicht mehr kennen. Ich mache bei der Agentur zwar noch mal gut Radau, organisiere mir ein Backstageticket für das Konzert in München – aber auch das wird kurzfristig abgesagt. Auch in Bayern will man den Alpha-Antisemiten nicht auftreten lassen. Und weil das schon das letzte Konzert der Tour gewesen wäre, verfällt meine vorerst letzte Gelegenheit, mit dem Boss zu chillen. Aber so enttäuscht bin ich gar nicht. Sein finsteres Männlichkeitsbild, denke ich, das habe ich auch so ganz gut zu greifen gekriegt.

Außerdem habe ich ja jetzt Kai.

Der identitäre Prototyp kann zwar nicht mal ansatzweise so gut rappen wie sein bosshaftes Vorbild, und statt goldener Radkappen, Halsketten und Schallplatten sehnt sich Kai nur nach einem weißem Ethnostaat und strammer Volksgemeinschaft. Aber ansonsten sind sich die beiden soldatisch-disziplinierten Alphagenetiker mit ihren hohlen Körperpanzern doch verblüffend nah.

Felix Antoine Blume und Kai Alexander Naggert, zwei deutsche Jungs, festkochende Kartoffeln, herangezüchtet auf dem Acker der westdeutschen Gesellschaft, beide wollten sie Alpha werden. Beide verwechselten sie die Gewalt der Straße mit Stärke, verwechselten die Aggression der Marginalisierten mit Macht, verwechselten den Kampf der Unterschicht um Anerkennung und Ressourcen mit Disziplin. Und beide bedienten sich am Hässlichsten, was Gangsta-Rap so zu bieten hat, um schlussendlich in halbnackter Übermenschenpose Jugendlichen ihre Armmuskulatur vorzuführen und ihnen faschistischen Stuss über wahre Männlichkeit einzuimpfen. Ob Kai oder Kolle, ob ich nun eine Bosstransformation mache oder mich der Germanenherausforderung stelle – im Endeffekt ist das gar nicht so ein großer Unterschied.

«Die gefährlichsten Rapper Deutschlands?»

«2020 wird das Jahr des Neuen Deutschen Standards. Das wird unser Jahr, auf jeden Fall! Du hättest dir für die Doku eigentlich keinen besseren Zeitpunkt aussuchen können.»

Über die kommenden Wochen planen Kai und ich den großen Dokumentarfilm, den es nie geben wird. Ach, was heißt hier Dokumentarfilm, eine epische Heldenreise soll es werden! Kai hat Spaß dran, sich Film und Zukunft auszumalen, die Geschichte von Ares und Proto, den deutschen Underdogs, die es mit Idealismus und derben Skills gegen alle Widerstände ganz nach oben schaffen. «Das kann ich dir garantieren», sagt Kai. «Wir stürmen auf jeden Fall die Charts! Erst Chris' Album im Sommer, ich leg im Herbst nach, Ende des Jahres dann die gemeinsame Scheibe. Und es gibt ja jetzt schon Vorbestellungen ohne Ende, die Maschine läuft.»

Aber nicht nur musikalisch will der Neue Deutsche Standard so richtig durchstarten, auch politisch hat man sich große Ziele gesteckt. Will neue Strukturen und Plattformen schaffen, ein «Leuchtturmprojekt für den patriotischen Widerstand», um das ganze Land aufzurütteln und umzukrempeln. Alles beschlossene Sache und in die Wege geleitetet, sagt Kai, «also halt dich bereit!»

Bald schon soll es in den Osten gehen. Ihre westdeutschen Heimatstädte werden die Rapper hinter sich lassen und ins ostsächsische Bautzen ziehen, nahe der polnischen Grenze. Da, wo sie so richtig Fans haben, wo die Jugendlichen sie auf der Straße erkennen und ständig ansprechen, wo der nationale Widerstand noch stabil ist und die Immobilien günstig sind. Ihr neues Zuhause haben sie sich schon ausgeguckt: ein großer Hof im Umland mit genug Platz für Veranstaltungen und fette Partys, für ein eigenes Tonstudio und einen Fitnessbereich. Fürs urwüchsige Flair noch ein paar Hühner und ein paar Dobermänner für die Sicherheit. Und in der Bautzener Innenstadt werden sie gleich mehrere Ladenlokale anmieten, eine Bar eröffnen, ein Tattoostudio und direkt gegenüber einen Jugendtreff. Und ich soll das alles festhalten, soll dokumentieren, wie hier ein neues patriotisches Zentrum entsteht. Menschen aus der ganzen Nation werden zu ihnen hinströmen, da ist sich Kai sicher, und viele werden auch bleiben.

«Sicher kommt da wieder Hetze auf uns zu», sagt Kai. Aber auch das könne ich wunderbar in den Film einbauen. Ich solle ruhig all die linken Journaillen zu Wort kommen lassen. Sollen die sich doch selbst vorführen und den Rappern wieder alles Mögliche vorwerfen und sie als Nazis beschimpfen. «Aber dann stellst du uns einfach so Fragen wie ‹Hasst ihr eigentlich Ausländer?› Und wir sagen dann einfach ‹Nein!›, und so isses ja auch! Wir sind ja keine Altrechten. Wir provozieren nur mit Normalität», denn im Grunde würden ja alle Deutschen so denken wie er, glaubt Kai, sie würden es nur nicht zugeben. «Im Prinzip kannst du also alles zeigen. Ich bin ja kein Aktivist mehr, ich bin Rapper! Wir können auf der Straße 'ne Massenschlägerei anfangen, und die einzige Konsequenz? Mehr Hörer! Da denken sich die Leute nur: ‹Geil, die sind noch echt, da hör ich mal rein!›»

Und dann zeigen wir die ausverkauften Konzerte, und zwar nicht mehr in üblen Spelunken, sondern in richtigen Hallen. Hunderte und Aberhunderte Fans, die hart abgehen, und auf der Bühne die beiden Rapper. Verschwitzt, kriegerisch und immer so leicht von unten gefilmt, in einer Ästhetik des Erhabenen.

«Klingt phantastisch», sage ich.

«Und weißt du, wie du den Film nennen wirst? ‹Die umstrittensten Rapper Deutschlands!› Oder nein: ‹Die gefährlichsten Rapper Deutschlands?› Ja? Mit Fragezeichen hinten! So, dann hast du sofort deine 100 000 Klicks in der ersten Woche!» Bald macht er sich schon Gedanken über das Sequel: «Die Leute werden ja wissen wollen, wie es weitergeht mit den stabilen Jungs. Und dann sieht man im Jahr drauf, wie wir schön in der Bar sitzen, in rechten Strukturen. Noch ein paar Charterfolge, und jeder kennt uns.» Der Verbrecherstaat mag sie zensieren, die Lügenpresse verleumden, aber der Neue Deutsche Standard wird nicht aufzuhalten sein.

Ich zeige mich beeindruckt von Kais Können als PR-Mann, aber während er voll Enthusiasmus und Zuversicht in die Zukunft blickt, fange ich an, mir ernsthaft Sorgen zu machen. Worauf lasse ich mich hier ein? Weiß ich nicht auch schon genug vom Prototyp?

Die Bautzen-Pläne gefallen mir jedenfalls gar nicht. Bei meiner letzten Lesung dort versammelte sich ein ausgewachsener Mob aus Rechtsextremen und Reichsbürger*innen vor der Tür – und die waren auf mich gar nicht gut zu sprechen. Ach Kai, warum ausgerechnet Bautzen? (Dumme Frage – genau darum!) Und ganz pragmatisch: Wo treibe ich auf die Schnelle das superprofessionelle Filmteam auf, mit dem ich geprahlt habe? Wo bekomme ich einen Kameramann her?

Katastrophen

«Ist doch egal, wenn dein Kameramann keine Zeit hat, dann musst du halt selbst filmen!» Kai klingt am Telefon noch aggressiver und schnoddriger als sonst, der rheinische Einschlag lässt die Stimme hüpfen. Es ist der März 2020, und die Festung Europa muss verteidigt werden, die Alphas kommen: «Da müssen wir spontan sein, es geht um unsere Grenzen!»

Ich brauche einen Moment, um zu verstehen, was Kai meint. Bekomme seine kriegerischen Parolen von Invasion und Verteidigung erst nicht zusammen mit den bedrückenden Bildern aus Griechenland. Wie auch?

Das Lager Moria ist bereits siebenfach überbelegt, und täglich erreichen Hunderte neue Geflüchtete die Insel Lesbos. 24 000 sitzen dort in unmenschlichen Lebensverhältnissen fest, fast ein Viertel von ihnen minderjährig. Ihr Schicksal ist völlig unklar, es mangelt an Essen, Wasser, Medizin. Die Not wächst. Aber Kai sieht etwas anderes als ich, und leider ist er damit nicht alleine. Die Stimmung auf der Insel kippt, die Situation eskaliert.

Erst waren es Einheimische, die Straßensperren errichteten, um Busse mit Neuankommenden nicht mehr nach Moria zu lassen. Bald tauchten Rechtsextreme aus ganz Europa auf. Geflüchtete und Journalist*innen wurden verprügelt, Mitarbeiter*innen von Hilfsorganisationen bedroht und angegriffen, bald steht das Zentrum für Neuankommende des Flüchtlingshilfswerks in Flammen. «Und die Flüge nach Griechenland sind auch echt günstig!», sagt Kai. «Da lernst du dann auch mal die ganzen Jungs kennen.»

«Die ganzen Jungs», das sind die Kader der Identitären. Auch die ganz großen, die wohlfrisierten Köpfe der IB, auch der österreichische Oberscheitel Martin Sellner samt Gattin Brittany, die dem Antifeminismus der Alt-Right ein hübsches Gesicht verleiht. Die unmenschliche Situation ist für die telegenen Vorzeigeaktivist*innen ein gefundenes Fressen. Einige treiben sich auf Lesbos herum, andere «patrouillieren» im Norden Griechenlands vor der türkischen Grenze. Einige der deutschen Hasstouristen werden zwar des Landes verwiesen, andere von der Antifa verprügelt, aber Kai lässt sich von so was nicht verunsichern: «Chris und ich fliegen trotzdem, drehen dort gleich vor Moria ein Musikvideo. Das werden krasse Bilder!»

Ich weiß nicht, was ich sagen soll. Mir fehlt die Sprache.

In mir eine solche Leere.

Ich weiß doch, wer Kai ist. Weiß sehr genau, wie gefährlich er ist, dass Menschenleben auf dem Spiel stehen. Habe genug Zeit mit ihm verbracht, um zu verstehen, wie Kai denkt, warum Kai so denkt, wie er denkt. Dass er die unerträgliche Situation der Verzweifelten von Moria nicht wahrnimmt. Dass er ihr Leiden nicht sehen will, stattdessen nur ein Menetekel des großen Austauschs. Eine Invasion fremder Alpha-Männer, ein Armageddon. Er spürt kein Mitleid, spürt nur die Pflicht, seine Männlichkeit zu beweisen. Seine Kampf- und Opferbereitschaft, seine Körpermaschine, dieses maskuline Gewaltinstrument. Ich verstehe das. Theoretisch verstehe ich. Und trotzdem bin ich – nicht schockiert …

Irgendwas in mir geht kaputt. Irgendetwas ganz Kleines, aber Wichtiges, etwas Wertvolles, von dem ich nicht wusste, dass es da war. Es zerbricht, zersplittert.

Ich habe keine Angst mehr vor Kai und seinesgleichen. Nein, Kai ist kein seltsamer Typ, der vom Weg abgekommen ist, weil er Pech oder falsche Freunde oder eine schwere Kindheit hatte. Er ist auch kein Exempel und keine Fallstudie. Kein Protagonist in meinem Buch und keine Romanfigur. Kai, der Prototyp, ist mein Feind.

«Alles klar, Kai, ich komme mit!», sage ich.

Und wäre die Pandemie nicht ausgebrochen, hätte sich nicht der Virus um die ganze Erde gelegt, hätte Kai seine ekelerregende Reise angetreten – ich wäre mit ihm geflogen. Um ihm und all diesen Menschen, diesen Prototypen des Bösen, so gut wie es mir nur irgendwie gelingen mag, jegliche Faszination zu nehmen. Sie verdienen unsere Angst nicht. Sie verdienen Verachtung.

Ich kann nicht aufhören. Darf nicht wegschauen. Kann nicht mehr wegschauen.

Es war genau dieser Moment, in dem ich beschloss weiterzumachen. Und über die nächsten Monate begleitete ich Kai und seine Kerle noch ein wenig bei ihrem Kampf um die Radikalisierung der biodeutschen Jugend.

Und Moria? Moria wird vergessen.

Im Herbst sehe ich ein Foto aus Lesbos. Das Lager wurde bereits von einem verheerenden Brand vernichtet, der Coronavirus wütet, und auf dem Bild sieht man geflohene Menschen, die sich auf einem Friedhof ausruhen. Sie liegen auf dem Boden, auf Decken und Tüchern, eingeklemmt zwischen den Grabsteinen. Der Weg in das nahe gelegene Dorf ist von wütenden Anwohner*innen versperrt, dies ist ihr letzter Zufluchtsort. Die Lebenden liegen bei den Toten. Ganz nah beieinander.

Kein Corona 💪

Keine Musikvideos, keine Veranstaltungen, keine Konzerte, und der Umzug nach Bautzen lässt auch auf sich warten. Die Pandemie hat den Siegeszug des neurechten Rassistenraps vorerst auf Eis gelegt.

Gelegentlich schreibe ich Kai eine Nachricht auf Telegram, bekomme aber bloß einsilbige Antworten. Oder er schickt mir einfach sein Lieblingsemoji, den angespannten Bizeps in nordmännisch Hellrosa. Das Bizeps-Emoji schickt Kai auch sonst gerne, ganz grundsätzlich, mindestens in jeder zweiten Nachricht, oft auch zwei oder drei Bizepse nacheinander. Aber in diesen ersten Monaten der Pandemie reduziert sich unsere Kommunikation bald ausschließlich auf das gelegentliche Versenden angespannter Oberarme.

Den Grund für die Funkstille werde ich erst sehr viel später erfahren: Kai ist krank geworden. Zwei, drei Wochen liegt er mit Atemnot im Bett. Kriegt keine Luft. Das wird er mir erzählen. Aber ob das jetzt wirklich Corona war? «Vermutlich», wird Kai sagen, «also … vielleicht. Den Virus wird's geben, aber das ist schon auch gefakt. Also die Zahlen auf jeden Fall. Das ist alles durchgeplant.»

Selbstverständlich wird Kai das sagen, im Grunde hat er keine andere Wahl. Denn das ohnmächtige Im-Bett-Liegen und Nach-Luft-Japsen, die Angst vor einer globalen Pandemie, die Furcht vor einer unkontrollierbaren Gefahr – das ist nicht vereinbar mit seiner Existenz. Das ist eine hilflose Angst, die ein richtiger Germanenkrieger wie er nicht zu spüren hat. Die er nicht spüren darf.

Der Mythos der großen Corona-Lüge hingegen, dieser phantastische Thriller voll böser Technokraten und gefälschter Zahlen, Gesundheitsdiktatur und erzwungener Impfungen? Das ist eine Geschichte, die nahtlos ins dunkelbraune Weltbild passt. Eine Geschichte, die Angst und Hilflosigkeit zu unbedingtem Hass und akuter Kampfbereitschaft werden lässt. In wenigen Wochen setzt sich die Geschichte in allen Ecken und Enden des rechtsextremen Spektrums fest.

Und leider nicht nur dort.

Kais und Chris' Klickzahlen sind seit dem Ausbruch der Pandemie ganz gut nach oben geklettert. Der verschwörungskranke Popstar Xavier Naidoo erklärte in einem Interview, dass er sich eine Zusammenarbeit mit den Heimatrappern vorstellen könnte, und Kai raunt auch von anderen Mainstreamkünstlern und Musikproduzenten, mit denen man nun im Kontakt stehe. Ich weiß nicht, ob das stimmt. Aber als ich meine Feinde wiedertreffe, ist ihre Laune ausgezeichnet. Von Ängstlichkeit keine Spur, und über die Hintergründe der Pandemie herrscht Einigkeit. «Vielleicht hatte ich ja auch nur eine Grippe», sagt Kai.

Romantik

Ich habe mir das Schulterstativ umgeschnallt und umkreise mit einer maximal professionell wirkenden Kamera das Geschehen.

Keine Ahnung, wie dieses Scheißding eigentlich funktioniert, aber das ist egal, solange ich so wirke, als wüsste ich, was ich tue. Dramatisch drehe ich am Schärferegler, zoome mal rein und mal raus, drücke auf diverse Knöpfe. Es ist Mitte Mai, und als Chronist ihres aufhaltsamen Aufstiegs begleite ich Kai und Chris, die hier, auf der Zelle Zollverein in Essen-Stoppenberg ihr neuestes Musikvideo drehen.

Das ehemalige Steinkohlebergwerk ist zwar nicht ganz so spektakulär wie das unmenschliche Elend in Moria, aber die martialische Architektur aus rostigem Metall und toter Maschinerie tut's auch. Die Zeche ist gewaltig, ein stillgelegter Riese aus Rost und Romantik, der früher Männer mit schwieligen Händen verschluckte, sie in seinen Schächten Kohlenstaub atmen ließ. Da ist es egal, dass das Gelände mittlerweile UNESCO-Welterbe ist, eine Touristenattraktion voller Museen, Cafés und Bistros. «Das muss man sich vorstellen, das war noch echte Arbeit», sagt Kai, der sich doch auch so gerne für den Volkskörper aufopfern würde.

Um Opferbereitschaft geht es auch im Song. Und um Ehre und Gewalt, versteht sich. In Dauerschleife dudelt das Lied aus der Bluetooth Box, während die beiden Rapper vor einer phallischen Stahlkonstruktion ihren Testosterontanz aufführen: Zähne blecken, Luft verdreschen, aggressiver Gestenschrott. Ein Knilch mit blondem Vollbart schwenkt derweil die Kamera vor ihnen hin und her, und auch der Rest der Entourage ist schwer beschäftigt.

Marius, ein alter Weggefährte von Kai, bedient den Lautsprecher, richtet die Scheinwerfer aus und wechselt Farbfolien. Der dicke Yannick, der durch und durch kloßhafte Chefredakteur des *Arcadi*-Magazins, steht Schmiere, und Reimond Hoffmann, der Manager der Band, stilecht mit Sakko, Lackschuhen und Einstecktüchlein, ruft seinen rappenden Klienten immer mal wieder etwas Aufmunterndes zu und schaut gewichtig in der Gegend herum.

Allerdings solle ich ein bisschen achtgeben, bittet mich Reimond, bitte nicht sein Gesicht filmen. Reimond arbeitet für die AfD im baden-württembergischen Landtag und hat es mit seinen stramm rassistischen und antifeministischen Aussagen in den Gemeinde- und Kreisrat der Stadt Rottweil geschafft. Er muss an seine politische Karriere denken, Unvereinbarkeitsbeschluss und so weiter. «Stimmt, mich bitte auch nicht filmen», fällt Yannick da ein. Er ist Sprecher der AfD Leverkusen.

Gar kein Problem, ich verspreche es gerne. Ich bin mir ja nicht mal sicher, ob meine Kamera überhaupt aufnimmt. Außerdem ist da noch Andre, ein 22-jähriger Fahrzeuglackierer, und der weiß meine kinematographischen Bemühungen zu schätzen. Ich muss die Kamera nur in seine ungefähre Richtung halten, und schon wirft er sich in Pose. Geht runter auf ein Knie, streicht sich sinnierend das rotblonde Bärtchen, überkreuzt seine furchtbar langen Arme vor der Brust oder schaut mit romantischer Entschlossenheit gen Horizont. Andre genießt die Aufmerksamkeit. So, wie Andre eigentlich alles genießt: die Zeche, die Musik, die Gang. Und ganz besonders das Dazugehören. Denn er gehört jetzt dazu, ganz offiziell, hat unterschrieben und alles. Bis vor kurzem hätte er nicht sagen können, wie's weitergehen soll – und jetzt das! Jetzt ist er Rapper. Jetzt ist er der Neue Deutsche Standard. «Jetzt bin ich Primus.»

Er muss sich Mühe geben, um das Grinsen wieder aus dem Gesicht zu bekommen. Es ist aber auch alles wahnsinnig schnell gegangen. Vor ein paar Monaten schrieb er Kai eine Nachricht, einfach so, weil er die Jungs großartig fand. «Und dann ist Kai vorbeigekommen. Den ganzen Abend haben wir geredet und Musik gemacht, und – hier bin ich!» Er strahlt und schaut ganz verliebt auf Kai. Und auf Chris und auf den blonden Kameramann und Marius und Reimond und sogar auf den kloßhaften Yannick. Und da ist wieder das ungläubige Dauergrinsen in seinem Gesicht.

Erotik

«Männer, die Mädels hier sind rechts!»

«Was ist los?»

Die vier kichernden Mädchen haben uns schon eine ganze Weile beobachtet. Sitzen auf einer rostigen Treppe, trinken Bier mit Fruchtgeschmack und quietschten vergnügt auf, wann immer einer der Jungs etwas rüberruft. Es sind aber auch extrawitzige Sprüche, richtige Klassiker über Nacktaufnahmen und Pornodreh und Wollt-ihr-uns-nicht-zur-Hand-Gehen? Allerbeste Schulhoferotik. Und nun hat sich Reimond zu ihnen hingewagt und ist ganz aus dem Häuschen. Reimond hat festgestellt, dass die Mädels Thor-Steinar-Klamotten tragen: «Jetzt kommt mal her!»

Das lässt sich die Gang nicht zweimal sagen. Zeit für eine Drehpause, Zeit für gelebtes Mackertum! Das Schamgefühl geschluckt und hinstolziert. Ja, hallöchen, also ihr seid rechts? Also wirklich, tststs! – Nee, Scherz, sind wir doch auch! Schon ist Andres langer Arm um eine Taille gelegt, jaja, einfach mal googeln, aber ja doch, klar sind wir das, und Chris darf doch sicher mal an der E-Zigarette ziehen – stabil, Wassermelone? Krass lecker! Ihr könntet doch eigentlich im Video ein bisschen tanzen, aber ob ihr dafür auch heiß genug seid? Haha! – Und eine Männerhand wandert über die Frakturschrift auf dem Sweatshirt hin zum aufgedruckten Schlagring, und sagt mal, habt ihr Insta? Andre holt sich gleich mal den Kontakt, sicher, schreib mir jederzeit! – Ey, Marius, du machst dich aber mal ganz schnell weg hier! Gockelt der hier rum, dabei heiratet der in zwei Wochen!

Das Balzverhalten mündet in Gelächter und Geglucker, es klingt nach Dorfdisko und Landschulheim, El Arenal und Fronturlaub. Als die Mädels irgendwann mit roten Köpfen von dannen kichern, bleibt die rechtsextreme Baggerbrigade zufrieden zurück.

«Wie der bei Frauen ankommt, das ist gruselig», lobt Reimond und klopft Andre anerkennend auf die Schulter. «Der hat die gleich angefasst, weißte, so wildfremde Frauen, in 90 Prozent der Fälle – wenn so ein deutscher Verliererlauch kommt …»

«Und ich eben direkt so hingegangen, so!»

«Ist ja auch richtig, Mann, deutsche Kanten machen das so!»

«Einfach von der Seite anficken!»

Und lachend erzählt Reimond, wie er einmal – und das war am helllichten Tag – also mitten am Martinstor in Freiburg – und er gleich ran da, Zunge in den Hals – kennt man, kennt man! – Also ich so, einmal in der Bahn nach Köln – Ach, das ist doch gar nichts, ich sag's dir …

Es gäbe noch so viele Eroberungs- und Nötigungsszenarien zu erzählen, noch so viel ekelhaftes Gelächter zu lachen, aber Kai hat jetzt langsam mal genug. Sicher hat Kai anfangs pro forma auch ein wenig mitgefeixt, das gehört halt dazu, *boys will be boys* und so. Aber bald verabschiedet er sich vom erhitzten Paarungsritual. Sichtet derweil lieber das gedrehte Material und bereitet mit dem dicken Yannick schon die nächste Einstellung vor. Aber jetzt würde er echt gerne mal weitermachen, ruft er, ungeduldig und ein klein wenig melancholisch. So eine Trennung geht eben auch an einem harten Germanenkrieger nicht ganz spurlos vorüber.

Die Krönung der Männlichkeit

Von der Trennung hat Kai mir schon ein paar Tage zuvor erzählt. Ich war wieder zu ihm gefahren, um mich ganz in Ruhe mit ihm zu besprechen, und weil das Café Extrablatt pandemiebedingt geschlossen hatte, spazierten wir gemeinsam über die Weseler Rheinpromenade.

Es ist ein schöner Nachmittag und Kai gut drauf. Für seine Verhältnisse vielleicht sogar ein wenig überdreht. Er lacht viel, berichtet mir von diesem und jenem, dazu ein kleines Bierchen, tolles Wetter, alles tutti. Dass er seine Frau verlässt, erwähnt er dann fast beiläufig. «Ach, hab ich dir das noch gar nicht erzählt?» Hat er nicht. Kai seufzt. Die Entscheidung sei ihm nicht leichtgefallen, sagt er, aber es führe einfach kein Weg daran vorbei. «Es ist, wie es ist.»

Wir setzen uns auf eine Bank. Kai zündet sich eine Zigarette an. Er hat wieder mit dem Rauchen angefangen. «Sie will nicht in den Osten, will sich das alles dort nicht aufbauen. Sie will hierbleiben. Sie will halt nicht das Leben führen, das ich führen will.»

«Fuck, das tut mir leid», lüge ich.

«Was soll ich machen? Ich habe damals alles hingeschmissen, nur um meine freie Meinung sagen zu können. Alles weggeschmissen! Job, Geld, so vieles …»

«Ich weiß.»

«Und erst jetzt, fünf Jahre danach passiert mir wieder etwas richtig Gutes, zum ersten Mal seit Jahren. Da kann ich jetzt nicht auf mein Imperium scheißen.» Er sagt das nüchtern, gibt sich Mühe, weder verbittert noch traurig zu klingen. Wenn es ihm weh tut, dann will er es nicht zeigen. Ein Prototyp hat keinen Liebeskummer.

«Oh Mann, trotzdem, ich weiß doch, wie wichtig dir Familie ist.»

Kai schüttelt den Kopf. «Alles halb so wild, die Kinder kommen ja mit mir mit.» Das sei gar keine Frage gewesen, das habe auch seine Frau eingesehen: «In Bautzen kann ich ihnen eben eine richtige Zukunft bieten. Hier werden die auf der Schule ja sozial total isoliert. Eltern wollen nicht mehr, dass Kinder mit ihnen spielen, weil der Vater Patriot ist – so weit ist es schon gekommen! Aber drüben, im Osten, da sieht das gleich ganz anders aus. Da sind das die Kinder von Proto! Da werden sich die anderen Kids gerade deswegen mit ihnen treffen wollen!»

Mich überkommt ein wahnsinniges Mitleid mit den Kindern. Versuche mir das vorzustellen: die rechtsextremen Rapper und die drei Kleinen auf dem sächsischen Hof. Das könnte eine bizarre Sitcom sein oder ein phantastischer Horrorfilm, ich bin mir nicht sicher. Der Prototyp will seinen Kindern eben ein besseres Leben erkämpfen, koste es, was es wolle. Und sei es ihre Kindheit.

Kai sieht den kommenden Aufgaben als alleinerziehender Vater in jedem Fall gelassen entgegen. Im gelobten Land Bautzen sei ja «für Rücken gesorgt», da könne ihm niemand mehr was, und überhaupt habe er sich in den letzten Jahren schon hauptverantwortlich um den Nachwuchs gekümmert. Die Frau musste ja arbeiten gehen. Nach der Geburt des jüngsten Kindes nahm Kai sogar offiziell Elternzeit.

«Du bist also so ein progressiv-feministischer Vater», rutscht es mir raus, aber Kai findet das kein bisschen lustig. «War doch nur ein Witz», entschuldige ich mich, aber auch im Scherz lässt sich der Prototyp nicht so ein Label anheften.

«Gar nicht. Ich komme mit der Rolle klar, ich erfülle sie gut, und ich bin auch maskulin genug, um das wieder auszugleichen.»

«Natürlich», sage ich.

«Und Vatersein ist die Krönung der Männlichkeit! Man ist bei seiner eigenen Schöpfung. Was ist bitte männlicher als die eigene Schöpfung? Das eigene Erbe zu fördern und zu unterstützen, was gibt es Ehrenhafteres? So wie man die Ahnen ehrt, muss man alles für die Erben tun. Für mich als patriotischer Vater ist das kein Widerspruch.»

«Ich verstehe», sage ich. «Sorry.»

Wir schweigen. Rauchen. Schauen aufs Wasser. «Ich werde hier nichts vermissen, mich hält hier nichts ... Nur der Rhein, der wird mir fehlen.»

Jetzt ist sie also doch da, die Traurigkeit. Hat sich hinterrücks an ihn rangeschlichen, aber er reißt sich sofort wieder von ihr los, springt energisch auf und schnipst die Zigarette im hohen Bogen davon. «Komm, wir marschieren noch ein bisschen.»

Der Putsch gegen den Schmerz

Der Prototyp schreitet mit großen Schritten voran. Immer weiter vorwärts, die Weseler Rheinpromenade hinab und der Zukunft entgegen. Der Prototyp lässt sich nicht ausbremsen, von keinem Virus und von keiner Frau. Der Prototyp lässt sich weder das Herz brechen noch Angst einjagen. Überhaupt will er sich nichts mehr gefallen lassen! Es gibt kein Zurück mehr für ihn. Bald sei er in Bautzen, dann könne ihn nichts mehr aufhalten. Nichts! Das sei jetzt seine Zeit!

Und dann hat der Kiosk geschlossen. Der Kiosk auf der Rheinpromenade, zu dem wir marschiert sind, wo wir noch ein Bier kaufen wollten, der hat geschlossen. Pandemiebedingt, diese verdammte Corona-Pisse! Das kotzt Kai jetzt an, das kotzt ihn jetzt so richtig an, das macht ihn wirklich wütend. «Ich sag's dir, Toni: Der Wandel muss kommen», knurrt er.

Kai meint das nicht abstrakt. In seinem Kopf schwirrt eine Putschphantasie, von der er mir erzählt. Zwar rahmt er sie als komische Geschichte, und er lacht beim Erzählen, aber die Phantasie ist so konkret und der Ton in seiner Stimme so scharf, dass mir mulmig zumute wird.

Kai sei jedenfalls besoffen gewesen, als ihm die Idee gekommen ist: «Ich saß da mit ein paar meiner Jungs, und ich dann einfach so in die Runde: ‹Freunde, wir waren doch alle beim Bund, mit wem habt ihr noch Kontakt? Es wird Zeit für den Putsch!› Damit habe ich dann auch schon alle Anwesenden überzeugt.» Am nächsten Morgen, als alle mit dickem Schädel aufgewacht sind, erzählt Kai, da habe man die revolutionären Pläne gleich wieder unters Kopfkissen gestopft. Er lacht herzlich, und ich lache mit. Man müsse eben den richtigen Moment abwarten.

Vielleicht ist es nur der Frust über die Trennung, der da aus ihm spricht. Oder die Wut über den geschlossenen Kiosk. Oder ich psychologisiere gerade einen Nazi. Aber in jedem Fall rückt der Tag X in Kais Kopf näher. Der Moment, in dem er für sein Land und seine Kinder endlich kämpfen darf. «Ich umgebe mich auch nur noch mit Leuten, die hundert Prozent so ticken wie ich. Die meinen Rücken haben. Die ein Rudel sind, weißt du?»

Ich weiß, und Kai lächelt mir anerkennend zu. Ein männlich-herber Moment der Kameradschaft.

Plötzlich wirkt er so unsagbar schwach. So winzig klein.

Kai hat nicht die Stärke, traurig zu sein. Nicht die Größe, Schwäche zu zeigen. Nicht die Kraft, seinen Fanatismus zu erkennen. So schwach und klein und kraftlos ist er, dass er eher einen Bürgerkrieg beginnen und das Land niederbrennen würde, als einfach mal zu weinen.

Schornsteine und Schreibtischtäter

Lärmend stapft die Bande über das fahl beleuchtete Zechengelände. Es ist dunkel geworden in Essen-Stoppenberg, ein kalter Nieselregen hat eingesetzt, aber ein paar Aufnahmen wollen wir noch machen. Wir suchen nach einer passenden Kulisse, vielleicht irgendwas vor den Industriehallen und Schornsteinen, die jetzt so schön bedrohlich rot angeleuchtet werden.

Ich beteilige mich übereifrig am Rumgeblöke. Ich spreche ihre Sprache, belle ihre Worte, es geht ja eh um nichts. Nur ein zäher Strudel bindungsloser Floskeln, Versatzstücke des Hasses, Reproduktionen der Härte.

Plakate werben für eine Ausstellung in der Kokerei: Fotoporträts von Holocaust-Überlebenden. Das ist ein Highlight für das Rudel, da wird gelacht, weil Schornsteine, versteht ihr, Schornsteine gibt es ja auch hier auf der Zeche. Alle lachen, und ich lache auch. Das ist alles, was ich machen muss, um dazuzugehören, um Teil des Rudels zu sein. Lachen und lärmen. Als kahlrasierter Bomberjackenträger reihe ich mich ein in die Bruderschaft neurechter Hipsternazis, prolliger Rap-Rassisten und Einstecktuchfaschos.

Sind das hier eigentlich die Männer, mit denen Kai besoffen seinen Putsch plant? Mit denen er sich auf den Tag X vorbereitet? Werden diese kläffenden Kerle irgendwann durchladen und auf die Barrikaden gehen? Geht das mit Reimonds Lackschuhen überhaupt? … Nein, ich mach schon wieder Witze, dauernd mach ich meine beschissenen Witze, will die Gefahr nicht ernst nehmen! Dabei habe ich doch eine sehr genaue Ahnung, zu was meine Feinde fähig sind – und wenn ich jetzt nicht aufpasse, kann mir das alles hier um die Ohren fliegen! Es gibt konkreten Grund zur Sorge.

Ausgerechnet vor Yannick, dem *Arcadi*-Chefredakteur, muss ich mich in Acht nehmen. Ausgerechnet er, dieser dicke Junge mit dem Abiturientengesicht, könnte mir gefährlich werden, könnte mich auffliegen lassen – und das ist auch noch meine eigene Schuld!

Nachdem ich von seiner Existenz erfahren hatte, entwickelte ich eine ungesunde Obsession für das *Arcadi*-Magazin. Ganze Nächte schlug ich mir um die Ohren, verschlang mit perverser Begeisterung den reichhaltigen Online-Content des rechtsradikalen Jugendmagazins. Eine schier endlose Aneinanderreihung krampfhafter Versuche, jungen Männern einen Cocktail aus hypermaskulinen Idealen und neurechten Parolen einzuflößen. Im Ernst, Kais Germanenherausforderung gehört da noch zu den moderaten Beiträgen.

Virilität und Härte sind die thematischen Leitfäden der Texte, ob da totalitäre Machthaber wie Orbán und Putin gepriesen werden, Computerspiele rezensiert (russische Ballerspiele und nordische Survivalgames findet man besonders gut), oder Style- und Modetipps zum Besten gegeben werden: «Westen sind großartige Kleidungsstücke für Patrioten, denn Westen sind für

Männer.»* Dazu gibt es stürmische Plädoyers für Masturbationsverzicht und Huldigungen des eiskalten Duschens («Erlebe dein tägliches Sparta!»), und ganz viel Internet- und Popkultur à la Gamergate, Filme, Memes, Musik, das kunterbunte Schlachtfeld im Krieg gegen die «linksfeministische Propaganda». Und dann mein Lieblingstext.

Wie so oft in *Arcadi* geht es auch in diesem verblüffenden Stück Kulturkritik mal wieder um «Star Wars». Die magischen Weltraumritter scheinen die deutschen Neofaschisten schwer zu beschäftigen – damit begeistert man eben kleine Jungs –, allerdings warnt der Rezensent vor «The Last Jedi». Denn in diesem jüngsten Film der Franchise bildeten «Frauen, ethnische Minderheiten, Aliens und Roboter» eine üble Allianz, «um weiße Männer zu bekämpfen»! Und es wird noch schlimmer, denn «am Ende ist immer Hitler schuld». Deswegen, rät der Rezensent, solle man doch lieber dieses eine alte Star-Wars-Computerspiel zocken, in dem dürfe man die lästigen Rebellen noch abknallen!

Ich las das und musste einfach Kontakt aufnehmen! Musste diese Autoren kennenlernen, musste Toni Schneider *Arcadi*-Redakteur werden lassen! Ich rotzte in dreißig Minuten einen Text über die amerikanische «Straight Pride»-Bewegung herunter, schickte die Mail raus, und voilà: Ein Honorar könne man mir leider nicht zahlen, aber sehr gerne würde man meinen tollen Artikel veröffentlichen. Nur Fotos sollte ich noch hinterherschicken. Was ich auch tat. Und dann hörte ich nicht mehr zurück. Wochenlang hakte ich noch nach, aber keiner rührte sich.

Dabei war ich doch vorsichtig gewesen. Hatte meinen VPN-Client eingeschaltet und die Exif-Daten von den Fotos entfernt … Oder hab ich einen Fehler gemacht? Ist womöglich irgendwer anderes hinter mein Pseudonym gekommen? Wurde ich verpfiffen? Und von wem? Doch nicht etwa …

* Die letzten Westen der Männer! (Sorry)

Langsam stieg Paranoia in mir auf, aber ich schob den Gedanken von mir weg. Was blieb mir anderes übrig, ich steckte schon viel zu tief drin.

Auch jetzt habe ich keine andere Wahl. Ich versuche mich von Yannicks Anwesenheit nicht aus dem Konzept bringen zu lassen. Versuche nicht andauernd zu ihm hinüberzuschielen. Zu diesem dicken Jungen, der kein bisschen zu der Testosteronprosa seines Magazins und genau so wenig ins Rudel passt. Der uns tranig hinterhertrabt und schweigsam seine Salmiak-Dragees lutscht. Wieder gehen mir blöde Witze durch den Kopf, die ich mir verbieten muss! Die auch nicht angemessen sind!

Yannick sieht halt aus, wie er aussieht. Wozu sollte so einer auch einen funktionalen Körperpanzer haben? Er wird sicher nie auf brennenden Barrikaden kämpfen. Und Reimond mit seinen Lackschuhen auch nicht. Yannick und Reimond müssen nicht zuschlagen, durchladen und abdrücken können. Die machen politisch Karriere, die schreiben bloß die Texte, managen und finanzieren und verkaufen den patriarchalen Männlichkeitswahn, kreieren die Fußsoldaten. Und sie haben ja ihre germanischen Überalphas. Chris, der hauptberuflich noch immer als Schornsteinfeger arbeitet. Kai, der aufstocken gehen muss. Kleinbürgerliche Prototypen, die sich ohnehin für Volk und Vaterland aufopfern wollen.

Yannick steckt sich noch ein Salmiak-Dragee in den Mund. Eigentlich gar nicht so lecker, murmelt er. Er schenkt mir die Packung.

Adolf Hitler liebt Bambi

Die neue Kulisse ist gefunden, von hier wirkt das Industriegelände ganz besonders martialisch. Während die Entourage noch an den Scheinwerfern rumtut, posieren die drei Rapper des Neuen Deutschen Standards für meine Doku. Gewohnt routiniert spielen Kai und Chris die urbane Wikingerhorde, und auch Andre schlägt sich nicht übel. Zwar fehlt es ihm noch an der stoischen Überheblichkeit, aber die Grundhaltung sitzt. «Und rappen kann der Junge auch, und wie!», ruft Kai, ganz stolz auf seinen Zögling. Vaterschaft, die Krönung der Männlichkeit.

Während der Dreh weitergeht, unterhalte ich mich ein wenig mit Andre. Zumindest pro forma, zumindest lass ich ihn quatschen. So richtig interessiert er mich nicht. Er hat doch eh schon längst die ganzen PR-Standardsätze auswendig gelernt, das Gesülze über aufrechte Werte und den degenerierten Hauptstrom, ich hör erst gar nicht richtig hin. Aber dann spricht Andre über Musik. Wirklich wahr, er redet von Rap und Hip-Hop. Weil er die Musik eben liebt, sagt er, und auch die Wurzeln fände er total spannend: «Die kann man ja nicht ausklammern, also Barry White und so.»

Ich kann's erst gar nicht glauben. Ich warte darauf, dass er gleich so etwas prototypisch Prototypmäßiges sagen wird, über Rap als «politischen Bedeutungsträger» oder Musik als «metapolitisches Instrument der Bewegung». Aber nein. Andre und ich, wir reden einfach über Rap. Vor allem die amerikanischen Klassiker, die hätten ihn so richtig geflasht: Wu-Tang Clan und Mobb Deep und der ganze G-Funk, und besonders Big Pun, und klar doch, sicher kennt er den überkrassen Part aus «Deep Twinz Cover»! Das hat ihn alles mega inspiriert, als er früher im Jugendzentrum auf dem altersschwachen Rechner seine ersten Songs aufgenommen hat. Und er zeigt mir sein Tattoo: «Das ist das Geburtsdatum von Tupac. Aber weil viele das peinlich finden, sage ich jetzt oft, dass wäre das von meiner Mutter!» Wir lachen.

Und ich will ihn anschreien. Will ihn an den Schultern packen und schütteln und ihm ins Gesicht brüllen! Lauf weg! Jetzt! Sofort! Renn! Wenn da noch ein klein bisschen Musik in dir drin ist, dann kann noch nicht alles verloren sein! Dann musst du rennen, bevor die Musik zum Werkzeug wird und du selbst zum Instrument! Zum Soldaten irgendwelcher neurechter Sakkoträger und Dragee-Lutscher. Renn, Andre, bevor sie dich zum *Arcadi*-Posterboy machen, bevor sie dich zur bosshaften Germanenmaschine kaputtdrillen!

Ein Unsinnsgedanke, ich weiß. Dann hört Andre eben Tupac und Funkadelic, das macht ihn nicht automatisch zu einem besseren Menschen. Das bedeutet gar nichts! Adolf Hitler liebte auch Disney-Filme, und Beate Zschäpe hört U2. Aber trotzdem tut Andre mir jetzt leid. Keine Ahnung. Und als er mich dann fragt, ob er nicht auch in der Doku vorkommen könne, da sag ich natürlich ja. Andre strahlt. Er hat auch eine richtig krasse Geschichte für mich, verspricht er mir.

Der letzte harte Alman im Kreis Düren

Ein paar Wochen später im nordrhein-westfälischen Jülich, Kreis Düren, irgendwo zwischen Aachen und Köln. Andre ist schon da, wartet auf mich am Bahnhofsplatz seiner Heimatstadt und winkt mir mit seinem furchtbar langen Arm. Überhaupt ein furchtbar langer Kerl, man kann leicht vergessen, wie jung er noch ist.

«So, willkommen», sagt er und lässt den Blick über den Platz fahren. Leere. Stille. «Nichts los. Wie immer.» Nur am Imbiss stehen zwei etwas zahnlose Männer in löchriger Ballonseide und teilen sich eine Portion Pommes Schranke.

Wir setzen uns in Bewegung, ein Spaziergang durch Backstein, Beton und betuchtes Bürgertum. Eigentlich ist es jenseits des Bahnhofs ganz hübsch hier. Ein normales Städtchen, ein wenig nett, ein bisschen fad, Letzteres mag auch bloß am Lockdown liegen. Andre sieht hier allerdings etwas sehr anderes. Für ihn ist das hier Provinztristesse, Langeweile, Jottwede und Arsch der Welt. Und das will er mich auch sehen lassen. Er will mir beweisen, aus was für einer schlimmen Ecke er es rausgeschafft hat.

Also, fast rausgeschafft hat. Bald rausgeschafft haben wird! Vom Drogenkiddie zum Rapstar, vom Verbrecher zur patriotischen Ikone, von Düren bis nach Bautzen! Drei Stunden hat er dafür Zeit, dann kommt der Bewährungshelfer, dann muss Andre wieder zu Hause sein.

Natürlich weiß ich, dass Andre mir jetzt ein bisschen was vorspielen wird, ein kleines autofiktionales Theaterstück aufführen. Dass er zu gleichen Teilen möglichst hart und möglichst anständig rüberkommen will, dass nicht alles von dem Erzählten stimmen muss. Aber ich bin damit sehr einverstanden. Selbstinszenierungen verraten auch immer etwas über den Darsteller, die Sprache etwas über den Sprechenden. Außerdem mag ich Theater – und dann ein semidokumentarischer Stadtspaziergang mit Zuschauerpartizipation? Sehr modern. Also los.

«Die Amis haben hier 99 Prozent weggebombt gehabt und das Einzige, was wir hier haben, is jetzt richtig Kriminalität. Drogenumschlagsplatz, Clans und so alles.» Düren sei die kriminellste Stadt Deutschlands, sagt Andre, «also pro Kopf berechnet, du weißt schon, auf jeden Fall krimineller als Frankfurt.» Ein leichter Anflug von Stolz in seiner Stimme. «Und für Jugendliche, so Kinder wie ich früher? Wenn du in der Schule verkackst und keine Kohle hast? Die lassen dich vergammeln.» Andre führt mich in einen Park, wo die kleinen Andres der Stadt ihre Tage zubringen. Wo tatsächlich an jeder Ecke ein paar Jogginghosen-Teenager an den Bänken rumlungern, die Lungen voll Rauch, die Bauchtaschen voll Gras. Und Andre grüßt sie alle, jeden Einzelnen, und viele kennt er beim Namen. Und das soll ich auch mitkriegen.

«Jo Vladi!», ruft Andre.

«Jo Andre!», ruft Vladi.

Und was geht? Machst du dir ’nen schönen Tag? Bisschen chillen, ja? Nee, ein bisschen bin ich noch da, jaja, bald geht’s in den Osten. Ja, sicher, stabil, Vladi, mach dein Ding, Bruder, und so weiter und so fort. Es gibt wenig zu sagen, aber man quetscht aus dem wenigen so viele Sätze raus wie nur irgend möglich. Andre lächelt mich an. «Ich hab kein Problem mit Ausländern, das merkste, ja?» Anerkennend lächele ich zurück.

Vor ein paar Jahren stand auch Andre hier herum. Schon mit dreizehn. «Aber was willste hier auch machen, wenn du keinen Bock auf Schule hast?» Im Sommer gebe es wenigstens das Freibad und in Düren ein Kino. «Aber dann machst du Stress, und die lassen dich nicht mehr ins Schwimmbad rein, und du kannst ja nich jeden Tag ins Kino gehen.» Da bliebe nicht viel übrig, und so entdeckte der kleine Andre seine beiden Leidenschaften: den Kampfsport und das Kiffen. Beides kann man hier wunderbar machen, und in beidem hatte er Talent. Konnte von morgens bis abends rauchen, den ganzen Tag, jeden Tag, und Kampfsportvereine gibt's an jeder Ecke. Mit dem Opa ging's in den Boxschuppen, und Andre mit seinen langen Ruderarmen lernte richtig gut zuschlagen. Und zwar nicht nur im Verein, sondern auch draußen: «Ich habe mir die positive Resonanz eben auf der Straße geholt», erklärt er und ich wundere mich ein wenig über diesen Sozialpädagogensatz. «Außerdem fühlte sich das halt gut an, wenn du so zwei, drei Jungs gleichzeitig fertigmachst! Ein paar Schwinger und alle k.o.» Das klingt schon wieder mehr nach Andre.

«Sag mal, hast du Hunger?» In einem Fastfood-Laden an einer großen Kreuzung holt er sich einen Chickenburger und uns beiden einen Becher Kaffee. Wir setzen uns auf eine Holzbank.

«Gut», schmatzt er, «die Eltern drehen dir dann jedenfalls den Geldhahn ab, und dann? Dann geht's los mit der Beschaffungskriminalität. Lässte dir erst mal lange Finger wachsen.»

«Was hast du denn so mitgehen lassen?»

Andre lacht. «Alles, wirklich alles, in jedem Laden. Kein Geschäft, wo ich nicht zugegriffen hätte. Und bald machten wir's richtig, wir waren keine dummen Diebe.»

Mit zehn Mann ging Andre auf Ganoventour, und die Ambitionen wuchsen. Sie zogen Leute auf der Straße ab, ein kleiner Einbruch hier, ein spontaner Raubüberfall da. Andre hatte jetzt eine Gang und Gras und Geld, wurde von den Älteren akzeptiert. Sorgfältig planen sie die wirklich dicken Dinger. Und aus 500 Euro am Tag werden bald auch mal 5000. «Die sind bis heute nich rausgekommen. Zum Glück, für die hätte ich richtig Jahre kassiert.» Das war kein Hobby mehr und keine Jugendsünde, es war ein Job. Und Andre war gut in seinem Beruf. Zumindest behauptet er das, und ich glaube es ihm gern.

Vielleicht wäre er damit auch durchgekommen. Vielleicht hätte Andre noch eine legendäre Karriere als Berufskrimineller hingelegt, wäre aufgestiegen zum Boss der Dürener Unterwelt – oder vielleicht hätte er den Absprung geschafft, wer weiß. Aber dann, mit sechzehn, kam ein Mädchen und mit ihr der Absturz. Eine Femme fatale! Denn wenn so ein richtig harter Mann wie Andre so richtig hart abstürzt, dann muss natürlich eine Frau daran schuld sein.

«Ich hab die über alles geliebt!», sagt Andre mit tollem Pathos. Eigentlich wollte er aufhören, weg von der Straße (auch das will ich ihm einfach mal glauben), aber dann war sie da, und Andre musste ihr doch etwas bieten. «Sie hat zwar nichts gesagt, aber wenn du so 'ne Frau hast und dann blank bist, dann schämst du dich!» Also, ganz klassisch, ganz Hollywood, ein letztes großes Ding! Ein letztes Mal so richtig absahnen, *tout ou rien*, und dann bekam er von einem Kumpel einen Tipp: Da sind drei Männer in der Stadt, noch an diesem Abend werden die an der Aral-Tankstelle sein, und zwar mit Bargeld. Mit einer Menge Bargeld.

«Waren das schwere Jungs?», frage ich.

«Mhm», sagt Andre und beißt in den Chickenburger.

«Und du hast die plattgemacht?»

«Oh ja», sagt Andre.

Andre griff sich zwei Schlagringe. Das müsse ich verstehen, sagt er, «das waren ja keine unbedeutenden Pisser, die waren im Geschäft.» Und dann drei gegen einen. Da hat man bloß eine einzige Chance, da muss man rein und ohne zu reden, ohne zu zögern – das muss sitzen! Das denkt er sich, der sechzehnjährige

Andre, also greift er zu den schweren Schlagringen, einen links, einen rechts, Kapuze übern Kopf und die bewaffneten Fäuste in die Taschen – und los.

Er hätte ja nicht ahnen können, was so ein Schlagring anrichten kann.

Er hätte ja nicht ahnen können, dass die drei sich wehren!

Aber so ein Schlagring kann ordentlich Schaden anrichten, und die drei haben sich ordentlich gewehrt. Das waren eben richtige Männer, und Andre wollte auch einer sein. «Dein Kopf ist ganz leer in so einem Moment.» Andre lässt sich nicht fertigmachen und er lässt sie nicht wegkommen. Schlägt zu und schlägt zu, wieder und wieder, und er schlägt auch jetzt, beim Erzählen, zwar nur auf die Lehne der Holzbank, aber ich schrecke auf, weil das Holz unter seinen Fausthieben vibriert.

Die Kerle stehen nicht mehr auf. Die liegen in ihrem Blut. «Ich habe etwas übertrieben gehabt. Egal, hab die dann komplett abgezogen, Brieftasche, Handy, Uhr, alles. Verkauft, Geld gehabt.» Und am nächsten Tag gleich mit der Freundin nach Aachen, in die große Stadt, gutes Essen, shoppen, trinken, feiern. Und nachts liegen sie noch lange wach.

Er hätte ja nicht ahnen können, wie viele Kameras so eine Aral-Tankstelle hat. «Ham Se jedacht, datt wir Sie nich bekommen?», lacht der Beamte im Polizeiwagen. Und Andre in Handschellen und Fußfesseln, der schreit, der tritt mit voller Kraft gegen den Fahrersitz. Aber es bringt alles nichts. Vom Beamten kriegt er zwei aufs Jochbein, vom Richter zwei Jahre JVA. Und als 35er noch sechs Monate stationäre Drogentherapie. «Damit hab ich Glück gehabt, fünf Jahre standen im Raum.» Andre zerknüllt die Chickenburger-Verpackung, wirft sie auf den Boden und lutscht sich Mayonnaise vom Handballen.

Seit Andre wieder draußen ist: keine Drogen mehr, keine Gaunereien, das Mädchen ist auch weg. Job in der Werkstatt des Vaters. Fahrzeuge lackieren in Jülich – und das nüchtern. Für mich wäre das auf Dauer nichts, und für Andre offensichtlich auch nicht. In jedem Fall schreibt er dann irgendwann Kai Naggert eine Nachricht auf Instagram. «Gar nicht wegen Politik oder so. Einfach nur, weil die für Stärke einstehen, ne? Also für Deutsche, die auch stark und stolz sein dürfen.»

«Aber du bist schon Patriot, oder?»

«Patriotisch, joa, irgendwie, aber ich war nie politisch. Und meine Freunde früher waren auch alles Ausländer. Albaner und Türken und Araber und so. Alles. Ich bin kein Rechter und auch kein Linker. Ich bin halt nur so aufgewacht.»

Wir spazieren weiter durchs Städtchen. Vorbei am obligatorischen Café Extrablatt auf dem Marktplatz. Nein, das Stadtbild mag als Kulisse so gar nicht zu Andres Erzählung passen. Wie sehr vieles in Andres Erzählung nicht zusammenpassen mag.

Andre ist es sehr wichtig, kein Nazi und kein Rassist zu sein. Erst vor kurzem ist sein Debüt als Primus erschienen, und die Antifa-Infoseiten arbeiten schnell. Vielleicht hat ihm das Angst eingejagt, vielleicht hat er auch wirklich nicht mit dem Label als Nazi-Rapper gerechnet. Dabei habe er natürlich gewusst, dass Kai und Chris in diese Schublade gesteckt werden.

Irgendwann lief auf *Spiegel TV* dieser Beitrag über den gewaltbereiten Rechtsrapper aus München, und Andre fand das damals eher absonderlich, sagt er. Schaute sich die Reportage auch nur an, weil er nichts Besseres zu tun hatte, er saß ja im Knast. Aber dann, wieder in Freiheit, habe ihm der YouTube-Algorithmus den Neuen Deutschen Standard in die Empfehlungen gespült. Also draufgeklickt, und dann noch ein Song und noch ein paar. «Dann hatte ich die Erkenntnis: Die teilen doch dieselbe Meinung wie ich, und ich bin auch kein Nazi! Was die sagen, ist doch richtig so. Ich will doch auch, dass es keinen Krieg gibt, dass es keine Kapitalisten gibt. Ich will auch, dass Familie an erster Stelle kommt und dass es jedem gut geht.»

Abstreiten und Distanzieren: die erste Lektion für die Nachwuchsfaschisten. Aber kann ja sein, vielleicht versteht Andre wirklich nicht, was ein Nazi ist und wie Rassismus funktioniert. Wollen wir ihm das einfach mal glauben, damit wäre er in Deutschland ja beileibe nicht alleine. Hier also alles, was Andre weiß, was die meisten Andres der Nation wissen: Die Nazis sind die Bösen. Nazis sind moralisch schlecht und hassen Migrant*innen. Und beides trifft auf Andre nicht zu, davon gibt er sich überzeugt. Er fühlt sich sogar sehr moralisch, und die meisten «Ausländer» finde er prima oder zumindest okay. «Und die Ausländer haben auch kein Problem mit mir. Also die, die ich kenne, die finden das gut, was ich mache! Ich meine, da vorne, das ist mein Lieblingsrestaurant!» Er deutet auf eine Dönerbude und stellt sich vor die Fensterfront.

«Hallo!», ruft Andre dem Mann am Dönerspieß zu und wedelt mit seinem langen Arm.

«Hallo!», ruft der Mann am Dönerspieß und wedelt mit seinem langen Dönermesser zurück.

Das könnte ein Sinnbild für die Neue Rechte sein: Freundlich grüßt man den Dönerbudenbesitzer, dann schließt man sich Neonazis an. Aber Andre scheint sehr zufrieden mit sich und seiner unbeholfenen Selbstinszenierung. Für seine ganzen «ausländischen Freunde» sei er eben der harte Deutsche gewesen, sagt er. Eine Seltenheit, ein stolzes, schwarz-rot-goldenes Einhorn. Der Gegensatz zum gemeinen Alman, der sich bereitwillig unterordnet. «Almans sind für die eben die Schwächlinge, und ich kann das verstehen. Ich hätte früher auch eher einem Deutschen auf die Fresse gehauen als einem Türken. Weil, ich dachte so: Die Deutschen sind doch voll die Lappen. Was ist das denn? Das ist doch kein Landsmann! Und die Türken oder Araber oder so, die leben im Grunde auch viel mehr meine Werte: Also Familie und Glaube, das steht für die an erster Stelle.»

Deswegen kam er so gut mit den Tschetschenen klar, worauf der stolze Andre besonders stolz ist: «Denn die Tschetschenen, die sind das radikalste Volk.» Und er erzählt von seinem besten Freund damals, einem extraradikalen Tschetschenen, dessen

Schwester Kopftuch und dessen Mutter sogar Niqab trug: «Ich war der erste Nicht-Tschetschene, der seiner Schwester die Hand gegeben hat. Und ich sitz bei denen, weil, ich bin stolz als Deutscher und Christ. Die glauben vielleicht an einen anderen Gott, aber wir sind trotzdem Brüder. Weil wir Werte und Identität haben! Und das müssen wir den deutschen Jungs auch klarmachen, dass ein gerader Deutscher nicht schwach, sondern stark ist!» Zur erneuten Demonstration seines Wertesystems grüßt er eine Gruppe Jungs, die so aussehen, als könnten sie migrantischen Background haben oder oft ins Solarium gehen. Und dann sagt er ein paar Sätze, die Kai und Chris schon vor ihm gesagt haben. Darüber, dass er den deutschen Jungs wieder ihre Identität und Männlichkeit zurückgeben wolle, und er grinst beim Erzählen, weil ihm die Sätze schon fast so gut wie dem Prototyp gelingen: «Zu Zeiten meines Opas war es normal, dass du als Jugendlicher schon ein Mann sein wolltest! Das war cool! Es war cool, dass man seine Familie beschützen und verteidigen wollte, es war cool, Männlichkeit nach außen zu tragen. Und heute werden diese Werte ausgerottet. Da brauchen wir uns ja nichts vorzumachen, dass uns die Männlichkeit geraubt wird und Männer immer mehr zu Frauen werden.»

Ach, Andre. Ich frage mich, ob ich ihm widersprechen könnte. Selbst, wenn er mir in den vergangenen Stunden seine gebündelte Naivität nur vorgespielt hat, müsste er doch begreifen können, was ihm der Wunsch, ein echt-stolz-starker Mann zu sein, in seinen 22 Jahren auf diesem Planeten bisher so gebracht hat. Wie dumm seine Idee von Männlichkeit und Stärke ist. Wie viel schwerer es ist, eine andere Stärke zu leben.

Womöglich könnte er das sogar begreifen.

Aber Kai, mein Feind, der hat das einfachere Narrativ. Nach seiner, der prototypischen, der gängigen Definition ist wahre Stärke nur Muskelkraft und Disziplin und Zuschlagen. Es ist die Stärke, die Welten zerstört. Und kann ich Andre einen Vorwurf machen, dass er daran glaubt? Es ist eine Definition, die sich stimmig anfühlt, intuitiv richtig und linguistisch korrekt: Stärke ist Stärke, und Mann ist Mann, und Familie ist Familie. Eine Rose ist eine Rose ist eine Rose und verweist nur auf sich selbst. Das sind gute Sätze, schöne Sätze, egal wie tautologisch. An die glauben all die kleinen Andres des Landes gerne. Woher sollen sie auch wissen, dass diese Definitionen von Familie und Stärke und Mann nur dem Status quo dienen? Einer patriarchalen Gesellschaft, die das brutalste Vorgehen belohnt? Durchsetzungsvermögen, Aggression und Rücksichtslosigkeit. Andre glaubt an eine Stärke, die Schwäche bedeutet. Aber er weiß das nicht. Die Mehrheit der Menschen weiß das nicht, vielleicht wollen sie es auch nicht wissen. Denn irgendwann, so lautet das Versprechen, dürfen sie als die Starken auf die Schwachen einprügeln.

Die Schmerzensmänner glauben an diese tautologischen Sätze, lassen sich von ihnen agitieren, lassen sich von ihnen zerstören und quälen. Die Froschjungs und Incels vergehen dieser Sätze wegen in Selbstekel und Frauenhass. Und diese Sätze lassen kleine Jungen mit ihren gefühlten Provinztristessen verwachsen, mit ihren Kleinstadtödnissen und Großstadtghettos. Diese Sätze machen Jungs zu Soldaten, Kais zu Prototypen, Andres zu Rekruten, zu Ziehsöhnen des Patriarchats. Zu funktionalen Maschinenmännern in einem hierarchischen System, das sie kaum verstehen.

Hier ist alles, was sie verstehen:

💪 Stärke ist Stärke.
💪 Familie ist Familie.
💪 Ein Mann ist ein Mann ist ein Mann ist ein Mann.

Sicher, in vielen Medien, Unis und Schulen zirkulieren neue Sätze. Eine neue Sprache, neue Konzepte von Familie und Stärke, neue Männer* und Frauen*. Und das ist wichtig und gut. Aber wie können wir das all den Hunderttausenden Andres begreiflich machen?

Ich fühle mich plötzlich ziemlich hilflos.

«It takes strength to be gentle and kind», sang Morrissey irgendwann in den Achtzigern und hatte damit recht. Heute hetzt Morrissey gegen Migrant*innen. Er war nicht stark genug.

Andre schaut auf die Uhr. Er muss sich beeilen, gleich kommt der Bewährungshelfer. Aber er bringt mich noch zum Bahnhof, und eine letzte Geschichte hat er auch noch für mich. Die Geschichte kennt man eben, wenn man als Deutscher hier in der Gegend aufwächst, sagt er, auch wenn er nicht mehr weiß, wer sie ihm zuerst erzählt hat. Vielleicht der Opa oder irgendein Lehrer. Aber es ist eine prägende Geschichte. Eine über Konsequenz und über Stärke, über harte deutsche Männer.

Denn damals, nachdem die Amerikaner die Stadt in Schutt und Asche gelegt hatten, als die Rurfront näher und näher kroch, da gab es eine Einheit von kleinen Jungs im Wald. «Fünfzehn oder sechzehn Jahre waren die, die sollten die Stellung halten. Und die Amerikaner wollten die jetzt nicht alle abschlachten. Umstellten sie also, und die meisten haben sich ergeben. Legten die Waffen nieder und kamen raus. Außer zwei. Die hatten ein MG und die kämpften. Die haben tausend Amerikaner abgeknallt, also sauviele auf jeden Fall, und haben gekämpft, bis sie umfielen.»

Keine Ahnung, was Andre da für einen geschichtsklitternden Schwachsinn von sich gibt. Vielleicht meint er die Schlacht im Hürtgenwald, in der die Nazis noch kurz vor Kriegsende Tausende HJ-Kinder und Jugendliche in einen so sinnlosen wie erbärmlichen Tod schickten. In jedem Fall findet Andre Heldentode offensichtlich klasse. Und bald wird er mit seinem Männerbund nach Bautzen ziehen und sich eine Welt aufbauen, in der Härte regiert. Und er wird nicht aufgeben. Auf dass andere Andres irgendwann von ihm erzählen werden: «Da war mal einer, der gab nicht auf. Der hat gekämpft, bis er umfiel.»

Andre verschwindet an der Kreuzung, ich bleibe noch einen Moment stehen. Wie viel Empathie kann, darf, soll man mit so jemandem haben? Gibt es da eine Antwort? Vielleicht ist Andre wirklich kein Rechtsextremer und kein Neonazi. Also, noch nicht. Noch nicht ganz. Vielleicht ist da noch ein bisschen Zeit. Vielleicht könnte ich ihn da noch rausholen. Bestimmt sogar. Heute auf jeden Fall. Vermutlich morgen noch. Übermorgen könnte es zu spät sein.

Zwei Wochen später sehe ich auf Instagram ein Foto. Das Foto zeigt die Terrasse von Chris' «Patriotischer WG» in Sauerlach bei München. Der ganze Neue Deutsche Standard ist da: Kai, Chris und Andre, die Arme kumpelig auf den Schultern der jeweils anderen. Und auch ein vierter Mann ist im Bild. Patrick heißt er. Ein kleiner Kerl mit breitem Kreuz. Kennengelernt habe ich ihn nicht. Möchte ich auch nicht. Er ist Koordinator der Atomwaffen Division Europe. Und ja, «Atomwaffen Division» klingt nicht nur wie ein internationales Netzwerk mörderischer Naziterroristen. Sie ist haargenau das.

Der Anruf

Ich hätte mich schon längst melden sollen. Viermal klingelt das Telefon, dann geht Kai ran. «Ja, hallo?»

Ich lege auf.

Nicht heute.

Atmen in Sauerlach

Sauerlach liegt zwanzig Kilometer südlich von München, hinterm Ikea Brunnthal abbiegen, am Leberkäs-Stüberl vorbei und dann über den Kreisverkehr drüber. Zwiebelkirche, Sparkasse, Eiscafé. Und in einer ruhigen Nebenstraße, da steht ein unscheinbares Häuschen: Chris Ares' patriotische Wohngemeinschaft.

Wochenlang habe ich nichts von mir hören lassen. Ich kann nicht genau sagen, warum. Ich wollte einfach nicht. Auch jetzt will ich nicht. Ich bin erschöpft. Sitze im geparkten Auto und warte, dass der Regenschauer nachlässt. Und dann lässt der Regen nach, und dann hört er ganz auf, und ich sitze immer noch im Wagen. Schaue den Scheibenwischern zu, wie sie nimmermüde über die Windschutzscheibe quietschen. Ich will nicht aussteigen und klingeln und lachen und lärmen. Will nicht wieder dieser ekelhafte Mann sein, mit dem ich mir jetzt schon so lange einen Körper teile. Ich ekele mich vor ihm. Vor mir.

«Endlich sieht man dich mal wieder. Hab mir schon Sorgen gemacht!»

«Sorry, hatte sauviel um die Ohren.»

Handschläge klatschen, Schultern werden geklopft. Fröhlich hüpft ein junger Labrador um uns herum, während Chris und Kai mich begrüßen.

Kai lacht: «So was kannste nicht bringen, wir haben schon auf den Antifa-Bericht gewartet!»

Und ich lache zurück: «Du mit deiner Paranoia!»

Nur Chris lacht nicht. Seine Stimme ist für seinen massiven Kantenkörper überraschend hell, fast sanft: «Ich habe auch Linken immer Rede und Antwort gestanden, aber du musst wissen: so V-Leute, die versucht haben, sich hier so unterschwellig einzufädeln? Die sind alle verschwunden.» Ich grinse. Ich atme. «Nee, Spaß», sagt Chris, und ich grinse weiter, bin mir sicher, dass das wirklich nur Spaß war. Das muss jetzt einfach Spaß gewesen sein, denn die beiden durchtrainierten Hünen haben deutlich längere Beine als ich und können mit Sicherheit deutlich schneller laufen. Also grinse ich, auch wenn die Gesichtsmuskulatur nicht wirklich will, und ich atme, regelmäßig ein und aus, auch wenn die Luft in der Lunge brennt. Grinsen, atmen, ganz normal …

Ich Trottel, natürlich musste das passieren! Natürlich sind die

Jungs nervös geworden, natürlich missfiel ihnen meine Funkstille ganz gewaltig. Zu einem rechtsextremen Männerbund gehört man eben ganz oder gar nicht, da kannst du dich nicht einfach ein paar Wochen lang ausklinken. So läuft das nicht. Erst recht nicht in einer Zeit, in der die Situation der Rechten zusehends brenzlig wird. In der rechtsradikale YouTube-Kanäle gelöscht und Twitter-Accounts gesperrt werden. In der die Zukunft der Neuen Rechten ins Wanken gerät und die neurechten Prototypen immer ungenierter an die Alte Rechte anschließen. Eine Zeit, in der die große Eskalation stetig näher zu rücken scheint. Der Tag X durch die Köpfe flirrt.

Atmen, grinsen, weitermachen. Mir bleibt nur die Flucht nach vorne. Und sosehr ich ihn mittlerweile hasse, lasse ich den rechten Werbefuzzi Toni Schneider meinen Körper ganz übernehmen. Denn dieser ekelhafte Mann kann das besser, der hat keine Hemmungen, keine Zweifel, der plustert sich auf, lacht schallend über Chris' gelungenen Scherz und drückt ihm den massiven Oberarm. «Boah, ihr Mimosen!», sagt er in meiner Stimme, nur lauter, sicherer. «Gehen wir mal rein, oder?» Und jetzt lacht auch Chris.

Das patriotische Wohnzimmer der patriotischen WG: bodenständiges Bürgertum zwischen Business-Hotel-Schick und Diddl-Maus-Nettigkeit. Alles picobello, der Flachbildfernseher hat sicher 50 Zoll, der Fruchtkorb ist gefüllt, und an der Wand hängen aufmunternde Sprüche über Familie und Liebe und Summertime. Fünf der sieben patriotischen Mitbewohner*innen sitzen auf der Sofalandschaft, essen Pizza und spielen Mensch ärgere Dich nicht. Ein fünfjähriger Junge quakt zufrieden, weil man ihn gewinnen lässt. Ich grüße in die Runde, und die Runde grüßt zurück. Zwar kennen sich die meisten Bewohner*innen hier vom Münchner Bündnis Deutscher Patrioten, aber das würde man ihnen nicht ansehen. Es wirkt alles so nett, normal und harmlos. Der Labrador legt sich auf den Rücken und hofft, dass jemand ihm den Bauch krault.

Meine Güte, was habe ich denn erwartet? Dass hier eine Bande Nazirocker im Keller lauert?

«Komm, wir gehen ins Studio», sagt Chris und führt mich die Treppe herab. In den Keller. Wo eine Bande Nazirocker lauert.

Die Fusion

Durch das winzige Kellerfenster fällt grau-diffuses Licht auf die drei Gestalten. Fleischgewordene Klischees. Bikerkluft, Men of Mayhem, bärtig, bräsig, bärbeißig. Der Größe nach aufgereiht stehen die Motorradmänner vor einem Computermonitor, beschallt von Chris' Album, das in ein paar Tagen erscheinen wird.

«Das ist richtig heftig, mein lieber Scholli!», sagt der erste Motorradmann. «Richtig heftig!», sagt der zweite Motorradmann. Und der dritte, der größte und bärtigste von ihnen, nickt und grunzt zustimmend.

Chris zeigt ihnen noch ein paar neue Videos. Die Motorradmänner sind angetan. Wie ich erfahre, sind sie schon lange Fans und Unterstützer. Jede Platte, jedes Shirt, jedes Produkt haben sie gekauft, und heute früh sind sie einfach mal hergefahren, 700 Kilometer hin und nachher wieder zurück, nur um die Jungs mal persönlich kennenzulernen. Um dem Neuen Deutschen Standard ihre Loyalität zu bekunden. Von den Bautzener Plänen sind sie natürlich unterrichtet, und auch ein Trip in den Osten ist bereits fest eingeplant. Da wollen sie im Herbst mit der ganzen Mannschaft aufkreuzen und sich bei der Gelegenheit in Chris' neuem Laden ein paar frische Tattoos stechen lassen. Man unterstützt, wo man nur kann.

Einer der Motorradmänner zieht sein Shirt aus und präsentiert den zugestochenen Oberkörper. Fachmännisch begutachtet Chris die schwarze Sonne auf dem Brustbein und das Tribal-Tattoo, das sich um den ganzen Rumpf windet. Nur auf Nacken und Schultern ist noch Platz, da soll noch was hin. Da soll Chris was hintätowieren, also, Chris' Tätowierer soll das tun. Aber auch wenn Chris nicht selber sticht, soll es *sein* Tattoo sein. Das ist der Vertrauensbeweis: Der Neue Deutsche Standard soll den Motorradmännern unter die Haut fahren, soll Teil ihrer Körper werden. Und die Motorradmänner werden damit Teil des Plans, vielleicht auch des Bundes.

«Gut, dann bleibt ihr erst mal 'ne Woche in Bautzen, schaut euch alles in Ruhe an, aber ehrlich? Eigentlich solltet ihr ganz dableiben», sagt Chris, während sich der Motorradmann wieder anzieht. «Es wird Zeit, dass wir uns sammeln. Wir sind Zehntausende, deutschlandweit, stabile Leute. Könnt ihr euch vorstellen, wie das ist, wenn wir alle zusammenkommen? Zusammenleben? Dann gehört uns bald das Land!»

Die Motorradmänner nicken und schimpfen ein wenig über Westdeutschland. Das Kalifat mit den ganzen Ausländern, den dämlichen Nachbarn und degenerierten Politikerinnen. Guten Gewissens könne man da wirklich keine Kinder großziehen.

«Absolut, und jetzt denkt auch mal an die Mietpreise!», ruft Kai und schwärmt vor: 280 Euro für eine Zweiraumwohnung, Innenstadt, historisches Zentrum, unschlagbar! Und Chris legt noch einen drauf, denn der Neue Deutsche Standard könne anfangs auch Räumlichkeiten zur Verfügung stellen. Auch für die Sicherheitsfirma, mit der die Motorradmänner offiziell ihr Geld verdienen. Man müsse sich das nur mal ausmalen: eine ganze Stadt mit patriotischen Läden, Bars, Boxclubs und Cafés, mit Gleichgesinnten auf der Straße, mit Vertrauensbasis und Wertekodex und so weiter und so fort. «Und wir sind direkt neben Polen! Ostsachsen ist halt echt Endstufe, gibt keinen besseren Ort.»

«Klingt schon verführerisch», stellt der bärtigste Motorradmann fest, aber Chris und Kai haben sich erst warmgelaufen. Beginnen erst so richtig ihre beunruhigende Werbesendung.

«Ich krieg dich da auch sofort in der AfD unter», verspricht Chris, denn der Bärtigste überlegt sich wohl schon länger, in die Politik zu gehen. «Das ist gar kein Problem dort! Im sächsischen

Landtag suchen die händeringend nach Mitarbeitern, und dafür gibt es sehr gutes Geld.»

«Arbeitest für einen Landtagsabgeordneten, das geht aus dem Homeoffice», sagt Kai.

«Macht auch eine Freundin von mir. Dafür kriegst du 'nen Taui im Monat, netto», sagt Chris.

Die Motorradmänner glotzen schon ganz träumerisch, aber Chris und Kai glauben an ihr Produkt und schaukeln einander immer weiter hoch.

«Das ist irre lukrativ!», ruft Kai. «Dann machst du deine Sicherheitsfirma bei uns in Bautzen und kannst nebenbei noch den AfD-Quatsch erledigen.»

«Und jetzt überleg dir mal, wie riesig die AfD in Sachsen ist», sagt Chris: «Da gibt's Stammtische, Demos, Veranstaltungen, Stadtfeste, und was brauchen die?»

«Sicherheit brauchen die!», weiß Kai.

Und Chris: «Und was glaubst du, wen sie als Erstes holen?»

Und Kai: «Patrioten.»

Und Chris: «Wir können euch da einbinden, problemlos.»

Und Kai: «Wir wollen der Knotenpunkt werden, der letztlich koordiniert.»

Und Chris: «Und ihr könnt von Anfang an dabei sein!»

Und Kai: «Wir besiedeln kein Dorf, wir bauen ne Stadt! Es braucht nur einen Idealisten wie Chris und Männer wie euch, und dann wird da einfach übernommen.»

Und Chris und Kai und Chris und Kai und Chris ... und ich staune. Die Luft im kleinen Raum bebt mit Enthusiasmus, und ich stehe zwischen diesen großen Kerlen. Fühle mich noch kleiner als sonst. Und der bärtigste der Motorradmänner nickt: «Uff, nicht übel. Ich kann mir das gut vorstellen. Sehr gut sogar.»

«Ja, so geht das jedem, der von der Idee hört!», lacht Chris. «Und in Sachsen kannst du deinen Club dann so richtig hochziehen! Oder wir fusionieren einfach. Das ist dann ja unser Revier.»

Und Kai: «Wir sind ja eine Bruderschaft.»

Das rechte Gallien

Kai und Chris sind zufrieden mit sich, mit der Welt, sogar wieder mit mir. Lief doch super, ganz wie erhofft, «und wir haben noch ganz andere Kontakte in petto, wart nur ab!» Die Motorradmänner haben ihren Heimweg angetreten, und wir sitzen auf der Terrasse, stoßen an. Kai und ich mit Bier, Chris mit Orangenschorle. Er nimmt das mit der Vorbildfunktion eben ernst, sagt er, und gönnt sich lieber eine Schüssel Alnatura Bio-Beerenmüsli, löffelt es sich genüsslich in den Kantenkiefer und träumt von einer stählernen Zukunft: Nächste Woche die Charts, nächsten Monat die eigene Stadt. Der national befreite Landstrich, der Zusammenschluss der Alten und der Neuen Rechten, die internationale Berichterstattung, *BBC*, *CNN* und *Russia Today*, der Skandal, der Ruhm – der Wandel wird kommen! «Wir werden der Leuchtturm, der rote Pillen im Land verteilt und wieder Hoffnung gibt», ruft Chris.

«Alter, wir werden das rechte Gallien!», ruft Kai. «Was soll jetzt noch schieflaufen?»

Was jetzt noch schiefläuft

Am Tag vor dem Release des Albums wird Amazon sämtliche Verkäufe stornieren und die Platte aus dem Angebot nehmen. Andere Großhändler und Streamingdienste folgen dem Vorbild. Die massenhafte Radikalisierung während der Pandemie lässt die Tech-Giganten vorsichtig werden. Im Laufe des Sommers geht das *Deplatforming* der extremen Rechten weiter. Chris verliert seinen YouTube-Kanal mit über 80 000 Abonnent*innen.

Den Hof haben Kai und Chris bereits gekauft, aber die Presse bekommt Wind von den Immobilien in der Bautzener Innenstadt und stürzt sich auf den geplanten «rechten Szenetreff» (wenn die nur wüssten!). Die Bevölkerung protestiert, der Stadtrat verhindert den Kauf. Keine Bar, kein Laden, kein Jugendtreff und kein Boxclub. Immerhin das Tattoostudio kann Chris eröffnen, allerdings im 20 Kilometer entfernten Cunewalde.

Unsre Ehre heißt Pflicht

Auf der Sauerlacher Terrasse zutzelt sich Chris ein Stück getrocknete Himbeere zwischen den Zähnen hervor. «Die Rechte braucht eine neue Mentalität. Es ist egal, ob wir gewinnen oder verlieren, ob wir in hundert Jahren völlig kaputt sind. Das sag ich schon seit langem.» Er lehnt sich vor und hält den Zeigefinger in die Luft, wie ein Imam, der zur Predigt anhebt: «Nur der Weg ist entscheidend! Wenn du immer hundert Prozent gibst, dann kannst du gar nicht black-pilled sein. Dann bleibt dir immer Hoffnung.»

«Ganz genau!» Kai tut begeistert von Chris' dürftiger Epiphanie. Aber Kai ist von allem begeistert, was Chris von sich gibt, immerhin ist Ares der Star, das eckige Gesicht der patriotischen Musik und Kai bloß der Newcomer, die Nummer zwei. «Unsere Ehre ist die permanente Einhaltung der Pflicht», verkündet Kai, «das ist es, was uns glücklich macht.»

Weitermachen, immer weitermachen, komme, was wolle. Chris und Kai sagen solche Sätze häufig an diesem Nachmittag in Sauerlach. Sie wissen ja, womit sie rechnen müssen. Was sie alles opfern müssen: Geld und Karriere, Privatleben und Liebe …

Auch Chris wird seine Freundin verlassen, die wolle ihre Ausbildung zu Ende bringen, sie sei ja erst neunzehn. Und auch seine Tochter aus einer anderen Beziehung müsse er zurücklassen. «Du weißt ja, wie das mit den Frauen ist.» Ich nicke, obwohl ich keine Ahnung habe, was er meint.

Nein, ihr Märtyrertum tragen die beiden Männer gelassen, opfern gerne ihre Frauen und Familien. Was sie wütend macht, ist vielmehr der Rest der rechten Szene, der sich nicht mit gleicher Euphorie und Todessehnsucht ihren faschistischen Visionen hingibt.

«Das sind Schwuchteln in der AfD», sagt Kai, «und ich sag dir, Parlamentarismus ist kein Weg mehr.» Und Chris gibt ihm recht, Deutschland brauche eben «starke Führungspersonen». So jemanden wie Putin, vielleicht, überlegt er.

Die Strukturen werde man natürlich weiterbenutzen, die Freundschaften pflegen, das Geld abgreifen, alles, was geht – und es geht eine Menge. Aber die Zeit der bildungsbürgerlichen Fassade ist nun endgültig vorbei. Zeit für eine Neue Neue Rechte! Eine Neue Alte Rechte! Nun muss man mobilisieren, alles und jeden. Jetzt braucht man Kämpfer. Körper. Männer.

Der Sturm auf Berlin

Das letzte Mal sehe ich Chris Zloch, Kai Naggert und Andre Laaf am 29. August 2020. Zusammen mit 38 000 anderen Menschen ist auch der Neue Deutsche Standard in Berlin aufgekreuzt: die große Demonstration der Corona-Leugner*innen und Rechtsextremen, Querdenker*innen und Querfrontler. Was als «Fest der Liebe» angekündigt war, entwickelte sich im Netz rasch zum antizipierten «Sturm auf Berlin», und auch Chris und Kai riefen eifrig mit: «Lasst uns gemeinsam gegen eine Diktatur aufstehen!», schrieben sie in ihre Telegram-Gruppen und immerhin vierzig, fünfzig Mann (und sicherlich vier, fünf Frau) sind ihrem Ruf gefolgt. Und klar, ich auch.

Da stehen die drei auf der Prachtstraße Unter den Linden, gleich vor dem Reiterstandbild Friedrichs des Großen inmitten ihrer Fans und Follower. Es tut mir weh zu sehen, wie gut sich Andre mittlerweile macht. Souverän verteilt er Fistbumps, coole Sprüche und harte Parolen. Hätte ich in Jülich nicht doch irgendetwas machen können? Irgendwas sagen? Ich will nicht, dass Andre nun auch mein Feind ist … Feinde habe ich schon genug. Auch das zeigt mir dieser Tag in Berlin.

Als wäre das Bild nicht schon bedrückend genug: der Neue Deutsche Standard, umringt von seiner Freizeitarmee, kleine Jungs, halbwüchsige Identitäre und ausgewachsene Neonazis in

Vollmontur. Ein ganz beachtliches Exemplar hat sich eine Granate nebst Runen auf die Glatze tätowieren lassen, der riefenstählerne Mörder verteilt Schilder, die vor Bill Gates und einer neuen DDR warnen, und eine Mitarbeiterin der baden-württembergischen AfD-Landtagsfraktion geht ihm zur Hand. Ja, das ist gruselig, aber so sieht sie nun mal aus, die prototypisch neu-neu-alte Rechte.

Unerträglich wird das Bild aber erst durch die anderen Demonstrierenden. Die Abertausenden Menschen drum herum. Die Rentnerinnen in Treckingschuhen und Heilpraktiker in wehenden Batikleibchen, Büroangestellten und Lehrer, Freiberuflerinnen und Dermatologen und Studierenden und die Geisteskranken und Jungen und Alten, und sie alle wurden von Wut und Angst auf die Straße gespült. Und unerträglich viele von ihnen tragen schwarz-weiß-rote Flaggen bei sich. Ihre «patriotischen Farben», als würde hier ein bizarrer Historienfilm gedreht. Und inmitten des Fahnenmeers zu Füßen des alten Fritz: der Neue Deutsche Standard. Bald kann ich nicht mehr sagen, wo die Gruppe aufhört und die nächste beginnt.

In der Presse wird von Unterwanderung zu lesen sein. Von Rechtsextremen wie meinen Kameraden hier, die eine weitere Kerbe ins Bürgertum schlagen wollen und die Corona-Demos infiltrieren. Aber das ist es nicht. Das ist keine Unterwanderung. Heimlich geschieht hier gar nichts. Chris, Kai und Andre stehen zwischen den ihren.

Kai schüttelt mir formell die Hand und schaut mir in die Augen. Ein kaltkurzer Blick, dazu ein stimmlos gemurmeltes «Grüß dich». So viel Verachtung! Kai ist gut im Setzen großer Gesten.

Ach, wenn er mich wenigstens für einen Verräter halten würde, aber es ist schlimmer: Er hält mich für treulos. Den ganzen Monat habe ich mich nicht gemeldet. Ich war nicht in Bautzen. War nicht verlässlich, nicht loyal, stand nicht bereit. Nun lässt er mich stehen. «Mach's gut, ne», murmelt er, eiskalt, und mit einer vielleicht sogar etwas zu dramatisch geratenen Drehung wendet er sich von mir ab. Fünf große Schritte, und schon verschmilzt er mit seinem Rudel.

Kai hat mit mir Schluss gemacht!

Erst will ich ihm noch hinterher, will ihn bitten, die Ächtung zu überdenken, will wenigstens fragen, wie es ihm geht, ob er in Bautzen Erfüllung gefunden hat ... aber dann steht plötzlich Jürgen Elsässer neben mir. Der leibhaftige Elsässer, der rechtsextreme Herausgeber des Verschwörungsmagazins *Compact*, eine zentrale Figur im Netzwerk. Der distinguierte Rechtsextremist will gleich an Seiten der aufgepumpten Muskelberge durch die Straßen spazieren, nun steht er am Rande des Rudels, nur ein paar Meter neben mir und schaut mich an.

Erkennt er mich? Vor ein paar Jahren, in einer anderen Recherche, einem anderen Leben, für ein anderes Buch, da verbrachte ich einen Abend mit ihm. Wenn Elsässer jetzt etwas sagt, dann ... Nichts dann. Ich weiche zurück. Drehe um, langsam, aber bestimmt.

Und sehe nur aus der Ferne, wie das Rudel, wie Kai und Chris und Andre im schwarz-weiß-roten Flaggenmeer untergehen.

Inklusion

Eine richtige Avantgarde brauche eben ein Momentum und eine Masse hinter sich. Man müsse da alle mitnehmen, sagt Kai auf der Sauerlacher Terrasse und steckt sich eine Zigarette an. Das sei auch der größte Fehler der Identitären gewesen: «Schau dir doch jetzt die IB an! Die sind langweilig und tot! Die sitzen am Lagerfeuer, hören Neofolk und heulen rum: ‹Uuuh, Deutschland ist so am Arsch, aber ich bin ja sooo intellektuell und habe heute schon drei *Kaplaken*-Bände gelesen!›» Wir lachen sehr. «Und dann waren die Identitären immer erpicht, maximal friedlich aufzutreten. Dabei waren die das nie! Während ich mit meiner Auffassung ... Ich sag ganz klar, wenn mir einer zu nah kommt, dann bist du nicht mehr friedlich.»

Kai und Chris sehen dem Bröckeln der Neuen Rechten gelassen entgegen. «Wir haben jetzt mehr Hörer und Anhänger, die auf ihre Weise metapolitisch tätig sind, als es jemals IB-Mitglieder gab.»

Ares/Zloch

Anfang September postet Chris aus Bautzen ein letztes Video. Der Neue Deutsche Standard war einkaufen, proteinreiche Fitnessvorräte für die anstehende Sportwoche mit der ganzen Crew und ambitionierten Anhängern, und Chris zeigt seinem Publikum nun die vielen Hähnchenbrustfilets und Thunfischdosen und Tüten mit Haferflocken und Müsli, «dazu haben wir natürlich noch körnigen Frischkäse, Mozzarella und lauter so Faxen. Ja, Party People, das ist so 'n kleiner Einblick.»

Und das war's dann. Das sind die letzten gesprochenen Worte von Chris Ares. Mit diesem berührenden Einblick in sein Leben verschwindet er aus Bautzen und der Öffentlichkeit. Er löscht alle Inhalte von seinen Social-Media-Kanälen und postet einen Abschiedstext, lang, kryptisch, inhaltslos: «Am heutigen Tage muss ich anerkennen, dass ich den jetzigen Weg nicht weitergehen kann – und möchte.»

Ich kann nur mutmaßen, was geschehen ist. Vermutlich war es doch zu viel finanzieller Druck. Keine Chartplatzierung, keine Konzerte, keine Veranstaltungen ... Wer weiß, wie stark ihn das neurechte Netzwerk noch unterstützen konnte. Wie stark es ihn auch noch unterstützen wollte, jetzt, wo seine Pläne so fulminant gescheitert waren.

Und aus Ares, dem neurechten Rapper und altgriechischen Gott des schrecklichen Krieges, aus dem Sinnbild männlicher Kraft, wird wieder Christoph Aljoscha Zloch. Ein Bildungsbürgersohn und Schornsteinfeger aus dem Allgäu. Ich meine das gar nicht hämisch. Letzteres klingt deutlich besser.

Der Neue Deutsche Standard lebt weiter. Kai macht weiter, weil Kai immer weitermacht. Dann bricht eben die Galionsfigur weg, dann muss Kai eben selbst zur Galionsfigur werden. Kai liebt das Rampenlicht, die Aufmerksamkeit, den Skandal. Er hat den Bautzener Hof, er hat Andre, seinen Rekruten. Er hat seine Kontakte. Im Oktober 2020 bezeichnet das investigative Recherchezentrum *Correctiv* Kais Instagram-Präsenz als einen der «wichtigsten Verbindungsaccounts» in der rechten Szene: «Bei ihm laufen die Stränge der verschiedenen Communitys aus AfD-Umfeld, IB, Medien und Patrioten zusammen.»

Es überrascht mich nicht, dass Kai sich von *Arcadi* trennt. Er baut sich sein eigenes Netz auf, der braucht keine Mittelsmänner, keine Identitären-Eliten. Vielleicht wusste er auch, dass das *Arcadi*-Magazin bald darauf ganz eingestellt werden sollte.

Kai gründet sein eigenes Label, NDS Records in Bautzen. Ein Familienunternehmen. Denn der Prototyp setzt sich durch, seine Frau zieht ihm hinterher. Ehe und Familie bleiben intakt. Und aus Ramona Naggert wird Runa, Sängerin des Neuen Deutschen Standards: «Runa der Name / Ja, ich trag die Runen der Ahnen», singt sie – gar nicht mal schlecht –, und gemeinsam mit ihrem Gatten und dessen Zögling macht sie nun Lieder über Adler und Wölfe und Feuer und Ehre, und musikalische Beziehungstipps hat sie auch in petto: «Ihr beschwert euch, dass ihr keinen echten Mann kriegt / Was kann ich dafür, wenn ihr euch wie ne Schlampe anzieht.» Die viralen Erfolge von früher, die Millionen Klicks, die konnte der Neu-Neue Deutsche Standard zwar noch nicht wieder verzeichnen. Aber hier und da knacken sie schon mal die Hunderttausender-Marke, und mit Runas EP «Schatten» schafften sie es sogar auf Platz 15 der deutschen Download-Charts. Und sie werden weiterhin beworben von *Compact* und Oliver Flesch, haben ihre Kontakte zur AfD und zu Burschenschaften, Bikerclubs und zur Atomwaffen Division. Und sie haben einander. Kais kleine Patchworkfamilie, vereint und radikalisiert.

Die Strukturen der Neuen Rechten, die in den letzten zehn Jahren aufblühen konnten, die mögen an Reichweite verlieren – vielleicht werden sie sogar in sich zusammenbrechen, inschallah. Aber der Schaden ist nicht mehr rückgängig zu machen. Die aus diesen Strukturen hervorgekrochenen Prototypen gehen nicht wieder weg. Wir haben sie so lange gewähren lassen, ihre Sprache, ihre Denke akzeptiert. Weshalb sollten sie jetzt aufhören? Heldenreisen finden nur in Geschichten ein Ende.

«Ich will halt, dass die Jungs härter werden», hatte Kai mir irgendwann mal gesagt. «Die Leute müssen zu Alphas werden! Und das werden wir auch erreichen, das garantiere ich dir.»

Der Krieg des Prototyps geht weiter. Nur um Optik muss er sich nicht mehr bemühen. Die identitäre Kostümierung ist nicht mehr nötig. Die Ironie ist verreckt, die bildungsbürgerliche Fassade zusammengestürzt, das Narrativ der Friedfertigkeit unnötig geworden. Alles, was bleibt, sind die düsteren Versprechen von reinigender Gewalt und wahrer Männlichkeit. Der Glaube, die letzte Bastion zu sein, die letzten Männer. Stark, souverän und Herren ihrer selbst.

Vielleicht merken sie nicht einmal, dass sie willige Instrumente sind. Dass sie Netzwerken dienen, die so viel größer, mächtiger und unheimlicher sind als alle Männerbünde aller testosterondurstigen Prototypen zusammen. Netzwerke, in die ich auch reinschnuppern musste.

Aber dafür musste ich dann doch gen Osten reisen. Und zwar noch ein ganzes Stückchen weiter als nach Bautzen.

DREI

DIE WELTKRIEGER DES PATRIARCHATS

POLEN UND DER INTERNATIONALE FELDZUG GEGEN MENSCHENRECHTE

Ordo Iuris

Der Klotz

Ein riesiger, graubrauner Klotz in der Warschauer Innenstadt. Eingeklemmt zwischen einem Steakhaus und der Bank of China, ragt er wie der Wachturm einer Mittelalterburg in den Himmel. «Achter Stock», brummelt ein dicker Pförtner in Armeejacke durch seinen ungepflegten Schnauzbart, schnieft und weist mir mit phlegmatischem Kopfnicken den Weg zum Aufzug.

Dieses Gebäude ist ein Stück Geschichte, ein historischer und symbolträchtiger Klotz. Vor 110 Jahren, als man ihn hierhingestellt hat, war er der höchste Klotz des ganzen russischen Zarenreichs, und während des Warschauer Aufstands 1944, da wurde hier viel gestorben. Die Deutschen hatten hier ihre regionale Telefonzentrale eingerichtet, und der Klotz, der sogenannte PAST-Turm, wurde zum strategisch zentralen, blutig umkämpften Ziel. Zwanzig lange Tage dauerten die Gefechte, dann konnte die polnische Heimatarmee den Wolkenkratzer den Nazis entreißen.

Heute haben hier ein paar Veteranenorganisationen der Heimatarmee ihren Sitz, eine kleine Buchhandlung im Erdgeschoss verkauft die dazu passende Literatur. Und obenauf, sechs Meter hoch, goldfarben und beleuchtet, steht eine *Kotwica*, der Anker, das Symbol des polnischen Widerstands.

Das Logo auf der Glastür wirkt übertrieben gravitätisch: «Ordo Iuris – Institut für Rechtskultur». Der Schriftzug ist mit

Kreuzen verziert und kreist um einen heraldischen Löwen, ein grimmiges Vieh mit weit ausgeschlagener Zunge.

Nervös drücke ich die Klingel.

Das neue Erstarken der Nationalisten und extremen Rechten auf der ganzen Welt war von einer Rhetorik des historischen Widerstands begleitet. In Deutschland etwa vergleichen sich AfD-Politiker und neurechte Hetzer gerne mit den Verschwörern des 20. Juli 1944, und Verschwörungssüchtige, Coronaleugner und Rassisten sehen sich als Nachfahren von Sophie Scholl. Hier in Polen ist es nicht anders, vielleicht sogar effizienter. Da werden die antidemokratischen Maßnahmen der Regierung in eine Linie mit dem polnischen Kampf gegen Nationalsozialismus und Kommunismus gestellt. Gegen die fremden Übermächte und ihre tödlichen Ideologien. Kein Wunder also, dass sich Ordo Iuris in diesem historischen Gebäude eingenistet hat.

Anton Schneider, der AfD-Mann und ziemlich neonazistische Antifeminist, wird von einer Empfangsdame im engem Bleistiftrock freundlich begrüßt, dürfe sie mir vielleicht einen Kaffee anbieten? Milch, Zucker? Und schon steht da ein furchtbar alter Mann neben mir.

«Herr Schneider, willkommen. Warszawski mein Name.» Der Greis deutet eine Verbeugung an und streckt mir seine Hand entgegen. «Ich werde Ihrem Treffen mit Herrn Dr. Zych beiwohnen. Gehen wir doch in den Konferenzraum.»

Und nach all den Jahren hat es wieder ein deutscher Faschist in das einst so umkämpfte Gebäude geschafft. Die Planung der gemeinsamen Gegenrevolution kann beginnen. Das weltweite Netzwerk der ultrarechten Antifeministen kann wachsen.

«Männer für die AfD»

Klar, dass der Deutsche hierherkommen musste. Wenn Europas Rechte einen politischen Krieg gegen Emanzipation und Feminismus führen, dann will er daran teilhaben, ab an die Front, rein in den Schützengraben. Also ist Anton Schneider jetzt Parteimitglied und Gründer einer neuen Organisation. Na gut, zumindest habe ich einen Internetauftritt ins Netz gepfeffert, ganz in rechtspopulistischem Babyblau mit herrlichem Logo, eine Mischung aus AfD-Pfeil, Marssymbol und halberigiertem Pimmel.

Die **MAfD** («Männer für die AfD») ist eine selbständige politische Männerorganisation von dezidiert rational und konservativ denkenden Menschen. Die Vereinigung soll für eine ganzheitliche Geschlechterpolitik stehen, jenseits von Gendermainstreaming, Feminismus- und LGBT-Lobby. Offiziell wird sich die Organisation Ende 2020 im Rahmen des «Kongresses für neue Männerpolitik» als Bundesvereinigung gründen. Der Verein wird der Partei *Alternative für Deutschland* («AfD») politisch nahestehen.

Den klangschönen Namen habe ich den Christen in der AfD zu verdanken, die das glorreiche Akronym ChrAfD verwenden und wie «Kraft» aussprechen. Und auch der Rest der Seite lässt sich kinderleicht aus Textfragmenten und Zitaten zusammenbacken. Als Basis nehme ich ein gutes Stück des Liberale Männer e.V., verquirlt mit Masku-Murks von WikiMANNia und Konsorten. Für ein bisschen Schärfe brösele ich ein paar Schlagworte der Identitären und Alt-Right rein – als wahrer Mann des Westens hat man sich das verdient – und dazu ein gehöriger Spritzer Red-Pill-Jordan-Peterson-Quatsch. Kräftig durchkneten und mit ein paar Zitaten der führenden AfD-Antifeminist*innen Nicole Höchst, Björn Höcke und Beatrix von Storch dekorieren, kurz ruhen lassen, Domain registrieren und fertig.

Eigentlich will ich eine ganze Reihe Politiker und Organisationen kontaktieren, in Russland, in Ungarn und in Polen. Da, wo all der Männlichkeitswahn und Frauenhass zur Staatsräson geworden ist. Ich erstelle eine lange Liste, will den Köder gerade auswerfen – da beginnt die Welt zu husten. Die Pandemie kommt mir in die Quere. Und je mehr Zeit zwischen Kontaktaufnahme und erstem Treffen vergeht, desto gefährlicher kann es für mich werden. Desto wahrscheinlicher, dass mein Cover in der Zwischenzeit auffliegt. Als das Reisen endlich wieder möglich wird und die Zeit knapp, konzentriere ich mich also auf die erfolgreichste Organisation im transnationalen Netzwerk des rechten Antifeminismus.

Ordo Iuris begreift sich als juristischer Thinktank. Eine rechtsextreme, christlich-fundamentalistische Organisation mit Mitarbeitern und Verbündeten in den polnischen Ministerien, Gerichten und Kommunalverwaltungen. Vierzig feste Mitarbeiter, dazu eine kleine Armada einflussreicher «Berater» und 23 kooperierende Anwaltskanzleien, außerdem allerbeste Kontakte zu gleichgesinnten Institutionen in aller Welt. Seit ihrer Gründung 2013 gelten sie in Polen als treibende Kraft hinter der Großoffensive gegen die queere Bevölkerung, waren die Autoren eines Gesetzentwurfs gegen Abtreibung, gelten als Architekten hinter den «LGBT-freien Zonen» – und ganz aktuell drängen sie die Regierung, aus dem Istanbul-Abkommen auszusteigen. Das ist ein völkerrechtliches Abkommen des Europarats, mit dem gegen häusliche Gewalt und Gewalt an Frauen vorgegangen werden soll. Das schmeckt Ordo Iuris ganz und gar nicht, und so starteten sie eine EU-weite Petition dagegen: *«Stop Gender Convention. Stand for Family.»* Die Unterschriften kamen von Organisationen aus 15 europäischen Ländern, auch aus Deutschland.

Nein, keine Frage, hier muss ich hin! Wenn mir jemand beibringen kann, wie man erfolgreich Politik gegen Feminismus und Genderwahn betreibt, die Regierung aufhetzt, sexuelle Minderheiten ihrer Rechte beraubt und womöglich den Mann des Westens vorm Aussterben beschützt, dann ist es dieses Institut mit dem ominösen Namen. Also schreibe ich eine Mail: Wir, die Bundesvereinigung MAfD, benötigen dringend Verbündete, internationale Vernetzung und einen Schlachtplan! Außerdem würden wir furchtbar gerne Mitarbeiter von Ordo Iuris zu unserem «Kongress für neue Männlichkeit» nach, ähm, Augsburg, ja, warum nicht, nach Augsburg einladen. Kost, Logis und Reisekosten gehen natürlich auf uns, und einen kleinen Obolus von 400 Euro, ach was, sagen wir 800 Euro zahlen wir auch gerne. Über eine Rückmeldung würden wir uns freuen – CC an eine Menge neu erstellter Mailadressen, Send. Und weil ich keine Antwort erhalte, schreibe ich noch mal. Schicke die Mail nach Warschau und ans Büro in Brüssel, schicke die Nachricht als Brief und sogar als Fax, wirklich, ich versende ein Fax! Und ich rufe an, Woche für Woche. Und dann höre ich zurück.

Dr. Tymoteusz Zych ist am Apparat. Der 34-jährige Rechtsanwalt mit dem sorgfältig gepflegten Dreitagebart und dem aaligen Lächeln ist der Vizepräsident von Ordo Iuris. Zych findet das alles sehr interessant, was ich zu sagen habe, wirklich sehr interessant, und Männerrechte, jaja, wirklich ein sehr wichtiges Thema in unseren politisch korrekten Zeiten, und er sieht das auch so mit der genderverseuchten EU und dem Niedergang männlicher Tugenden, sicher, kann er gut nachvollziehen, und wie, Sie sind ohnehin bald in Polen? Dann kommen Sie unbedingt vorbei, «ich weiß ja, es kann sehr schwierig sein für unser Anliegen gute Verbündete zu finden».

Ich kaufe mir ein Ticket nach Warschau.

Der alte junge Dr. Warszawski

«Ich muss mich entschuldigen, Herr Dr. Zych wird sich einen Moment verspäten.» Der alte Dr. Witold Warszawski und ich sitzen am langen Holztisch im Konferenzraum. Die Einrichtung sieht teuer aus, aber nicht richtig abgeschlossen. An den beigen Wänden keine Bilder, nur ein paar Kruzifixe, in den Räumen weder Deko noch Pflanzen, nur Schränke mit juristischer Fachliteratur. Eine unfertige Kulisse der Seriosität. Und mein Gegenüber passt super dazu, er wirkt genauso unfertig und verkleidet. Denn Herr Dr. Warszawski, der uralte Direktor für strategische, ethische und ähnliche Angelegenheiten, ist gerade mal Anfang dreißig.

Fast wäre ich auf seine Alt-Herren-Kostümierung reingefallen: ein dunkelgrauer Anzug aus Tweed, das Hemd wie blassbrauner Milchkaffee, den ockerfarbenen Schlipps mit goldener Krawattennadel veredelt. Aber aus diesem Greisenensemble lugt ein glattrasiertes Kindergesicht mit nervösem Dauergrinsen. Auch wenn er seine unruhigen Augen hinter einem massiven Brillengestell versteckt: Das ist ein Junge, seltsam klein und frühvergreist.

Eigentlich heißt Witold Warszawski anders, und eigentlich bekleidet er eine andere Position am Institut. Aber im Grunde ist es gar nicht so wichtig, wer er wirklich ist. Bei Ordo Iuris arbeiten eine ganze Reihe von Warszawskis: junge Männer, von der Uni wegrekrutiert, in superseriöse Anzüge gestopft und mit klangvollen Posten ausgestattet. Ach, wenn es doch nur den einen Warszawski geben würde … Aber es sind so viele, nicht nur hier, sondern auch anderswo, die sich für ein gutes Gehalt und ein wenig Macht vergreisen lassen.

Warszawski ist noch nicht lange bei Ordo Iuris, aber er liebt seinen Job: «Ich kümmere mich um ein breites Spektrum an Aufgaben, die es zu bewältigen gilt: Abtreibungen, Transsexualität, Sterbehilfe, et cetera et cetera.»

«Wow, die wirklich wichtigen Themen!» Ich zeige mich schwer beeindruckt: «Großartig! In Deutschland ist es quasi unmöglich, die auch nur anzusprechen.»

«Selbst für die Rechten?» Dr. Warszawski schaut genuin besorgt.

«Exakt deswegen bin ich hier! Unser Land geht kaputt. Die Rechte und die konservative Bewegung in Deutschland sind in einer düsteren Lage. Wir brauchen neue Ideen, neuen Input und vor allem Vernetzung.»

«Ich verstehe!» Warszawski ist hingerissen. «In Polen geht es auch bergab, aber wir haben den Vorteil, dass es bei euch in Deutschland so viel schlimmer ist. Ich meine, das tut mir sehr leid für euch, aber wir können daraus lernen. Ihr seid uns fünf oder zehn Jahre voraus, wir haben also noch Zeit, den Kurs zu ändern.» Er lacht nervös, ein Kinderlachen. Und weil er offensichtlich einer dieser Menschen ist, die Stille nicht aushalten, quatscht er drauflos. Ich bin damit sehr einverstanden. Seine Unruhe frisst die meine. Ich kann mich etwas entspannen und lausche Warszawskis Ausführungen über LGBT, «oder welche Bezeichnung die kommunistische Bewegung gerade auch immer für ihre Ideologie verwenden mag.» Wie sie die polnische Gesellschaft angreift und die anhaltenden Unruhen auf der Straße anpeitscht, und er verliert sich in einem ausufernden Vortrag über die linksextrem-radikalfeministisch-LGBT-ideologisch-perverse Forderung nach Sexualkunde an polnischen Schulen.

Der junge Dr. Warszawski hat sich nicht nur wie ein entsetzlich alter Mann angezogen, er hat sich auch dieselben Argumentationsmuster draufgeschafft: «Die geben sogar offen zu, dass sie die Traditionen zerstören wollen! Dass Kinder für ‹nicht-traditionelle Beziehungen› offen sein sollen.»

«Pervers», pflichte ich bei.

Dabei passt Warszawski das Greisenkostüm nicht mal besonders gut: Die Hose spannt an den stämmigen Oberschenkeln, die massive Krawattennadel ist etwas zu protzig, die moralische Empörung einen Tick zu aufgesetzt. Das Dauergrinsen zu nervös.

Warszawski war nicht immer konservativ, das Studium habe ihm erst die Augen geöffnet, der grassierende «Linksextremismus der akademischen Welt». Von Anfang an habe Warszawski den Einfluss des jüdischen Multimilliardärs George Soros gespürt, sagt er, das sei keine Verschwörungstheorie! Er persönlich habe Menschen kennengelernt, die von Soros bezahlt werden! Stipendiaten von Soros' Open Society Foundations! Das seien immer die dummen, schlechten und faulen Studenten gewesen, und die hätten dann akademische Karriere gemacht.

Wahnsinn, sage ich.

Warszawski hat ganz richtig erkannt, dass Soros' Stiftungen sich besonders in Mittel- und Osteuropa für eine demokratische und pluralistische Gesellschaft einsetzen und entsprechende Programme fördern. Aber Warszawski hat auch erkannt, dass sich so ein stinkreicher und mächtiger Jude wie Soros ganz hervorragend als Bösewicht eignet. Ach, was heißt erkannt? Soros ist schon seit langer Zeit das beliebteste Hassobjekt für den Antisemiten von Welt, von Bautzen bis nach Boston.

Und Warszawski spricht von den milliardenschweren Geldströmen, mit denen Soros' Netzwerk sein Vaterland zerstören will, und wieder gebe ich mich total begeistert: «In Deutschland könnten wir nicht so von Soros reden! Da wird man sofort als Antisemit gebrandmarkt!»

«Das ist lustig», sagt Warszawski. Aber zum ersten Mal in unserem Gespräch verschwindet das Dauergrinsen von seinem Gesicht, wenn auch nur für einen Moment.

Ein neuer Köder

Dr. Timoteusz Zych hat wenig Zeit und schlechte Laune. Als Vizepräsident von Ordo Iuris hat er auch einfach alle Hände voll zu tun. Der Kampf gegen die Istanbul-Konvention ist noch lange nicht ausgefochten. Die Proteste dieser enervierenden LGBT-Gestalten auf den Straßen wollen kein Ende nehmen. Und morgen muss Zych zum Wirtschaftsforum nach Karpacz. Muss sich noch auf die Paneldiskussion vorbereiten, und es steht auch einiges auf dem Spiel: Mit etwas Glück könnte Ordo Iuris dort endlich der Status einer NGO zuerkannt werden. Das wäre ein gewaltiger Schritt – gerade jetzt, wo die linksliberale Presse immer schärfer gegen das Institut schießt, sein Netzwerk und all die Verbindungen zu den polnischen Ministerien, Gerichten und Kommunalverwaltungen offenlegt.

In jedem Fall hat Zych gerade wirklich keinen Nerv für diesen deutschen AfD-Mann mit seinem rechtsextremen Männerclub: «Die AfD hat in Polen einen problematischen Ruf», erklärt er. «Ich fürchte, wir als unabhängiges Institut können da keine direkten Mitarbeiter zu Ihrer Konferenz schicken. Aber es gibt einige Akademiker aus unserem Umfeld, mit denen können wir Sie gerne vernetzen.»

Der Deutsche wirkt enttäuscht. Hatte sich erhofft, dass Ordo Iuris ihm grundsätzlich im antifeministischen Kampf unter die Arme greifen könne. Aber Zych rührt gelangweilt in seiner Kaffeetasse herum. Seine Gedanken sind schon ganz woanders: «Viel Zeit haben wir nicht», sagt er und schaut ostentativ auf seine geschmackvolle Armbanduhr. «Eine halbe Stunde.»

Mist. Der Köder war zu klein. So viel Mühe habe ich mir mit meiner MAfD gegeben, mit Webseite und Manifest und Fax-Nachrichten, verflucht, ich habe es doch bis hierhin geschafft! In den achten Stock des martialischen Turms, an den Tisch mit diesen beiden Männern – und mehr soll ich nicht bekommen? Einen mittelguten Kaffee und die Namen irgendwelcher antifeministischer Polen mit akademischen Titeln? Nein. Nein! Das reicht mir nicht!

Und ich atme durch, bedanke mich für das wunderbare Angebot von Herrn Dr. Zych, und dann gründe ich eine neue Organisation. Eine größere, ich bin da flexibel. Denn die AfD, das wissen die Herren doch bestimmt, ist in einer tiefen Krise und gespalten: Der wahre Konservativismus wird von moderaten und globalistischen Kräften bedroht. Die Partei ist kaputt! Und ich will mehr.

«Mhm.» Zych schaut von seiner Kaffeetasse auf.

Deshalb werden wir neben der MAfD noch eine zweite Gruppierung gründen. Jenseits der Begrenzungen der AfD. Eine Plattform, wo Konservative und Rechte aller Parteien zusammenkommen können.

«Mhm?», Zych legt den Löffel beiseite.

Christen, Rechte, Traditionalisten, Libertäre und Konservative. Und ich meine nicht diese Larifari-liberal-pseudo-Konservativen. Ich spreche von Menschen mit wahren patriotischen und abendländischen Werten. Denn für den Kampf um die Familie müssen die sich vereinigen.

«Mhm!» Zych schaut zu Warszawski, dann zu mir.

In ganz Europa, West wie Ost.

«Richtig.»

Und es ist schwer, gute Verbündete zu finden.

«Sehr richtig.»

Aber wir haben einen gewaltigen Vorteil.

«Ja?»

Wir haben eine Stiftung mit Geld im Hintergrund. Sehr viel Geld. Daran würde es uns nicht mangeln.

Der Köder ist ausgeworfen. Liegt jetzt da, ganz appetitlich, zwischen uns beiden auf dem langen Konferenztisch. Zych muss nur noch zubeißen. Er wirft einen Blick zum Kollegen Warszawski, aber der spielt nur an seiner massiven Krawattennadel herum und grinst nervös.

Zych deutet auf meinen Notizblock: «Können Sie mir den Namen der Stiftung nennen?»

«Aber sicher, ich schicke Ihnen die Kontakte gerne per Mail.»

Aber Zych will den Namen schon jetzt: «Schreiben sie ihn mir doch auf», und er schiebt mir einen Kugelschreiber über den Tisch, obwohl mein eigener bereits vor mir liegt.

«Gar kein Problem», sage ich. «Scheiße!», denke ich.

Ganz langsam und sorgfältig reiße ich ein Blatt aus meinem Notizblock. Wenn ich mir jetzt irgendeinen Namen ausdenke, braucht Zych nachher nur kurz zu googeln, und bis morgen bin ich aufgeflogen.

Und ich schreibe: «Verein zur Erhaltung der Rechtsstaatlichkeit und bürgerlichen Freiheiten». Zych liest den Namen laut vor, langsam und in brüchigem Deutsch.

Den Verein gibt es wirklich. Der versorgt nicht nur die AfD mit so zwielichtigen wie anonymen Spenden in Millionenhöhe, er gibt auch das rechtsextreme Heftchen *Deutschland-Kurier* samt YouTube-Kanal heraus – für den auch der maskulistische YouTube-Hetzer Oliver Flesch arbeitet.

Zych lächelt. «Ich mag den Namen», sagt er, «überhaupt mag ich die deutsche Sprache sehr gerne!» Und dann lachen wir, Zych, Warszawski und der deutsche Gast mit dem vielen Geld und den großen Ambitionen. «Gut», sagt Zych, «sprechen wir über unsere Möglichkeiten.»

«Aber wir haben jetzt nicht mehr so viel Zeit, oder?»

Zych schaut noch mal auf die Uhr. «Na ja, bis halb fünf oder so kann ich mir Zeit nehmen.» Wir werden noch den ganzen Nachmittag zusammensitzen.

Die Feinde der offenen Gesellschaft

«Wir sind sehr glücklich, dass sie auf uns zugekommen sind», sagt Zych. «Das ist außergewöhnlich, in der Regel sind wir die aktive Organisation.» Und er lacht herzlich. Was hat der Ton sich verändert, seit klar ist, dass wir alle drei einflussreiche Männer sind. Drei mächtige Männer in einem historischen Klotz. «Jedenfalls gefällt mir Ihre Idee eines breiten Bündnisses sehr», lobt er. «Wir selbst sind sehr froh, in einer solchen Position zu sein. Weder sind wir religiös, noch gehören wir zu nur einer Partei. Ich denke, das wäre auch ein guter Weg für Ihre Gruppierung – auch wenn es nicht leicht wird in Deutschland.»

Ja, gebe ich ihm recht, die Situation in Deutschland sieht wirklich nicht gut aus.

«Schrecklich sieht es aus!», lacht Zych, und Warszawski lacht hinterher. «Und es wird noch schlimmer werden. Wenn wir nicht handeln und wenn wir nicht zusammenarbeiten. Wir müssen genauso zusammenarbeiten wie die extreme Linke. Die hat eine lange Geschichte der internationalen Zusammenarbeit, deswegen sind sie so erfolgreich.»

Zych kann also die Sorgen des deutschen Gastes gut nachempfinden. Er habe ja selbst gesehen, wie effektiv die Neomarxisten agieren. Wie sie vor zehn Jahren die damalige Regierungspartei, die liberal-konservative Platforma Obywatelska, zerlegt hätten, wie Polen vor der EU kapituliert und der Linksradikalismus dann um sich gegriffen habe: «Erst Frauenquote, dann Transsexuellengesetze. Die Istanbuler Konvention, Genderideologie, die In-vitro-Gesetzgebung …»

«Und die Migration!», erinnert ihn Warszawski.

«Stimmt, Migration!» Wieder muss Zych lachen, hätte in seinem Furor gegen Feminismus und «Genderismus» doch beinahe den Ausländerhass vergessen, den großen Klassiker.

Zychs Englisch ist sehr ordentlich, nur muss er immer mal wieder nach Worten suchen, überlegt dann und gibt dabei ein knarzendes Geräusch von sich. Ganz hinten aus dem Rachen lässt er es knarzen, wie eine schwere Holztür, die sich ganz langsam öffnet und hinter der sich etwas Schreckliches verbirgt. Oft ist es Homophobie oder Frauenverachtung, meistens wartet hinter der Tür aber der gute alte Verschwörungswahn.

Zych knarzt, die Tür öffnet sich, und er erklärt, dass er damals den Einfluss der Neomarxisten erkannt habe: «Es änderten sich nicht etwa die Parteien oder die polnischen Menschen – es waren die Mächte im Hintergrund. Die NGOs und all die Organisationen, hinter denen George Soros steckt. Die wollen die konservativen Parteien nicht etwa vernichten, die höhlen sie aus. Infizieren sie mit ihren neomarxistischen Ideen. Genauso, wie sie es auch mit der EU, den Vereinten Nationen und in Deutschland mit der CDU getan haben.»

Eine Weltverschwörung also, und eine jüdische noch dazu. Das kommt mir bekannt vor. «Das überrascht mich nicht», erklärt der deutsche Gast. «Aber was, glauben Sie, ist deren Endspiel?»

«Das Endspiel?», Zych steht auf. Streicht das Sakko glatt, richtet die Krawatte und lässt die Stimme knarzen. «Das Endspiel. Haben Sie Karl Popper gelesen? Den Philosophen?»

Zych erwartet keine Antwort. Die Frage ist rhetorisch, und seine Entscheidung, die Schrankwand mit den dicken Bänden juristischer Standardwerke entlangzuschreiten, ist eine theatrale. «‹Die offene Gesellschaft und ihre Feinde›, da steht alles drin. Für Popper bedeutete Liberalismus die Zersetzung von Familie. Die Abschaffung aller Ungleichheiten. Die Einführungen von sozialen Strukturen, die alle Freiheiten zerstören.» Zych bleibt stehen. «Gleichmacherei! Soros hat seine Stiftungen nicht umsonst nach diesem Werk benannt. Es ist die Zersetzung der Identität. Die atomisierte Gesellschaft. Das ist das Ziel.» Er wendet sich wieder uns zu. Der Anflug eines Lächelns im Gesicht. «Und solche Gesellschaften kennen wir.»

«Totalitäre Staaten!», ruft Warszawski. Mit seinem Kindergesicht wirkt er wie der Klassenstreber: «Keine Familien, keine Nachbarschaften, nicht mal Freundschaften gibt es mehr. Es gibt nur noch den Staat. Niemand, der dich sonst beschützt ...» Warszawski will noch erläutern, weshalb ja auch die sexuelle Revolution ein Plot der Kommunisten gewesen sei, man müsse da nur nach China schauen, aber Zych hebt den Finger, und Warszawski verstummt.

«Das ist der Teil seiner Zukunftsvision, den Popper dem Leser verheimlicht: Erst lassen sie alle Strukturen links werden – die Parteien, die Kirchen, die Universitäten – und dann? Der totalitäre Staat.» Kurze Kunstpause. «Das ist unsere Zukunft!» Mit großen Schritten geht es wieder zurück zum Publikum, er stützt sich mit beiden Händen auf den Tisch und schaut mir in die Augen: «Es ist eine neue Sowjetunion!»

Der deutsche Gast zuckt zusammen.

«Deswegen auch der Genderwahnsinn?», fragt der Deutsche, voller Angst um sein Kapital und seinen Penis. «Sie nehmen uns das Geschlecht?»

Und Dr. Tymoteusz Zych nickt: «Genau.»

Ich könnte applaudieren. Zychs Darbietung ist beeindruckend. Gekonnt changiert er zwischen gleichgültiger Häme, bürokratischer Monotonie und apokalyptischer Düsternis. Es klingt wie der Monolog eines Superschurken, irgendwo über den Dächern von Gotham City. Gut, der Superschurke hat Popper offensichtlich nie gelesen – aber trotzdem!

Karl Popper war es übrigens, der den Begriff Verschwörungstheorie in unserem heutigen Sinne prägte – das kann man im selben Buch nachlesen, das nach Zych im Zentrum der neomarxistischen Weltverschwörung steht. Ach, und überhaupt war Popper doch wirklich alles andere als Marxist! Der Philosoph war ein glühender Verfechter des kapitalistischen Liberalismus, hatte für den Marxismus kaum ein gutes Wort übrig und begriff Kommunismus genauso wie Faschismus als geschlossene Gesellschaftsform und damit als Feind. Und George Soros imponierte das! Nach seiner Flucht aus dem stalinistischen Ungarn in den fünfziger Jahren hatte er bei Popper in London studiert – lange bevor er in New York als Hedgefondsmanager und Spekulant unanständig reich wurde. Lange bevor er mit seiner Open Society Foundation zur Projektionsfläche für all die Verschwörungssüchtigen und Judenhasser dieser Welt wurde.

Ernsthaft, Zych … ich könnte klatschen!

Und Dr. Tymoteusz Zych, noch immer am Kopfende des Tisches, ich zu seiner Rechten, Warszawski zu seiner Linken, knarzt und spricht: «Früher wäre es die Aufgabe der Kirche gewesen, diesem

Linksdrall etwas entgegenzusetzen. Aber das tut sie nicht. Hier nicht, und im Westen erst recht nicht. Dort engagieren sich die Kirchen ja aktiv gegen Jesus Christus.» Pflichtschuldig beteuert Zych zwar noch, dass man sich keine Sorgen um die Zukunft der Kirche machen müsse, aber dennoch: «Die Kirchen haben versagt als Wächter von Moral und Gesellschaft. Nun müssen wir den leeren Raum, den die Kirche hinterlässt, einnehmen. Wir dürfen das nicht den Linken überlassen! Wir brauchen eine Interessengruppe, ein internationales Netzwerk. Wir müssen genau so etwas aufbauen, wie George Soros es getan hat. Und das bauen wir jetzt auf.»

Eine eigene Weltverschwörung!

Metapolitik in seidenmatt

Die Gegneranalyse ist abgeschlossen. Zych hat das Feindbild in ungeheuerlichen Proportionen in den Raum gemalt und das Ziel gesetzt. Mit zufriedener Bräsigkeit lehnt er sich zurück. Also, wie erlegen wir die neomarxistische Bestie? Die Empfangsdame kommt hereingestöckelt, eine frische Tasse Kaffee kann schon mal nicht schaden. Und die erste Maxime ist auch klar: «Der tagespolitische Kampf reicht nicht aus», weiß Zych, «wir müssen metapolitisch agieren.»

Metapolitik, natürlich. Seit den siebziger Jahren lautet so die Devise der Neuen Rechten: Raus aus dem neofaschistischen Untergrund und rein in den öffentlichen Diskurs. Man will Debatten gestalten, die Sprache verändern, den Ton angeben. Es gilt, die «kulturelle Hegemonie» zu erringen. Auch in Polen.

«Netzwerken ist also nicht alles», sagt Zych. Sicher, all die wöchentlichen Veranstaltungen, geschlossenen Seminare und offenen Konferenzen, Pressebriefings und Frühstücke mit Politikern, die seien notwendig, das sollte auch ich unbedingt in Deutschland tun. «Aber wir wären mit unserer Lobbyarbeit nicht so erfolgreich geworden, wenn wir bloß Menschen gesammelt und genetworkt hätten. Haben Sie sich überlegt, ob Deutschland nicht auch einen Thinktank braucht?»

Ein Thinktank, wird mir erklärt, habe viel mehr Möglichkeiten, in die Debattenkultur einzugreifen. «Wir haben von Anfang an publiziert», sagt Zych, «zu Abtreibung und Genderideologie und so weiter.» Je heikler das Thema, je umstrittener die Haltung, desto besser. «Da liegt das magische Potenzial! Nehmen Sie sich die Themen, die niemand im Mainstream anfassen will. Für die Journalisten sind das ohnehin die heißesten. Und die Öffentlichkeit muss ihre Thesen diskutieren, sobald Sie Menschen mit akademischen Titeln involvieren. Wir haben uns eben auf Juristen und Anwälte konzentriert.»

Mir kommt unweigerlich diese seltsame Anfangszeit der AfD in den Sinn, damals, als sie für einen kurzen Moment doch tatsächlich als «Professorenpartei» durchgehen konnte, und mir wird schlecht. Es ist weniger der Inhalt des Gesprächs, mehr die Ausdrucksweise, die mir auf den Magen schlägt. Ich kenne das alles doch. Dabei hatte ich mit Exotik gerechnet, mit dem berüchtigten polnischen Katholizismus. Aber nein, Zych ist Stratege und Religion nur ein Instrument von vielen.

«Ich erstelle Analysen, wissenschaftliche, komplexe Analysen!» Warszawski erzählt von seinen eigenen Arbeiten. «In einem Jahr veröffentliche ich hier mehr als ein Wissenschaftler an der Universität in zehn.» Das spricht natürlich für Qualität. Gerade beschäftigt Warszawski sich mal wieder mit Transsexualität. «Ich denke, die Genderproblematik haben wir ziemlich gut durchdrungen», sagt Zych und bringt ein paar der Publikationen. Großformatige Hefte, jedes über hundert Seiten stark, Farbdruck, seidenmatt, dunkelblau und seriös. Und er schlägt ein Exemplar auf.

«Sollte Polen das Übereinkommen des Europarates zur Verhütung und Bekämpfung von Gewalt gegen Frauen und häuslicher Gewalt ratifizieren?» Der Titel ist lang, die Antwort ist kurz: Nein! Das habe ich hier schon gelernt: Frauen muss man prügeln dürfen, sonst macht George Soros unsere Kinder schwul.

«Hier, da zeigen wir beispielsweise auf, dass Genderideologie zu häuslicher Gewalt führt.»

Oh, wirklich?

«Wirklich.» Und Warszawski blättert durch das Heft, deutet auf Tabellen und Statistiken, und sie alle sollen das belegen. Sollen beweisen, wie unversehrt und wohlbehütet die polnischen Frauen in ihren traditionellen Familienstrukturen sind, während die polyamourösen Flittchen im feministischen Skandinavien tagtäglich von transsexuellen Syrern verdroschen werden, oder so. «Die Linken behaupten zwar, dass Gewalttaten in Polen einfach nicht gemeldet werden», lacht Warszawski, «aber wir haben auch dazu Statistiken! In Dänemark ist es viel schlimmer.»

«Unglaublich», sage ich, denn diesen Schwachsinn kann doch wirklich keiner glauben – aber die beiden Doktoren schauen ganz verliebt auf all die Zahlen und Diagramme und Prozente. Das sind keine Fakten – das ist besser: Sie blicken da auf die Legitimation ihrer Macht. Seidenmatt und seriös.

Zych schlägt seine Propagandapostille zu und klopft stolz auf den Umschlag: «Wir würden uns jedenfalls sehr freuen, unser Material mit Ihnen zu teilen.»

Ich fühle mich geehrt.

«Natürlich wäre es großartig, wenn Sie auch eigene Arbeiten in Auftrag geben – aber zunächst können Sie ja unsere Publikationen übersetzen lassen. Damit gewinnen Sie die Leute mit gesundem Menschenverstand.» Ich verspreche das zu tun. Und ich schlage vor, noch mehr Publikationen von rechten Organisationen aus aller Welt übersetzen zu lassen, auf dass unser gemeinsames Netzwerk wachse. «Eine ganz wunderbare Idee!», und feierlich überreicht mir Zych das Heft voll gut designter Desinformation.

Dieses Machwerk war übrigens die allererste Veröffentlichung von Ordo Iuris. Die Istanbul-Konvention, die Maßnahmen zum Schutz von Frauen und Mädchen, stand also ganz oben auf der Abschussliste der frischformierten Hassorganisation. Und dann, im Sommer 2020, gleich nach ihrer Wiederwahl, kündigte die PiS-Regierung als erste Amtshandlung an, dass man aus der Istanbul-Konvention ausscheiden werde. Polen ist da nicht alleine – im März 2021 besiegelte Präsident Erdoğan den Austritt der Türkei aus dem Abkommen.

Der autoritäre Kampf gegen Demokratie und Pluralismus hat viele Schlachtfelder. Aber der Krieg gegen die Frau, so scheint es, hat nicht nur Tradition. Er hat Priorität.

Männer in Maschinen

Schleichend sind wir zum Du gewechselt. Nicht, dass jetzt alle Formalitäten fallen würden, immerhin sind wir superseriöse Herren von Welt, aber es macht sich eine joviale Kumpelhaftigkeit breit: Tymoteusz, Witold und Anton, jung, brutal und gutaussehend, vereint im Kampf um patriarchalen Machterhalt und metapolitischen Kulturkrieg. Ich gehör hierhin, gehör dazu, keine Frage. Und eigentlich musste ich kaum was dafür machen.

Das ist die eigentliche Schönheit der Hochstapelei! Der Hochstapler hat es so viel einfacher als der normale Mensch. Der Hochstapler muss sich nicht mit so lästigen Dingen wie Identitäten herumschlagen.

Identität ist ein verflucht anstrengendes Konzept. Erkenne dich, sei du selbst, vergiss nicht, wo du herkommst, *check your privilege*, bleib dir treu, mach dein Ding und, vor allem, sei authentisch. Das ist der gesellschaftliche Konsens und Alltagsideologie: Authentizität. Aber was soll das bedeuten? Wer bin ich denn? Ein unstetes Kerlchen aus zermürbenden Selbstzweifeln und Haarausfall? Ein neurotischer Jude? Dazu soll ich stehen?

Das soll meine Identität sein? Und dazu soll ich auch noch eine passende politische Haltung entwickeln? Uff.

Als Hochstapler hingegen muss ich gar nichts. Als Hochstapler muss ich bloß anwesend sein. Ein Name und ein Körper. Geschlecht: männlich, Hautfarbe: weiß, Privileg? Aber sicher, aber gerne! Ich stapel hoch! Dazu trage ich je nachdem ein geschmackvolles Sakko oder Polohemd und die passenden Bruchstücke einer zusammengeschusterten Biographie – aber die ist genauso austauschbar wie meine politische Meinung. Ich bin da ganz anpassungsfähig. Sag mir einfach, wer ich sein und was ich denken soll, und ich füge mich! So fügsam, so anpassungsfähig bin ich, dass ich kaum hier bin. Ich bin deine Erwartungshaltung. Ich bin dein Spiegelbild. Das Echo deiner Stimme.

Menschen schauen gerne in den Spiegel, und noch lieber hören sie ihre eigene Meinung. Und schon gehör ich dazu. Mir wird Zeit, Gehör und Vertrauen geschenkt. Auch hier, im Warschauer Klotz. Zych und Warszawski hören mir zu und erzählen mir viel, beginnen bald zu prahlen. Sie weichen sogar ein wenig von den seriösen Floskeln ab, von den offiziellen Narrativen. Nur ein ganz klein bisschen. Aber das genügt.

Stolz erzählen sie von den Erfolgen, die Ordo Iuris schon feiern konnte. Vom Gesetzentwurf «Stoppt die Abtreibung», dem kompletten Abtreibungsverbot, das 2016 beinahe durchgegangen wäre. Und sie prahlen mit den «LGBT-ideologiefreien Zonen», zu denen sich seit 2019 fast ein Drittel des Landes bekannt hat. Zych mit schiefem Siegerlächeln: «Wir haben uns diese Idee ausgedacht!»

«Ihr beide?»

«Nein, nicht nur wir beide», lacht Zych.

«Na ja, hauptsächlich», lacht Warszawski.

«Hauptsächlich», lacht Zych.

Ihre Idee sei es gewesen, die Kampagne ein wenig eleganter anzugehen. Sie haben eine «Charta des Familienrechts» erstellt und den Kommunalpolitikern vorgelegt. Mit nur einer Unterschrift kann man sich so als Gemeinde oder Bezirk der landesweiten Offensive gegen die LGBTQ-Bevölkerung, pardon, gegen die LGBT-Ideologie, anschließen. Und man muss nicht mal diese vier vulgären Buchstaben aussprechen: «In unserem Dokument erwähnen wir LGBT nicht einmal!», lacht Warszawski.

«Nicht einmal erwähnt!», lacht Zych.

«Nicht ein einziges Mal! Es ist nur pro Familie!», lacht der eine.

«Pro Familienrechte!», lacht der andere.

«Und dann versuchen sie das Dokument als hasserfüllt darzustellen!» Sie lachen beide.

«Wenn jetzt die Sanktionen der EU kommen, dann betreffen sie auch Regionen, die sich nur zu Familienwerten bekennen.» Haha, so viel gute Laune. «Und so beweist man den Menschen wunderbar, dass LGBT-ismus und die EU eine Gefahr sind.»

«Das ist clever», stelle ich fest, und Zych und Warszawski lachen. Die Witzigkeit der Macht. Als hätten sie einen richtig fiesen Streich gespielt. Als wäre das alles nur ein Spiel. Und sie die Gewinner.

Als Hochstapler bekommt man mit der Zeit ein ganz gutes Auge für andere Hochstapler. Und ich sehe diese beiden Männer lachen, und die Masken rutschen ihnen dabei ein bisschen vom Gesicht: Ja, das sind Hochstapler. Unauthentisch, identitätslos, fast perfekt.

Dass ich das erst jetzt begreife! Dabei chargiert sich Zych mit aufgesetztem Pathos durch ganze Superschurken-Monologe, und Warszawski wirkt in seiner albernen Kostümierung, als sei er gerade aus einer Zeitmaschine oder Grabkapelle gekrochen. Das ist Mimikry. Zwei junge, weiße Männerkörper, die sich den beigen Büroräumen und brutalen Machtmechanismen dahinter angepasst haben. Sie sind die Spiegelungen alter, mächtiger Männer. Sie sind das Echo alten, mächtigen Hasses. Wiedergänger.

Als geübte Hochstapler werden die beiden auch mich erkannt haben. Ich bin einer der ihren. Ein Jasager, Kopfnicker und Mitlacher, ob es um neomarxistische Weltverschwörer, feministische Gay-Ropa-Bürokraten, die Zukunft der Kirche oder Zwangsimpfungen geht. Ich bin weiß, männlich und einverstanden, mehr bin ich nicht. Mehr sind wir alle nicht. Scheißegal, wie viel wir von dem lebensgefährlichen Mist, den wir einander erzählen und bejahen, auch wirklich glauben. Wir performen ihn, zementieren ihn, erweitern ihn. Stapeln ihn hoch und höher, wir werden zu ihm und verschwinden gemeinsam in der Maschine. Wir werden zur Maschine.

Die anderen werden sich uns anpassen müssen! Der Herrschaft der Hochstapler. Dem Patriarchat. Ich glaube, so war es schon immer.

Zeit, konkret zu werden. Wenn Ordo Iuris an einem globalen Netzwerk schraubt, so gigantisch, dass es die imaginäre Weltverschwörung der Neomarxisten bezwingen kann – dann möchte der deutsche Gast auch daran teilhaben! Kontakte! Namen!

Zych versteht meinen Impuls. Hat vorhin ja sogar noch Marx zitiert, ausgerechnet Marx, mit der berühmten Sentenz, dass es darauf ankömmt, die Welt zu verändern und so weiter. Aber jetzt, wo ich konkret frage, wird er wortkarg. Nicht weniger freundlich, aber vorsichtig. Die Holztür in seiner Kehle knarzt öfter und länger als zuvor. «Wir bauen das Netzwerk erst auf», sagt Zych nach ausgiebigem Rumgeknarze. Er lobt den Vorsitzenden der rechtsextremen Partei Konfederacija, nennt ein paar «konservative» Strukturen in Polen und in der EU, einige Organisationen in den USA und der Slowakei, in Kroatien und vor allem in Viktor Orbáns Ungarn. Aber er bleibt seltsam allgemein, betont noch einmal, wie ungebunden und selbständig Ordo Iuris sei: eine kleine, widerständige Organisation, die sich mit ein paar guten Verbündeten, metapolitischem Geschick und wissenschaftlich astreinen Propagandaheftchen zur politischen Größe hochgekämpft habe.

Nicht, dass diese Darstellung harmlos klingen würde. Aber

die Realität ist noch um einiges bedrückender: Ordo Iuris hat sich verdammt tief in den polnischen Staatsapparat reingefräst.

Da ist zunächst der große Verbündete des Instituts, der Justizminister Zbigniew Ziobro. Zych selbst hat unter Ziobro im Justizministerium gearbeitet, wie so viele von Zychs Kollegen auch, alle im Ressort zum «Schutz der Familienautonomie und des Familienlebens». Andere Mitarbeiter von Ordo Iuris haben das Büro des Premierministers durchlaufen. Viele sind als Sachverständige für verschiedene Ministerien tätig. Ein Mitarbeiter wurde zum nationalen Berater für klinische Genetik ernannt, ein Ehemaliger ist inzwischen Leiter der staatlichen Kommission zur Untersuchung von Pädophilie. Und dann ist da der Rechtsanwalt und Juraprofessor Alexander Stępkowski, einer der Gründer und ehemaliger Vorsitzender von Ordo Iuris. Bei ihm haben viele aus dem jungen Team studiert, wurden direkt aus den Seminarräumen rausrekrutiert. Auch Zych hat seine Doktorarbeit bei ihm geschrieben. 2015 wurde Stępkowski Staatssekretär in der polnischen Regierung. Jetzt ist er Richter am Obersten Gerichtshof.

So viele Menschen in so vielen Maschinen. Von denen ich hier oben im Klotz nichts erfahre. Und auch nichts von dem global agierenden Netzwerk rechtsradikaler und fundamentalistischer Organisationen, in dem Ordo Iuris eine zentrale Rolle spielt.

Das alles hatte ich am Tag zuvor erfahren, als mich Klementyna Suchanow auf meinen Besuch in dem Institut der düsteren Doktoren vorbereitete und mir bei der Gelegenheit erklärte, was in ihrem Land eigentlich geschieht. Und in ganz Europa. Und darüber hinaus.

Das Netzwerk, die Sekte und der Präsident

Klementyna

Klementyna Suchanow, Literaturwissenschaftlerin, mehrfach ausgezeichnete Sachbuchautorin und eines der bekanntesten Gesichter im feministischen Widerstand Polens, hält ihre Cappuccino-Tasse mit beiden Händen umschlossen und droht in ihrem riesigen Hoody zu versinken. Diese etwas zierliche Frau ist nicht nur eine der erbittertsten Gegnerinnen der autoritären Kräfte dieses Landes, mit ihrer investigativen Arbeit rückt sie auch einem internationalen Netzwerk rechtsnationaler Antifeministen ordentlich auf die Pelle.

Dabei hatte sie sich anfangs gar nicht als Feministin verstanden. Mit feministischer Theorie hatte sie einfach nie viel anfangen können – das war ihr etwas zu langweilig und akademisch, und vor allem fand sie da wenig Berührungspunkte zum Leben der polnischen Frauen: «Unterm Kommunismus hatten die Frauen ja bestimmte Freiheiten, konnten studieren, arbeiten, sich scheiden lassen. Und die Frauen kämpften in Polen immer schon um ihre Freiheiten, auch wenn das in den Geschichtsbüchern viel zu wenig vorkommt. Aber die werden eben von Männern geschrieben.» Sie lächelt und sagt dann einen sehr guten Satz: «Wir waren also keine Feministinnen, wir mussten es lernen.» Solche sehr guten Sätze sagt sie öfter, lächelt dann und lässt mir ein wenig Zeit, sie zu notieren.

Als sich 2016 die Proteste formierten, hatte die damalige Nicht-Feministin Klementyna eigentlich gerade überhaupt keine Zeit. Während der Gesetzesentwurf zum radikalen Abtreibungsverbot im Sejm vorgestellt wurde, saß sie über ihren Schreibtisch gebeugt, denn das neue Buchmanuskript musste fertig werden. Aber Manuskript hin oder her, sie bekam ja mit, was da draußen passierte. Konnte sich einfach nicht konzentrieren. Musste an ihre damals dreizehnjährige Tochter denken: «Als ich in etwa ihrem Alter war, Anfang der Neunziger, da hatten wir die Vorstellung, dass die Zukunft fabelhaft wird! Und jetzt habe ich eine Tochter im verdammten 21. Jahrhundert – und es ist kein bisschen fabelhaft! Da kündigte sich ein neues Mittelalter an. Die redeten darüber, Haftstrafen für Abtreibungen und Fehlgeburten einzuführen, Verhütungsmittel zu verbieten … Fuck! Nein, das ist doch krank. Das passiert nicht, solange ich lebe!»

Klementyna war nicht die Einzige, die so dachte. Am 3. Oktober wurden die Straßen in 147 Städten von hunderttausend Frauen geflutet – laut, wütend, schwarz gekleidet. Das war der Schwarze Protest, und der Beginn des landesweiten Frauenstreiks, des *Strajk Kobiet.* Ja, das Abtreibungsverbot wurde damals abgelehnt, aber die Angriffe der Regierung auf die pluralistische Gesellschaft, liberale Demokratie, Frauen und sexuelle Minderheiten hörten nicht auf. Also hörten auch Klementyna und die polnischen Frauen nicht auf.

Klementyna ist nicht nur eine der Organisatorinnen des Frauenstreiks, bald wurde sie auch zur Anführerin der direkten Aktionen: Sitz- und Verkehrsblockaden, Graffiti sprühen, Eier werfen, Rauchbomben zünden, Poster und Fahnen aufhängen oder abreißen, je nachdem. Aber ihr Feind ist ein mächtiger. Es folgten Festnahmen, Verhöre und Gerichtsverfahren. Ein Foto machte die Runde: die bekannte Autorin in Handschellen auf den Asphalt gedrückt, ein Polizistenstiefel gleich neben ihrem Gesicht. Das Bild ging viral, Klementyna wurde als Gesicht des Widerstands bekannt. Und ein paar Tage später kamen Herren vom Inlandsgeheimdienst zu Besuch. Standen spätabends vor ihrer Wohnungstür, sprachen eine Warnung aus und verschwanden wieder in die Nacht.

Klementyna kämpfte weiter. Natürlich tat sie das. Auch als sie bald ins Fadenkreuz der Rechten geriet, ein Minister sie sogar eine Terroristin nannte. «Das ist lachhaft! Ich wünschte, ich könnte radikal sein, aber das ist unmöglich in Polen.» (Wieder so ein sehr guter Satz, und Klem wartet geduldig, bis ich ihn notiert habe.) Sie spricht vom Kampf um Bilder, der Notwendigkeit dieser Aktionen, um in der breiten Öffentlichkeit überhaupt Gehör zu finden.

«In der einen oder anderen Form militant zu sein, ist eine moralische Verpflichtung.» Das schrieb Emmeline Pankhurst, die große britische Frauenrechtlerin und Theoretikerin der Suffragettenbewegung. Nachdem die Frauen in Großbritannien bereits ein halbes Jahrhundert friedlich für das Wahlrecht gestritten, gebettelt, argumentiert und demonstriert hatten, wechselten sie 1903 ihre Taktik. Man ließ sich nicht mehr verdrängen, nicht von den Titelseiten der Zeitungen, nicht aus dem öffentlichen Bewusstsein, nicht von den Straßen – und schon zersplitterte das erste Fensterglas. Die Suffragetten warfen Schaufenster ein, setzten Briefkästen in Brand, traktierten Statuen mit Hämmern und Äxten. Sicher, die Aktivistinnen wurden im Gegenzug angegriffen, verprügelt und festgenommen – aber dann begannen sie eben Jiu-Jitsu zu trainieren, kämpften mit Stöcken gegen die Staatsgewalt und traten in der Haft in Hungerstreik. «Wir mussten diesen Guerillakrieg so lange führen, wie die Leute in England ihn ertragen würden», schreibt Pankhurst. «Wenn sie endlich der Regierung sagten: ‹Macht ein Ende damit, auf die einzig mögliche Weise! Gebt den Frauen von England das Wahlrecht!› – Dann würden wir unsere Fackel löschen.»

Im Vergleich zu den Suffragetten wirkt der Protest der polnischen Frauenbewegung regelrecht höflich. Leider ist er deswegen für die Aktivist*innen nicht weniger gefährlich. Bei einer

Verhaftung wurde Klementyna schwer verletzt. Die einen Polizisten zogen sie an den Armen in die eine Richtung, die anderen Polizisten zerrten an ihren Beinen in die andere. Ihre Wirbelsäule machte das nicht mit, Klem musste noch in derselben Nacht operiert werden. Es war unklar, ob sie danach wieder aufwachen würde. «Das ist ein Trauma, das bei einem bleibt.» Seitdem denkt sie manchmal daran, aufzuhören. Das Land zu verlassen. Ist es das wirklich wert? Wie viel muss man opfern? Die Frauen in Polen kämpfen nicht nur um ihre Körper, sondern auch mit ihnen. Die queeren Aktivist*innen Polens kämpfen nicht nur um ihre Existenz, sondern setzen sie auch aufs Spiel.

Aber Klementyna bleibt. Die Bewegung darf nicht nachgeben, gerade jetzt, wo der Funken überspringt und eine neue Generation Aktivist*innen die Straßen übernimmt. Und wie soll sie aufhören, wenn es noch so viel zu recherchieren und zu schreiben gibt? Wer außer ihr recherchiert denn so penibel und akribisch dem antifeministischen Netzwerk hinterher?

Kaum ging es mit den Protesten in Polen los, meldeten sich Frauenbewegungen aus aller Welt bei den Aktivist*innen. Die Probleme waren ähnliche, Sprache und Strategie der Feinde glichen einander. In Argentinien und Südkorea organisierten die Frauen bald ihre eigenen Schwarzen Proteste. «Und ich bemerkte, fuck, das passiert überall. Das war doch kein Zufall. Ich stand auf der Straße, aber hier fand ein Krieg statt, den ich nicht verstand.» Also begann sie zu recherchieren. *Jest to Wojna*, so heißt ihr Buch: «Das ist Krieg». Und die Kriegstreiber sitzen nicht nur in Warschau. Die Krieger des Patriarchats haben ein großes Netzwerk. Nein, mehrere Netzwerke.

Und ich komme kaum hinterher mit meinen Notizen, mit all den Organisationen und Namen, die Klementyna mir nennt, und irgendwann schnappt sie sich einfach meinen Block. Es sind aber auch wirklich furchtbar viele Namen von furchtbar vielen Menschen in furchtbar vielen Organisationen. So viel Hass, so viel Macht. Das Netzwerk ist groß. Und der Warschauer Klotz ist Deutschland nicht nur geographisch nah.

Göttliche Ordnung, natürliches Recht

Ein kultartiges Netzwerk katholischer Fundamentalisten, organisiert über den halben Globus. Das ist *Tradição, Família e Propriedade* – also Tradition, Familie und Privateigentum, oder kurz: TFP. Der polnische Zweig der TFP war es, der 2013 Ordo Iuris gründete, und noch immer teilen sich beide Organisationen die Geschäftsleitung.

Die TFP wurde 1960 in Brasilien gegründet, ursprünglich um gegen die linke Befreiungstheologie Lateinamerikas vorzugehen. Der Feind: jegliche emanzipatorischen und egalitären Ideen. Das erklärte Ziel: die Rückkehr in mittelalterliche Hierarchien. Stählerne Machtverhältnisse statt linker Gleichmacherei, denn: «Die Ungleichheit zu hassen bedeutet, Gott zu hassen.» So steht es tatsächlich in einem Artikel auf ihrer deutschen Webseite. Eine göttliche Ordnung also. Unten der Arbeiter, der Arme, der Pöbel, die Frau – oben der Adel, der Reiche, der Klerus, der Mann. Und ganz weit oben, über allen, thront der ganz große Papa, der liebe Gott, in ewiger Herrschaft, Amen. Und weil sich ein anständiges Reich Gottes freilich über den ganzen Erdball erstrecken muss, wurde die TFP schon bald in anderen Ländern aktiv. Seit den siebziger Jahren auch in Europa und in den USA.

Der politische Einfluss der polnischen TFP (die als «Stiftungsinstitut Piotr Skarga» auftritt) war schon vor der Gründung von Ordo Iuris offensichtlich. In Deutschland hingegen wirken die Aktivitäten der Fundamentalisten eher kümmerlich. Aber dann stößt man doch auf faszinierende Gestalten. Den Vorsitz hat der in Chile geborene Mathias von Gersdorff inne, der an der Gründung der polnischen TFP beteiligt war und noch 2009 versuchte, das Teeniemagazin *Bravo* wegen der gottlosen Nacktfotos und Sextipps verbieten zu lassen. Immerhin bekennt sich Sebastian von Medings Gender-Kongress zu Gersdorffs Kampagnen. Und dann ist da noch Paul von Oldenburg, der in Brüssel den europäischen Dachverband der TFP leitet.

Oldenburg, nebenbei ein Ururenkel von Kaiser Wilhelm II., preist ganz ungeniert den mittelalterlichen Katholizismus und ruft zum Kampf gegen «neuartige Idole» wie Gleichberechtigung, Menschenrechte und Demokratie. Eine «Schlacht zwischen Himmel und Hölle» nennt er das. Außerdem ist er ein Cousin der AfD-Spitzenpolitikerin Beatrix von Storch. Die stellvertretende Fraktionsvorsitzende scheint sich auf Facebook wunderbar mit ihrem Vetter zu verstehen, auch politisch. Wen wundert's? Die gebürtige Herzogin von Oldenburg hat sich ja selbst mit ihrem Politnetzwerk Zivile Koalition e. V. dem Kampf gegen Feminismus, LGBT-Rechte und Abtreibung verschrieben. Und damit stehen die beiden zärtlichen Cousin*en nicht alleine.

«Ein ‹adeliger› Familienclan des Antifeminismus», davon spricht der Soziologe Andreas Kemper. Er meint damit einen Filz deutscher Aristokrat*innen – die meisten von ihnen in ihren knorrig-verwachsenen Stammbäumen voller Standesehen irgendwie miteinander verwandt –, die sich in einer ganzen Reihe ultrakonservativer Vereine und Stiftungen betun. Dazu gehören etwa das *Forum Deutscher Katholiken*, die *Stiftung Ja zum Leben* oder die *Legionäre Christi*, um nur ein paar zu nennen.

Aber oben im Klotz schütteln Zych und Warszawski ihre Köpfe. Sie glauben nicht, dass die TFP die richtige Anlaufstelle für mich sei. Die TFP sei zwar «eine Partnerorganisation, die uns am Anfang finanziert hat», und als Netzwerk seien die interessant – aber für Deutschland? Für erfolgreiche Metapolitik? Viel zu religiös! Und über die deutschen TFP-Aristokraten muss er lachen: «Vielleicht waren diese Leute in den neunziger Jahren erfolgreich, aber jetzt altern die einfach nur noch vor sich hin.»

Der Stratege Zych hält seine deutschen Kontakte für Polen

besser geeignet als für Deutschland selbst. Er preist die erzkatholische Publizistin Gabriele Kuby, die man immer wieder gerne einlädt, und den deutsch-kroatischen Rechtsanwalt Tomislav Cunovic, mit dem man gemeinsam in Kroatien eine neue Organisation gegründet hat. Aber Zych hat recht: Kuby dürfte sich mit ihren Tiraden gegen die sündhafte Homosexualität und diesen satanischen Harry Potter für den deutschen Mainstream erledigt haben, und Cunovic lungert mit anderen religiösen Fanatikern im Frankfurter Westend rum. Belästigt mit seinen sogenannten Mahnwachen Frauen auf dem Weg zur Schwangerschaftskonfliktberatung.

Einzig die Demo für Alle, findet Zych, bei denen sollte ich mich mal melden – Das sei ein guter Partner, habe auch Ordo Iuris' Petition gegen die Istanbul-Konvention unterschrieben. Ich nicke, klar kenne ich die Demo für Alle. Hinter diesem faktisch einfach falschen Namen steckt ein antifeministisches und schwulenfeindliches «Aktionsbündnis», bei deren Veranstaltung auch schon mal der TFP-Vorsitzende Mathias von Gersdorff als Redner auftritt. Die Organisation der Demo für Alle lag anfangs übrigens bei AfD-Spitzenfundamentalistin Beatrix von Storch und ihrem Netzwerk Zivile Koalition.

Aber von solchen Details scheint Zych nichts zu wissen. Überhaupt behauptet er, sich mit den einzelnen Organisationen nicht besonders gut auszukennen. Und auch von Agenda Europe, dem großen europäischen Lobby-Netzwerk, kann oder will er mir nichts erzählen.

Da sind wir schon beim nächsten Netzwerk. Die 2013 gegründete Agenda Europe konnte lange ihre Existenz geheim halten, erst 2018 wurde sie vom Fernsehsender Arte enthüllt: über hundert antifeministische Organisationen aus 30 Ländern, Verbindungen in den Vatikan und zur EU. Und was für unheimliche Ideen hinter dieser Vereinigung stehen, lässt sich online nachlesen: *«Restoring the Natural Order. An Agenda for Europe»*, heißt das Manifest, eine Art Bastelanleitung für eine waschechte Dystopie. Offiziell hat sich das Netzwerk zwar von diesem Text distanziert, allerdings ist er nach wie vor für jeden frei zugänglich auf dem Agenda-Europe-Blog abrufbar. In der darin ersehnten fundamentalistischen Albtraumwelt soll das Konzept der Menschenrechte gekippt und von einem «Naturrecht» ersetzt werden. Gesetze zur Bestrafung von Homosexualität (*«Anti-Sodomy Laws»*) und «homosexualisierter Propaganda» sollen erlassen werden, LGBT- und Abtreibungs-«Lobbys» werden die Gelder gestrichen, Anti-Diskriminierungs-Gesetze werden aufgehoben, Kondome und die Pille werden verboten, Scheidungen auch und Abtreibungen sowieso und kategorisch und unter allen Umständen! Eine wundervolle Welt für christliche Fundamentalisten, die mit christlichen Fundamentalistinnen eine ganze Menge fundamentalistischer Kinder zeugen wollen. Wie man dahin kommt, wird auch erklärt: Geraten wird zu richtigem Framing und «schockierenden» Provokationen, Täter-Opfer-Umkehr und der Publikation akademischer Texte. Und man soll sich vernetzen: Man braucht Wissenschaftler und Journalisten und transnationale Organisationen, die Einfluss auf EU und Nato ausüben können: *«Use the weapons of our opponents and turn them against them.»* Die Taktiken der Neuen Rechten – jetzt auch für christliche Fanatiker.

«Natürlich streitet Ordo Iuris diese Verbindung ab», sagt Klementyna – die totalitaristische Biopolitik des Manifests passt schlecht zu einem superseriösen Thinktank –, «aber die Verbindung ist offensichtlich.» Das belegen nicht zuletzt geleakte Videos von einem geheimen Agenda-Europe-Gipfeltreffen in Warschau – ausgerichtet von Ordo Iuris im September 2016. Die Begrüßungsrede hielt Ordo-Iuris-Mitbegründer Stępkowski, damals Staatssekretär im polnischen Außenministerium. Mit dem Leak konfrontiert, ließ Ordo Iuris verlauten, dass man gar kein Mitglied von Agenda Europe sein könne: Das informelle Netzwerk habe ja gar keine richtigen Mitglieder.

Die schöne Frau Nowak

Auch Natalia Nowak, Ordo Iuris' Direktorin für irgendwas, erwähnt Agenda Europe mit keinem Wort. Am Ende meines Besuchs im Warschauer Klotz hat mir Warszawski noch ihre Telefonnummer rausgesucht; mit ihr soll ich mich unbedingt verabreden, in Zukunft werde sie mir bei der internationalen Vernetzung helfen. «Außerdem ist Natalia eine wunderschöne Frau», sagt er mit fiesem Grinsen, «deswegen ist sie auch sehr gut für Medienauftritte geeignet, gerade jetzt, wenn es um die Istanbul-Konvention geht.»

Schon am nächsten Tag treffe ich also Natalia Nowak zum Business Lunch in einem gehobenen thailändischen Restaurant. Sie ist wirklich so hübsch, wie Kollege Warszawski versprochen hat, das ideale Gesicht, um eine ultranationalistische Organisation zu vertreten: Mit ihren bezaubernden Wangenknochen und dem spitzen Näschen sitzt sie vor einem riesigen Teller mit Rindfleisch und Nudeln, von dem sie allerdings kaum etwas isst. Stattdessen streuselt sie pausenlos Chiliflocken auf den Fleischberg und lobt Ordo Iuris als familienfreundlichen Arbeitgeber – die junge Mutter und hat eine super Work-Life-Balance.

Inhaltlich hält auch sie sich zurück, aber sie hofft, in den nächsten Jahren den Einfluss auf die Vereinten Nationen ausbauen zu können. Man hat dort im Wirtschafts- und Sozialrat bereits Beraterstatus, außerdem gute Partner aus den USA, die christlich-fundamentalistischen NGOs C-Fam und Family Watch International. Ich bin etwas enttäuscht, diese Connection ist kein Geheimnis, und da wechselt Nowak auch schon das Thema. Sie will sich noch Gedanken machen, mit welchen Partnerorganisationen ich am besten vernetzt werden könnte. Für die richtig heißen Kontakte habe ich mich anscheinend noch nicht qualifiziert. Nowak spricht stattdessen etwas aufgeregt vom Verfall des Westens, und ich ärgere mich. Diesen Schmonzes kenne ich ja langsam wirklich zur Genüge – da fällt mir was auf: So wie die schöne Natalia über diesen ganzen Mist spricht, über Naturrecht und «Familienautonomie», über einen Krieg der Sprache und die notwendige Neudefinition des Begriffs ‹Menschenrecht› – klingt das alles haargenau so, wie es in dem Agenda-Europe-Manifest steht. Man könnte meinen, sie habe die 134 Seiten auswendig gelernt. Internalisiert.

Als sie mir dann von den «perversen» schwulen Sexpraktiken polnischer Gymnasiasten berichtet, muss sie sogar weinen. Wer hätte gedacht, dass sich eine junge Karrierefrau so emotional in diese bizarre Denke einfühlen kann? Aber Natalia Nowak hat sich bloß versehentlich Chiliflocken in die Augen gerieben.

Die russische Zwickmühle

Am Tag zuvor, oben im achten Stock des Warschauer Klotzes. Zych findet doch noch einen Modus zwischen Prahlerei und Zurückhaltung, in dem er ein wenig mit seinen guten internationalen Kontakten angeben kann. Mit dem Ordo-Iuris-Büro in Brüssel, der Verbindung zur Lega in Italien, zur Vox in Spanien, ganz besonders zu Orbáns Fidesz in Ungarn, dieser Orbán, ein echter Idealist!

Und was ist mit Russland?, erkundige ich mich.

«Nein», sagt Zych, und knarzt etwas besorgt, zu denen hat man keinen Kontakt: «In Polen ist das problematisch, weil wir diese schwierige geschichtliche Situation mit Russland haben.» Klementyna Suchanow hingegen ist sich sehr sicher, dass Ordo Iuris Kontakt zu Russland hat. Dafür gibt es auch ein paar schlagende Argumente. Aber dafür muss ich ein wenig ausholen.

Flankiert von zwei gigantischen Flaggen, steht Wladimir Wladimirowitsch Putin an einem Pult im prunkvollen Georgssaal des Kremlpalastes und spricht zum russischen Parlament: «Die Welt entwickelt sich immer widersprüchlicher und dynamischer. Unter diesen Bedingungen wächst die historische Verantwortung Russlands. Wir wissen, dass immer mehr Menschen in der Welt unsere Position teilen, traditionelle Werte zu verteidigen: die traditionelle Familie, ursprüngliches menschliches Leben, religiöses Leben.»

Es ist Dezember 2013, und der Staatspräsident hat in seiner Rede zur Lage der Nation seinem Land den Anspruch auf eine Führungsrolle in der Welt zugesprochen: Russland, Hüterin von Familie und Christenheit. Putin schaut ins Publikum und zieht so putinmäßig-nonchalant seine Augenbrauen hoch, als sei dieser Plan das Normalste der Welt. Dabei war das bis dahin der rhetorische Höhepunkt eines harten Kurswechsels der russischen Regierung, der in der völkerrechtswidrigen Annexion der Krim 2014 münden wird.

Befeuert von den massenhaften Protesten der liberalen Opposition im Winter 2011/12 hatte Putin begonnen, die rechten und nationalkonservativen Kräfte in Russland zu fördern: Die Migrations- und Abtreibungsgesetze wurden verschärft, Gesetze gegen «Schwulenpropaganda» erlassen, die feministische Punkband Pussy Riot wurde festgenommen. Und auf das internationale Parkett trat Putin nun als großer ideologischer Gegenspieler des Westens. Dieser liberal-verkommene Westen! Dem Putin einen «moralischen Niedergang» attestierte. Wegen all der gleichgeschlechtlichen Partnerschaften! Wegen des Verlustes christlicher Werte! Und wegen seinem «Exzess der politischen Korrektheit», der zu «pädophiler Propaganda» führt!

Es ist bekannt, dass Moskau bald darauf begann, ultrarechte Parteien und Bewegungen in aller Welt zu umwerben und zu unterstützen – das geschah ja ganz geradeheraus und öffentlich. Moskau suchte sich Partner zur Destabilisierung der EU, Freunde im Kampf gegen die Vormachtstellung der USA. Aber daneben gibt es noch die inoffiziellen Kanäle: Spenden und Kooperationen und Netzwerke, bei denen eine Beteiligung des

Kremls naheliegt, oft sogar sehr nahe, der letztendliche Beweis allerdings fehlt. In Bezug auf rechtsextreme Kräfte ist hier oft etwas reißerisch von einer «Schwarzen Internationalen» die Rede.

Für Klementyna Suchanow ist besonders der Zeitpunkt der Moskauer Kampfansage von größter Bedeutung. Denn tatsächlich beginnt die westliche Rechte ab 2012 exponentiell zu erstarken: Rechtspopulistische und rechtsradikale Parteien formieren sich oder gewinnen an Macht, ihre antifeministischen, homophoben und rassistischen Narrative verbreiten sich wie Lauffeuer. Und 2013 wird auch Ordo Iuris gegründet. Und Agenda Europe. Und 2014 legt die Alt-Right in den USA so richtig los, in Deutschland die Identitäre Bewegung, und so weiter und so fort.

Das Thema Russland ist immer und überall schwierig. Aber in Polen ist es unsagbar heikel, da hat Zych sehr recht. Im historischen Schatten von Besetzung, Unterdrückung und Kommunismus ist Russland noch immer das große Feindbild. Das gilt ganz besonders für die polnischen Nationalisten mit ihrer Rhetorik des historischen Widerstands. Allerdings befindet sich die polnische Rechte damit in einer merkwürdigen Situation: Auf der einen Seite der große Feind Russland, auf der anderen Seite die nicht minder verhasste EU. Eine ideologische Zwickmühle.

Neben dem dystopischen Manifest dürfte diese Zwickmühle der zweite Grund sein, weshalb sich Ordo Iuris so angestrengt von Agenda Europe distanziert. Weshalb Zych mit seinen Kontakten so seltsam zurückhaltend rumknarzt und Nowak sich vor lauter Aufregung Chili in die Augen reibt. Denn so schwer die Struktur von Agenda Europe zu greifen ist, kennt man doch ihre Schlüsselakteure, und die stehen alle in ganz direkter Verbindung zur weltweit wichtigsten Plattform des internationalen christlichen Fundamentalismus: dem *World Congress of Families.* Und dieser Kongress ist ein Musterbeispiel dafür, wie solche inoffiziellen Kooperationen der globalen Rechten mit dem Kreml aussehen.

Das Netzwerk hinterm Netzwerk und die Leute dahinter

Der World Congress of Families, kurz: WCF, entstand Mitte der neunziger Jahre als Expansionsprojekt der religiösen Rechten der USA. Mit diskreter Unterstützung aus Russland schuf man ein internationales Schaulaufen für Fundamentalisten aller christlichen Strömungen. Wer als fanatischer Antifeminist also etwas auf sich hält, der reist zur mittlerweile jährlich stattfindenden Großveranstaltung, ob nach Mexico City, Sydney, Budapest oder, wie im März 2019, nach Verona. Aber längst sind es nicht nur obskure Ultrareligiöse, die dort gemeinsam beten und kruden Reden lauschen, mittlerweile trifft sich auf dem WCF der rechts-religiöse Wahn mit dem rechts-nationalistischen Hass.

Ein buntscheckiges Personal lässt sich hier antreffen: Rechtspopulisten, Nationalisten, Faschisten und russisch-orthodoxe Oligarchen – darunter zunehmend einflussreiche Politiker. Allein in Verona 2019 sprachen Politiker und Regierungsmitglieder aus Frankreich, Ungarn, Russland, Kroatien, Uganda und Brasilien, der moldawische Präsident Igor Dodon kam gleich persönlich vorbei, um vor den «Soros-Dämonen» zu warnen, und als Highlight sprach der damalige italienische Innenminister Matteo Salvini zu den Tausenden Gästen. Deutschland wurde auf der Bühne von seinem umtriebigen Anti-Abtreibungs-Adel vertreten: Gloria von Thurn und Taxis, die homophobe Prinzessin mit besten Kontakten zu Steve Bannon und in die ultrarechte Politik, durfte ebenfalls eine Rede schwingen.

Repräsentanten der AfD ließen sich bislang nur im Publikum blicken. 2017 besuchte Beatrix von Storch den Familienkongress in Budapest und ließ sich bei der Gelegenheit mit Gastgeber Viktor Orbán ablichten. In Verona hingegen war David Bendels zugegen, der Vorsitzende des zwielichtigen Vereins, den ich im Warschauer Klotz als meinen geheimen Geldgeber genannt habe. Er war gemeinsam mit dem AfD-Politiker Maximilian Krah angereist. Die beiden trafen sich auf ein Pläuschchen mit Innenminister Salvini.

Diese immense Bedeutung für die extreme Rechte entwickelte der WCF, während auch der russische Einfluss auf die Veranstaltung wuchs. Zwar liegt der Vorsitz des WCF bei dem US-Amerikaner und zentralen Agenda-Europe-Akteur Brian S. Brown, aber um die Koordination des Kongresses kümmert sich seit 2008 der Russe Aleksey Komow (ebenfalls ein Mitglied von Agenda Europe). 2014 holte Komow den WCF nach Moskau, und es waren auch zwei Russen, die nun die Finanzierung der Veranstaltung übernahmen: Wladimir Jakunin und Konstantin Malofejew. Beides enge Vertraute Putins und bis heute die bekanntesten russischen Geldgeber des Kongresses.

Wladimir Jakunin ist der frühere Chef der russischen Eisenbahnen, zählt damit zum inneren Moskauer Machtzirkel und leitet die Sankt Andreas-Stiftung, die sich um die Wahrung des «russischen Erbes im In- und Ausland» kümmern soll. Und die betreibt der nationalistische Verfechter russischer Großmachtpolitik, der Homosexualität für einen Gendefekt hält, auch in Deutschland. Zumindest unterhält er seit 2016 in Berlin den Thinktank «Dialogue of Civilizations», der Veranstaltungen mit hochkarätigen Politikern organisiert. Aber daneben sprach er auch schon bei einer Konferenz des rechtsextremen Magazins *Compact* zum Thema Überfremdung. Sein WCF-Partner Konstantin Malofejew hingegen ist so ziemlich das, was sich so ein richtig harter und etwas phantasieloser Russenhasser unter einem Oligarchen vorstellen würde: ein stinkreicher Unternehmer, immer wieder des Betrugs bezichtigt, nie verurteilt, bestens vernetzt in den Kreml und bekennender Antidemokrat. Der pummelige Oligarch soll prorussische Separatisten in der Ostukraine finanziert und mit Militärausrüstung versorgt haben, nun will er auf der annektierten Krim einen Historienpark errichten. Nein, er macht wirklich keinen Hehl aus seinen Absichten: Er sehnt sich nach einer eurasischen Staatenunion unter

Führung Russlands, wie er dem ZDF in der Doku «Russlands geheimes Netzwerk» verriet, denn: «Alle sogenannten westlichen Werte sind gottlos und atheistisch.»

Aber ganz ohne Mitarbeit aus dem gottlosen Europa geht's anscheinend doch nicht: «Die AfD und ihre Führer verehre ich sehr, was sie sagen und schreiben, ist die Wiedergeburt Deutschlands», und der österreichischen Zeitschrift *Profil* erklärte er: «Ich pflege vor allem Freundschaften mit den Rechten in Europa, weil uns der Glaube an den Herrn Jesus Christus vereint – die AfD, die Lega Nord oder der Front National. Vielleicht ist es Ihnen aufgefallen: Die, mit denen ich sympathisiere, werden in Europa immer populärer.» So finanzierte er auch Alexander Gaulands Reise nach St. Petersburg, wo sich der Fraktionsvorsitzende zu einer Unterhaltung mit dem Faschisten und neurechten Ideengeber Aleksandr Dugin traf – ein enger Kumpel und Mitarbeiter Malofejews: «Wir teilen auch dieselbe Weltanschauung.»

Natürlich regelt auch Malofejew seine Geldgeschäfte über eine Stiftung – und in deren Vorstand sitzt wiederum Aleksej Komow, der WCF-Koordinator und Agenda-Europe-Aktivist. Arte bezeichnete Komow sogar als die rechte Hand des Oligarchen. Und die italienische Wochenzeitschrift *L'Espresso* berichtet über Dokumente, die den Geldfluss belegen: aus Russland auf Offshore-Konten und weiter in die Kassen von allerhand Organisationen des rechts-religiösen Netzwerks.

«Wir haben keinen Kontakt zu den Russen. Das wird immer wieder behauptet, aber das sind Verleumdungen!» Dr. Tymoteusz Zych versucht, möglichst entschieden auszuschauen. Es ist zum Lachen: Da sitze ich bei Ordo Iuris, dieser einflussreichen Organisation, die eine so zentrale Rolle in den rechtsfundamentalistischen Netzwerken spielt – und sie muss sich distanzieren! Distanzieren vom WCF, von Agenda Europa und von ihren mutmaßlich wichtigsten Partnern. Aber Zych beharrt darauf: «Ich persönlich kenne keinen einzigen Russen!» Über diesen Satz muss er selber lachen.

«Aber leisten die Russen in Bezug auf unseren Kampf nicht großartige Arbeit?», hake ich nach.

«Sicher, sicher, ich weiß, dass sie es tun. Aber die Unterdrückung durch Russland ist in den zentraleuropäischen Ländern noch nicht vergessen. Wenn man in Polen also irgendwie mit Russland assoziiert wird, dann kann man schnell isoliert werden! Zumindest in der jetzigen politischen Situation kann eine ernsthafte Kooperation mit Russland nicht stattfinden.»

«Aber das ist natürlich bloß eine Darstellung der Situation», stellt Warszawski klar: «Das ist nicht unser Statement.»

Und Zych nickt: «Aus einer konservativen Sicht wäre es nur rational, mit, sagen wir, mit gewisser Diskretion mit Russland zu kooperieren.»

«Zumindest kulturell», sagt Warszawski.

«Zumindest kulturell!», wiederholt Zych. «Zumindest in dieser Dimension.»

Klementyna Suchanow kämpft und schreibt lautstark und ausdauernd gegen all diese bedrohlichen transnationalen Netzwerke an, legt öffentlichkeitswirksam Verbindungen nach Russland bloß. Im Gegenzug wird sie in den konservativen Medien und rechten Foren als russische Agentin dargestellt – im Auftrag einer neomarxistischen Verschwörung, die irgendwie zeitgleich sowohl von einem amerikanischen Juden als auch vom Kreml ausgehen soll. Oder sie wird einfach auf Twitter als «Sowjethure» beleidigt.

Zych hingegen freut sich, als ich vorschlage, dass man vielleicht über Konferenzen in Deutschland eine neue russo-polnische Verbindung herstellen könnte. Er scheint sehr zufrieden mit seinem deutschen Gast zu sein.

Verschworen

Es fühlt sich seltsam an, das alles aufzuschreiben. Nicht, dass die katastrophale Bedeutung dieser Netzwerke zur Debatte stände, und keine Frage, aus Russland wird massiver Einfluss auf all das lebensgefährliche Treiben ausgeübt. Aber es ist unübersichtlich und Politik eine chaotische Angelegenheit. Die Neuentflammung des Frauenhasses und das Verlangen nach einem stählernen Patriarchat lässt sich nicht allein mit dem Treiben von einem schlimmen Mann im Kreml wegerklären – genauso wenig wie der Aufstieg der AfD, der Trumpisten und all der anderen ultrarechten Bewegungen der letzten Dekade. Die Welt funktioniert nicht monokausal, und der rechtsextreme und antifeministische Backlash hat viele Gründe, das will ich damit sagen.

Fundamentalismus und Rechtsextremismus sind vieles, aber nicht originell. Der Angriff auf die Demokratie richtet sich eben besonders gerne gegen Frauenrechte und sexuelle Minderheiten. Männlichkeitswahn und Frauenhass sind mächtige politische Instrumente, aber sie sind nicht neu – und leider auch nicht von russischen Geldern abhängig. Eigentlich könnte ich heulen, wenn ich mir überlege, wie viele Menschen ich kennengelernt habe, so zutiefst verschiedene Menschen, die sich alle dieser toxischen Instrumente bedienen, um auf ihnen schlussendlich die immergleichen und uralten Lieder des Hasses zu spielen. Hat die Kampagne Russlands diese Tendenzen befeuert? Bestimmt! Aber ich fürchte, wir haben es mit etwas sehr viel Unheimlicheren zu tun als mit einer großen Verschwörung.

Vielleicht ist das alles mehr so ein ideologisches Pilzgeflecht, ein Rhizom, wie es Gilles Deleuze und Félix Guattari beschrieben haben: ein vielwurzeliges Geflecht, das unterirdisch durch die Gegend wuchert, ohne Anfang, ohne Ende, verästelt in alle Richtungen des Erdreichs, verknotet mit allerhand anderen Giftgewächsen. Und ab und an stößt es durch die Erdkruste.

Ach, botanische Metaphorik ist nicht so mein Ding.

Auf der anderen Seite ist da Tymoteusz Zych, der sich ja wirklich nach der großen Verschwörung sehnt. Der Rechtsanwalt mit dem aaligen Lächeln, der sich in dem brandgefährlichen Geflecht ultrakonservativer Fundamentalisten und kryptofaschistischer Politik verdammt weit hochgestapelt hat. Jemand, der Macht hat, Kontakte und böse Absichten. Der an der eigenen Weltverschwörung arbeitet, um sie der neomarxistischen Verschwörung des mächtigen Juden George Soros entgegenzusetzen. Wie sollte man auch eine Weltverschwörung planen, wenn man nicht an Weltverschwörungen glaubt?

«Lassen Sie uns diese großartige Idee weiterentwickeln, wirklich», sagt Zych im feierlichen Ton und erhebt sich. «Selbst wenn wir es nicht schaffen sollten, die deutsche Regierung direkt zu beeinflussen – was nicht unmöglich ist, wenn wir uns Amerika ansehen –, wir werden zumindest bestimmte Prozesse in Deutschland blockieren können. Und das wird schon sehr viel sein. Das können wir wirklich. Und ich freue mich sehr auf unsere Zusammenarbeit.»

Zych reicht mir die Hand. Ein ernsthafter, ein absichtsvoller Handschlag. Ein neuer Faden im Netzwerk ist gespannt. «Der Westen ist ein problematisches Gebiet, aber wir sind seit tausend Jahren Teil derselben Kultur – und es ist unmöglich, unsere Verbindungen zu kappen.»

Dann verabschiedet sich Zych. Er hat viel zu tun.

Bevor ich gehe, lädt mich Warszawski noch zum Abendessen ein. «Wenn man das erste Mal ein Land besucht, muss man sich ansehen, wie die Menschen da leben, die Familien sehen!»

Wie soll ich da nein sagen? Aber vorher muss ich mit den Menschen reden, deren Leben Zych, Warszawski und ihre ganzen gut vernetzten Partner zerstören wollen.

Stimmen

Jakub und Margot

Keine zehn Minuten von den sterilen, kruzifixbehangenen Büroräumen entfernt, in denen die Doktoren Zych, Warszawski und Kollegen ihren weltweiten Feldzug gegen die neomarxistische Verschwulung des Vaterlands planen, sitze ich mit Jakub in einer Bar. Jakub ist 28 Jahre alt, nur ein paar Jahre jünger als Warszawski. Aber zwischen dem frühvergreisten Direktor und dem Jungen mit den raspelkurzen Haaren und dem traurigen Lachen scheinen Äonen zu liegen.

Dabei fühlt sich auch Jakub nicht mehr jung. «Ich bin alt geworden», sagt er, «ich bin ein junger Aktivist, aber steinalt.» Sein Lachen klingt wirklich fürchterlich traurig.

Jakub hat sich eine ziemlich perfekte Filterzigarette gedreht, aber statt sie sich anzuzünden, lässt er sie nachdenklich zwischen seinen Fingern herumtanzen. Er redet vom Hass, der ihn so schrecklich altern ließ. Einem Hass, der sich verändert hat und stetig wächst, seitdem die Nationalpopulisten wieder an der Macht sind: «Der Hass ist persönlich geworden. Es geht denen nicht mehr ums Prinzip, um Religion oder ihre Scheißmoral. Die haben ihre Homophobie politisiert. Die hassen uns für ihr Land.»

Die Bar, in der wir uns treffen, ist im Kulturpalast, diesem bombastischen Monument sozialistischer Zuckerbäckerarchitektur im Herzen der Stadt. Der Nachmittag ist warm, und wir setzen uns draußen unter eine Regenbogenfahne am Eingang, mit Blick auf Theater und Museen und Geschäfte. Auf Menschen, die Flat Whites und Longdrinks aus hippen Gläsern trinken. Auf Menschen, die die Straße mit Einkaufstüten entlangflanieren oder geschäftig durch die Gegend huschen. Wir sitzen im Zentrum einer modernen europäischen Großstadt. Einer schönen noch dazu.

«Das ist meine Stadt. Das ist der einzige Ort, an dem ich mich zu Hause fühle», sagt Jakub. «Ich dachte immer, ich würde hier mein Leben verbringen …» Nächsten Monat wird Jakub seine Stadt und sein Land verlassen. Nach Berlin ziehen, auch wenn er kein Deutsch spricht. Immerhin kennt er da ein paar Leute. «Es geht hier nicht mehr.»

Dabei hat Jakub lang und hart um sein Leben hier gekämpft. Seit seiner Jugend ist er Aktivist, engagierte sich in Gruppen, ging zu Protesten. Zum Beispiel 2016, da war er beim Frauenstreik dabei, und 2017, als die Regierung mit einer Justizreform den Rechtsstaat untergraben wollte. 2018, als mit einer Rede von Parteichef Kaczyński die Großoffensive gegen die LGBTQ-Bevölkerung Polens begann. Oder 2019, als die «LGBT-freien Zonen» ausgerufen wurden. «Weißt du, ich würde gerne irgendwann für andere Sachen kämpfen. Klimawandel, Politik, was weiß ich. Stattdessen kämpfe ich immer noch dafür, überhaupt existieren zu dürfen.»

Es waren aber die letzten Wochen und Monate, die Jakub den Rest gaben. Die Ausschreitungen, die Gewalt und all der Hass, der Jakub, seinen Freund*innen und der gesamten LGBTQ-Community Polens entgegenschlug.

Es begann mit der Beschädigung eines Lastwagens, wobei ‹Lastwagen› nicht ganz stimmt. Es war eines dieser schwulenfeindlichen Propagandafahrzeuge, die seit 2019 mit Polizeieskorte und menschenverachtenden Botschaften durch die Straßen des Landes hetzen: Homosexuelle sind pädophil! – darauf lässt sich die Kernaussage runterbrechen. So schallt es unablässig aus ihren Lautsprechern, so steht es auf den großen Transparenten. An manchen Tagen kriegt Jakub die Durchsagen der Hassmobile viermal zu hören, sagt er. Er wohnt nicht weit von hier, gleich in der Warschauer Innenstadt.

Jakub zeigt mir Bilder der Trucks auf seinem Handy. Die Transparente sollen ganz bewusst wie Internetmemes wirken: weiße, blockige Schrift auf grotesken Bildern von halbnackten schwulen Männern. Als sei diese Hasskampagne irgendeiner homophoben Bürgerinitiative entwachsen, aus irgendwelchen Facebookgruppen auf die Straße gequollen. Als sei das die hasserfüllte Stimme des Volkes, die da aus dem Lautsprecher brüllt.

Offiziell zeigt sich die rechtsextreme Anti-Abtreibungs-Organisation Fundacja Pro für die Kampagne verantwortlich, aber dass diese Leute mit Ordo Iuris zusammenarbeiten, ist kein Geheimnis. Es verwundert also auch nicht, dass bislang alle Versuche scheiterten, juristisch gegen die Hetze vorzugehen.

Und so stellte sich eine Gruppe junger queerfeministischer Aktivist*innen dem Hass wortwörtlich in den Weg. Margot, eine fünfundzwanzigjährige Aktivistin, und ihre Mitstreiter*innen hatten genug. Das Ergebnis: ein Graffito auf einem LKW und ein zerstochener Reifen, ein abgerissener Rückspiegel. Unklar, wie es zu den Handgreiflichkeiten mit dem Fahrer des Fahrzeugs kam, aber auf einem Video sieht man, wie die Aktivist*innen auf den Mann losgehen und ihn zu Boden reißen. Und Margot drohen jetzt bis zu fünf Jahre Gefängnis. Vielleicht noch mehr, sollte sich die Staatsanwaltschaft durchsetzen.

«Du musst wissen, dass ‹Margot› eigentlich ein Mann ist», hatte mir gestern Warszawski mit einem Anflug genüsslicher Häme erklärt und sich mit einem etwas dümmlichen Kichern noch etwas bräsiger in den Stuhl gelehnt: «Das ist ein Mann! Und der sieht auch aus wie ein Mann!»

Worauf Warszawski anspielte: Margot ist nicht-binär und *presenting as male.* Will heißen, sie ist zwar als biologischer

Junge geboren worden und sieht auch so aus, begreift sich aber weder als traditionell männlich noch weiblich. Begreift sich als etwas anderes, als genderqueer, als Margot eben. Gender sind eben komische Konstrukte, quirlige Angelegenheiten, schwer zu fassen und noch schwerer zu kategorisieren. Aber nicht für die sinisteren Herren Doktores von Ordo Iuris: «Das ist eine Geisteskrankheit», frohlockte Warszawski, und so nehme die polnische Bevölkerung Margot auch wahr: «als einen Irren».

Wie Warszawski so zufrieden gluckste, hätte man meinen können, dass es kein Zufall ist, dass sich die Staatsanwaltschaft gerade die genderqueere Margot rausgepickt hatte. Dass es kein Zufall ist, dass die Staatsanwaltschaft mit voller Härte gegen sie vorging und schon bald ankündigte, man werde Margot noch vor Prozesseröffnung festnehmen. Die Polizei rückte aus. Dann eskalierte die Situation.

Jakub zündet sich endlich seine Zigarette an und bestellt uns noch einen Kaffee. Er war einer von den Hunderten Menschen, die am 7. August gegen Margots Verhaftung demonstrierten und mit ihr zur Heilig-Kreuz-Basilika marschierten, der großen Kirche an der historischen Flaniermeile Nowy Świat, wo Touristen in überteuerten Restaurants sehr mittelmäßige Piroggen essen.

Jakub redet langsam. Rekonstruiert den Ablauf der Geschehnisse mit großer Sorgfalt. Als versuche er beim Reden einen Zusammenhang herzustellen, ein Verhältnis zwischen dem friedlichen Protest und dem gewalttätigen Hass, der ihnen entgegenschlug: «Wir wissen ja, dass uns auf der Straße was passieren kann. Wir wissen das seit fünf Jahren. Dass die Polizisten uns nicht mehr unbedingt vor den Nazischlägern schützen und auch selbst gewalttätig werden können. Dass wir jederzeit festgenommen werden können. Das ist alles nichts Neues, das ist unsere Realität.»

Aber dieses Mal stimmte etwas ganz gewaltig nicht. Dieses

Mal war irgendwas anders, bedrückender. Jakub erzählt von den siebzig Polizeiwagen, die vor der Kirche auffuhren, und von den Herren von Ordo Iuris, die sich auf der Kirchentreppe aufbauten, um die Demonstrierenden spöttisch zu beäugen. Von den Polizist*innen in Zivil, die Margot von der Straße pflückten und in einen schwarzen Pkw zerrten. Von der Sitzblockade. Von dem Polizeiwagen, der fast über eine Aktivistin rollte. Von den niedergerempelten Presseleuten. Von den verdrehten Handgelenken und abgeklemmten Halsschlagadern. Und von dem Polizisten, der auf ein Mädchen am Boden eintrat, immer wieder. Von der Rohheit und der Aggression, den willkürlichen Verhaftungen, dem Geschrei.

«Wir saßen auf dem Boden, und die Polizisten standen über uns, schauten auf uns runter, und wir konnten ihre Augen sehen. Da war was Neues in ihrem Blick. Das waren ihre eigenen Gefühle. Das war nicht mehr bloß *die Polizei*, die da gegen uns vorging, nicht der Polizeiapparat. Das waren die Männer und Frauen hinter ihren Masken und Uniformen. Sie erlaubten sich, ihren persönlichen Hass auf uns auszuleben. Die überrannten uns ohne jede Vorwarnung, die waren brutal, wollten uns fertigmachen.»

Einen Moment scheint es, als würde Jakub laut werden wollen. Aufschreien oder losheulen oder was weiß ich. Ich hätte es verstanden. Ich hätte es an seiner Stelle schon längst getan. Aber er lacht nur traurig und erzählt weiter. Beschreibt die Brutalität der Beamten und ihre enthemmte Sprache, die nicht zitierbaren Beleidigungen. Erzählt von den nachrückenden Polizist*innen in Zivil und von den 48 Menschen, die verhaftet werden. 48, in Polizeiwagen gezogen und abtransportiert, darunter Zuschauerinnen und Passanten, zwei Jungs, die sich bloß Vodka und Würste kaufen wollten, ein 16-jähriges Mädchen mit einem Regenbogen-Aufnäher auf ihrem Rucksack. «Willkürlich haben die sich Leute gepackt, die auch nur irgendwie schwul oder nach Aktivismus aussahen.»

Und noch ein trauriger Lacher von Jakub, noch eine ziemlich perfekt gedrehte Zigarette. Genug Kaffee, wir bestellen jetzt Bier.

Der ganze letzte Sommer war bereits ein Rausch des Protests gewesen. Aber seit der Verhaftung Margots gab es keinen Platz für auch nur einen anderen Gedanken. Diese Verhaftung war eine Zäsur, die Härte der Polizei auch. Und die Mächtigen traten nach, gezielt und fest. Justizminister Ziobro, der große Kollaborateur von Ordo Iuris und ehemalige Chef von Dr. Zych, erklärte die Demonstrierenden zu «Kriminellen, die unter der LGBT-Flagge Gewalt ausüben». Und sein Vize zeigte sich bestürzt, dass diese Unmenschen während des Protestes die Statue von Christus, «dem Erlöser», mit einer solchen Flagge dekoriert hatten: «Die radikale Linke hat allen Andersdenkenden einen Kulturkrieg erklärt. Und sie handelt immer aggressiver.»

In rechten Facebookgruppen werden derweil die Adressen von Aktivist*innen veröffentlicht. Neonazis warten vor den Haus- und Wohnungstüren. Lauern ihnen auf. Prügeln auf sie ein. In zwei Wochen erwischte es drei Freund*innen und Bekannte von Jakub. Hämatome, Platzwunden, ausgeschlagene Zähne. Es hätte noch schlimmer kommen können.

Jetzt ist Jakub selber auf den Bildern von den Demonstrationen zu sehen. Eine Zielscheibe.

Nicht dass es vor dem Rechtsruck für eine queere Person in Polen ungefährlich gewesen wäre. Aber als Jugendlicher, da hatte er Hoffnung. Da war er sich sicher, dass sich das alles ändern würde. «Weißt du, ich will mal Familie. Kinder. Und noch vor zehn Jahren, da fühlte es sich so an, als ob das möglich wäre, irgendwann mal, bald.»

Die gesellschaftliche Kruste aus katholischer Pseudomoral und Intoleranz würde schon aufbrechen, hoffte er. Die Religiosität war doch auch dabei, sich zu verändern. Natürlich waren da die Alten und Abgehängten, Nationalkonservativen und Ultrareligiösen. «Aber das war eine andere Generation, irgendwann würden die wegsterben.» Aber nun sind da die neuen Propagandisten. Die Herrenmenschen von Ordo Iuris und ihre Mitstreiter. «Sie vertreten eine gebildete Mittelklasse. Sie haben Geld, beherrschen Agitation und wissen, mit wem sie zusammenarbeiten können.» Sie richten sich an ein breites Publikum, alles, was irgendwie rechts ist: «Antifeminismus, Antiabtreibung, gegen Schwule und Queere, ein unheimlicher Antisemitismus und gegen Migranten, sogar gegen Impfungen.»

Und der Hass wird kälter, konkreter: «Die Menschen vermuten hinter Feminismus und LGBTQ-Bewegung eine akute Bedrohung», erklärt Jakub. Sie glauben an den finsterer Plan der Globalisten und Sozialisten und EU-Bürokraten. Polen soll kolonisiert werden, und das Volk muss sich wehren.

Ich habe das alles schon so oft im letzten Jahr gehört. Von so vielen Menschen und so vielen Männern. Es sind dieselben Ideen, dieselben Strategien, derselbe Hass. So funktioniert das Netzwerk. So funktionieren die Alt-Right und die Neue Rechte. So funktioniert der Krieg des Patriarchats. Nur, dass er hier Staatsraison ist. Wie kann es da sein, dass sich in Deutschland niemand für Polen interessiert?

Sicher, die Geschehnisse in Polen, der Rechtsruck, die antifeministische und homophobe Offensive der Regierung, das alles wird nicht ausgeblendet. Auch in Deutschland schreiben die Journalisten, die Sender berichten, die Zeitungen drucken, die Kommentatoren kommentieren. Aber immer wieder heißt es dann, Polen sei eben ein erzkatholisches Land mit einem ulkigen Jesus-Fimmel. Nur deshalb sei so was möglich. Bei uns, im wahren Westen, da ist so was nicht denkbar, und wir säkular-rationalen Germanen seien eben etwas smarter und aufgeklärter als der simple Slawe.

Und das lesen wir zwischen den Zeilen und schieben Polen weit, weit von uns weg, einmal um den halben Globus. Als wären dieselben Erzählungen des paranoiden Hasses nicht schon längst bei uns angekommen. Als wäre das alles in Deutschland nicht möglich. Als hätte das irgendjemand vor zehn Jahren in Polen für möglich gehalten …

Jakub erzählt geduldig und detailliert, aber zwischendrin, nach seinen traurigen Lachern, da klingen seine Ausführungen ein bisschen wie eine Entschuldigung. Als sei es ihm peinlich, dass er nicht weiterkämpfen könne. «Ich bin privilegiert, ich habe überhaupt die Möglichkeit wegzugehen», sagt er. Die Entscheidung dazu hat Jakub erst vor kurzem, gerade mal anderthalb Wochen vor unserem Treffen gefällt. «Ich weiß nicht, wie es ist, mit meinem Freund im Tageslicht Hand in Hand spazieren zu gehen. Du willst ja nicht deinen Partner in Gefahr bringen, nur um dich für den Moment frei zu fühlen. Verstehst du?»

Ich nicke, aber ich verstehe es nicht. Kann es nicht verstehen.

«Ich habe Angst. Und ich bin wütend. Ich fühle … Das sind Gefühle, die einen erdrücken.» Mir fällt es schwer, mir Jakubs Geschichten anzuhören. Dabei gebe ich mir redlich Mühe, ein guter Gesprächspartner zu sein, professionell, wie so ein richtiger Journalist, mit empathisch-interessiertem Ohr und ohne ideologisches Urteil … Aber das gelingt mir nicht mal im Ansatz. Immer wieder murmle ich ein «Fuck» oder ein «Holy shit» oder ein «Oh my god, I'm so, so sorry», ach, ich murmle durchgängig, eine ständig aus mir rausmurmelnde Kommentarspur überforderten Mitleids. Und Jakub will kein Mitleid. Ihm ist es wichtig klarzustellen, dass alles, was ihm widerfahren ist, anderen auch widerfährt und den meisten schlimmer als ihm.

Und ich vermisse Anton Schneider. Vermisse die Rolle, hinter der ich mich verstecken kann, das kaltschnäuzige Mackergehabe, den unsichtbaren Hochstapler. Ich schäme mich für mein Entsetzen und meine dämlich-naiven Fragen.

Und noch mehr schäme ich mich, in der Welt seiner Feinde ein und aus gehen zu können. Mich aus welchen Gründen auch immer in Gefahr zu begeben, um dann, nach getaner Arbeit, nach Hause zurückkehren zu können. In mein Leben. In Sicherheit.

Wir sitzen noch lange beisammen. Bestellen Bier und rauchen Jakubs perfekt gedrehte Zigaretten, und es ist noch ein schrecklich netter Abend, und um uns herum wirkt alles schrecklich normal, verflucht normal, in dieser Bar im Zentrum einer modernen, europäischen Großstadt.

Später sehe ich zufällig, dass Google Maps die Bar als «LGBT-freundlich» ausgewiesen hat. Ein freundlicher Ort in einem unfreundlichen Land.

Der Schutzwall

Mein Handy klingelt, Warszawski muss das gemeinsame Abendessen verschieben. Kurz habe ich Sorge, dass mein Cover schon aufgeflogen sein könnte – aber nein, Warszawski ist wirklich untröstlich, seine Frau, ich verstehe schon, total unangenehm ist ihm das, hat ganz viel zu tun, könnte ich nicht auch zwei Tage später, ja? Gegen sechs? Großartig!

Und weil ich jetzt etwas Zeit habe, setze ich mich in den Zug nach Katowice.

Der ganze Platz ist von Polizeibeamten gesäumt, die Straße von einer Kolonne Polizeifahrzeuge abgesperrt. Fast so viele Polizist*innen wie Demonstrierende, es fühlt sich zumindest so an, und alle tragen sie Helme und Plastikschilder und Schlagstöcke, die von ihren Handgelenken baumeln, als würden sie aus den Armen wachsen. Einige tragen große Kannen mit Tränengas bei sich, andere Pumpguns über der Schulter und Patronengurte mit Gummigeschossen an den Hüften. Ein Cop neben dem anderen, eine Wand, und in ihrer Mitte eine quietschbunte Menge mit Regenbogenflaggen. Die schlesische Hauptstadt feiert Gay Pride.

«Mach dir keine Sorgen. Die Katowicer Polizei, das sind gute Jungs und Mädchen», sagt Kasia, Feministin und Mitorganisatorin der Veranstaltung, klein und stämmig, laut und herzlich, die Haare kurz und blau. Sie ist der Polizei dankbar für die gute Zusammenarbeit – bei all der Gewalt braucht man den Schutz. Erst im letzten Jahr wollten Neonazis eine Bombe auf der Gay Pride Parade in Lublin in die Luft jagen. «Das Problem sind nicht die Polizisten, das Problem sind die Säcke in der Regierung!» Sie lächelt mich zuversichtlich an und verschwindet dann im Regenbogenmeer. Ein Regenbogenmeer, dass hinter dem Schutzwall aus Polizeitransportern und Helmen und Schildern zu verschwinden droht.

Kasia hat recht, natürlich hat sie das, aber manchmal ist es gar nicht so einfach zu erkennen, auf welcher Seite des Schutzwalls man steht. Ob man zu denen gehört, die von der Polizei beschützt werden. Oder zu denen, vor denen geschützt wird. Oft reicht eine kleine politische Verschiebung, und die Seiten wechseln.

Ryszard und der Verfall der Sitten

Auf dem Platz gegenüber findet noch eine Veranstaltung statt. Eine Dame in gepunkteter Bluse steht auf einer Wiese und spricht in ein Mikrophon. Sie spricht im monotonen Singsang, nur gelegentlich versucht sie, ein wenig Emphase in ihre Sätze zu legen, gestikuliert und lässt ihre rote Handtasche hin und her baumeln. Zwei junge Typen hinter ihr halten ein großes Transparent in die Luft: «Gegen Sexualisierung und Sittenverfall», steht dadrauf, dazu ein Bild von halbnackten schwulen Männern in Lack und Leder. Insgesamt ein ziemlich sexualisierendes Transparent, aber die Anwesenden scheinen die unfreiwillige Ironie nicht zu bemerken. Dreißig Männer in zu engen Sakkos hören mit ausdruckslosen Gesichtern zu, und wann immer die rote Handtasche der Dame besonders stark hin und her baumelt, applaudieren sie ein wenig.

Ich verstehe die Rede zwar nicht, aber ich verstehe alles. Ich verstehe «Radykalny feminizm» und «Transseksualny» und «Promocja ideologii gender» und ich verstehe die Verachtung in ihrer Stimme. Und schon baumelt die rote Handtasche wieder besonders stark hin und her, und die Männer applaudieren.

Die Nazis entdecke ich ein paar Meter weiter. Zwei Dutzend von ihnen. Stehen und hocken und lungern noch knapp in Hörweite der Handtaschendame herum. Kleine Jungs sind dabei, siebzehn oder neunzehn Jahre alt, wenn überhaupt, kahlgeschorene Kids in Harringtonjacken und schwarzen Stiefeln und hochgekrempelten Jeans ... Das sind Skinheads! So richtige Achtziger-neunziger-Jahre-Retro-Naziskins! Genauso wie der Verfassungsschutz sich einen Fascho noch vorstellt.

«Ah, Germany ...» Ryszard, der kleine Naziskin, nickt grüblerisch, während er sich seinen tiefschwarzen Tabak in ein Papier bröselt. «Ich mag Deutschland. Aber dieser ganze schwule Scheiß kommt von euch.» Er baut die Zigarette fertig und pickt sich Tabakkrümel von der Zunge. «Der Westen ist scheiße.» Ryszard ist mit Kameraden extra für die Demo aus dem Süden angereist, «aber die meisten sind von hier». Ryszard deutet auf einen älteren Kerl mit quadratischem Kiefer, der nach Schnaps und hartgekochten Eiern riecht und wohl so was wie eine Autorität darstellen soll.

«Habt ihr was für heute geplant?», will ich wissen.

«Geplant?»

«Ja, geplant. Was macht ihr denn heute hier?»

«Treffen wollen wir die», sagt er, «We want to meet them.»

«Treffen?»

Ryszard grient: «Wenn die durch die Stadt gehen, gehen wir hinterher. Wenn sie hierbleiben, bleiben wir auch. Nur gucken. Und wenn möglich, wollen wir sie treffen.» Jetzt grient auch der quadratische Oberfascho.

Ich fliehe zurück ins bunte Menschenmeer. Knapp zweitausend sind trotz Pandemie gekommen, Jugendliche in bunten Perücken und andere unter schwarzen Kapuzen, Mütter mit Kinderwagen und Alte mit Plakaten, manche queer, manche feministisch, manche einfach solidarisch.

«Wieso bist du zu denen gegangen?» Ein schlaksiger Junge mit drahtigem Lockenkopf schimpft ein wenig mit mir, als ich ihm von den Nazikids erzähle: «Wenn ich alleine auf diese Typen treffen würde, die würden ... Die würden über die Konsequenzen nicht mal nachdenken. Warum sollten sie? Die Polizei nimmt solche Fälle nicht ernst.» Und ein Mädchen in kompletter Regenbogenmontur erzählt mir, dass schwule Bars und Clubs in Polen noch Raucherräume haben, weil es zu gefährlich wäre, davor herumzustehen.

Die letzten Jahre waren für alle schwer, die letzten Wochen noch schwerer. Alle sind wütend oder verzweifelt oder beides. Aber heute will man Wut und Verzweiflung auslüften. Protestieren und laut sein und ein wenig fröhlich, soweit das Masken und Mindestabstand erlauben.

«Hier, nimm ein paar Regenbogen-Kondome», sagt Kasia, «Enjoy Poland!»

Aus den Boxen wummern Diana Ross und t.A.T.u. und The Knife, und wir ziehen durch die Innenstadt, abgeschirmt von Polizei. An den Straßenecken immer wieder kleine Gruppen von tätowierten Kerlen, so richtig breite Schränke, und vielleicht sind das nur Passanten oder womöglich Polizisten in Zivil – aber hat der eine da vorne nicht eine Rune auf dem Unterarm?

In jedem Fall verstehe ich Kasia. Ich bin der Polizei um uns herum plötzlich auch verteufelt dankbar.

Kasia, Sabina und die *Frankfurter Allgemeine Zeitung*

Einige der Organisator*innen und Aktivist*innen sitzen später noch im Hinterhof eines Restaurants beisammen. Kasia hat mir Bier bestellt, keine Widerrede!, und sie übersetzt, während ich mich mit Sabina unterhalte. Sabina ist etwas später nachgekommen, sie wurde bei der Abschlusskundgebung von der Polizei festgenommen. Die junge trans Frau hat sich bei der Abschlusskundgebung mit einem Zivilpolizisten angelegt, als der Demonstrierende kontrollierte.

Sabina lebt als Frau, seitdem sie fünfzehn ist. Einfach war das nie, aber jetzt fühlt auch sie sich nicht mehr sicher in Polen. Was bleibt ihr anderes übrig, als sich in die aktivistische Arbeit zu werfen? Erst die Regierung ändern, dann die Gesellschaft, viel mehr Optionen gibt es nicht. Sabina spricht immer schneller, über die Beleidigungen, die Aggressionen, die Propaganda ... Ihre Stimme wird kleiner, und Kasia fällt es zusehends schwer zu übersetzen.

«Ich will mich wieder sicher fühlen», sagt Sabina.

«Wir alle», ergänzt Kasia.

Manchmal, sagt Kasia, wenn sie im Ausland ist, in Portugal oder Spanien oder sonst wo, dann merkt sie immer erst, was in ihrem eigenen Land passiert. «Da sind all die verschiedenen Menschen mit all den Hautfarben und Orientierungen, und das ist ... das ist so normal! Und du bekommst wieder Luft. Du stehst da irgendwo in einer rammelvollen U-Bahn und siehst die Menschen, die einfach so leben, wie sie wollen, und du bekommst so viel Luft! Das ist, als ob dir Flügel wachsen.»

Dann bricht ihre Stimme, und sie weint. Und Sabina nimmt sie in den Arm und weint ein bisschen mit. Und ich sitze vor den beiden und gebe mir alle Mühe, nicht auch zu heulen.

«Darling, ich bin jetzt müde», sagt Kasia.

Ich auch. Eigentlich habe ich noch so viele Fragen an so viele der Aktivist*innen hier, aber nicht mehr die Kraft, mir die Antworten anzuhören.

Ich liege auf dem knarzenden Bett in meinem Airbnb, scrolle blicklos durch mein Handy. Und dann wird mir da ein Artikel angezeigt, heute früh erst gedruckt und ganz frisch gepostet: «Die klassische Familie wird zum Ausnahmefall», so titelt es mir die *Frankfurter Allgemeine Zeitung* entgegen. Und ich klicke drauf, lese von «Transgenderpropaganda in Kindergärten». Von einflussreichen «Transgender Lobbygruppen», feigen Politikern und der ungeschützten Heterosexualität, die bereits «in eine Randposition gedrängt» worden sei.

Dieselben Argumente, wie man sie sich bei Ordo Iuris erzählt, bei den Fundamentalisten und den Netzwerken dahinter. Bei der Alt-Right und der Neuen Rechten und auf dem Gender-Kongress. Es sind dieselben Sätze, die sich eben noch die Katowicer Nazikids vor ihrer Menschenjagd anhörten. Nur, dass ich diese Sätze jetzt von dem FAZ-Autorenduo Bernd Ahrbeck und Marion Felder zu lesen bekomme, beides Professor*innen aus der kuschelweichen Mitte der deutschen Gesellschaft. Und natürlich haben die beiden nichts gegen LGBTQ-Menschen, Gott bewahre, deren Rechte seien ja «in einer aufgeklärten Gesellschaft sowieso unumstritten». Sie warnen bloß vor den gefährlichen Absichten *hinter* den mächtigen «LGBT-Gruppen».

Genauso legitimiert sich auch Ordo Iuris. Und die polnische Regierung. Und so viele andere Regierungen, unter denen queere Menschen um ihr Leben fürchten müssen.

Warszawskis Haus

Die Führung

Eine gehobene Wohngegend aus Vorstadtglück und Familienidylle, irgendwo im Warschauer Umland. Wäscheleinen und Trampoline in den Vorgärten, der Geruch von frisch gemähtem Gras in der Luft.

«Willkommen, willkommen!» Die Arme ausgebreitet, schreitet mir Warszawski entgegen, öffnet mit dramatischer Geste das Gartentürchen und greift mit beiden Händen die meine, sogar einen kleinen Bückling macht er: «Wie schön, dass das geklappt hat, *a pleasure*, bitte, bitte, komm doch rein!» Das ist eine ganze Menge Begrüßung für den einen Besucher, aber Warszawski liegt viel an dem deutschen Gast, an der deutsch-polnischen Zusammenarbeit, am transnationalen Netzwerk. Er will einen guten Eindruck machen, wirkt sogar ein wenig nervös.

Seine Alt-Herren-Uniform vom letzten Treffen hat Warszawski gegen einen Business-Casual-Look eingetauscht. Das weiße Hemd ist frisch gebügelt, die Ärmel sind hochgekrempelt, die oberen zwei Knöpfe stehen sogar offen. Ein junger, smarter Erfolgstyp, Homme de lettres, Familienvater und Hausbesitzer. Besonders Letzteres ist ihm wichtig. Dieser pfirsichfarbene Altbau ist sein Reich, sein Stolz. Warszawski hat selbst bei der Renovierung mit angepackt, und besteht darauf, dem deutschen Gast eine Führung zu geben. Mir den großen Garten zu zeigen, die Obstbäume und den Apfelbeerenstrauch, aus denen Warszawski selber schon Saft gepresst hat, und das Gartenhaus mit dem vielen Werkzeug: «Darauf bin ich besonders stolz, endlich habe ich die ordentlich sortiert.» Erwartungsvoll schaut er mich an, große Augen, ein unsicheres Grinsen. Soll ich was sagen? Gratulieren? Loben? Ich bin mir nicht sicher, aber da geht's zum Glück auch schon weiter, hinein in die gute Stube, und mit demselben Grinsen stellt er mir seine Gattin vor. Die weizenhaarige Werbefachfrau reicht mir damenhaft die Hand und bedankt sich für die Flasche Weißwein, die ich als Gastgeschenk mitgebracht habe. Gerne würde ich mit ihr noch ein paar Worte wechseln, aber da ist dieser Teil der Führung auch schon vorbei – es gibt noch mehr Interieur zu bestaunen. In jedes Zimmer soll ich treten, mich umschauen, und in jedem Zimmer grinst mich Warszawski wieder erwartungsvoll an.

«Toll», sage ich jedes Mal.

Toll finde ich Küche und Wohnzimmer, die Kinderzimmer und das Büro, das früher oder später ein weiteres Kinderzimmer werden soll – wirklich jeden Raum soll ich bestaunen. Und ich frage mich, wie vielen Menschen Warszawski mit seiner Arbeit das alles hier raubt – nicht nur den Wohlstand, sondern auch die Familie, die Sicherheit, die Normalität. Wie viele Menschen wegen seiner Arbeit tagtäglich im Verborgenen leben und lieben müssen, um ihre Gesundheit und ihr Leben fürchten, aus dem Land flüchten oder kaputtgehen. Aber was bleibt mir anderes übrig als «Toll!» zu sagen und Warszawski weiter durch sein Haus zu folgen? Selbst den Keller soll ich bewundern, weshalb auch immer. Warszawski kichert nervös. Er kommt mir vor wie ein kleiner Junge, der mit seinem Spielzeug prahlt. Ein kleiner Junge, der Familienvater spielt. Und mit dem Leben anderer Menschen.

Polen, Pöbel und Proleten

Warszawski hat Sushi bestellt, wofür er sich entschuldigt. Eigentlich hätte ja seine Frau für uns kochen wollen, aber es ist gerade viel zu tun. Außerdem sei das Sushi hier wirklich gut, verspricht er mir – auch wenn die Polen nicht einmal wüssten, wie man Sushi richtig ausspricht: «Schu-Schieh», macht Warszawski, begleitet von einer weltmännischen Handbewegung, «so heißt es richtig.»

«Schu-Schieh», wiederhole ich beipflichtend, und Warszawski freut sich, dass auch der deutsche Gast ein gebildeter Kulturmensch ist. Denn davon gebe es nicht viele in seinem Land: «Das muss man begreifen: Die Polen sind ein simples Volk. Leider. Einfache Menschen. Bauern und die Nachkommen von Bauern, von *Peasants.*»

Peasants ... Wie spöttisch Warszawski dieses Wort ausspricht, dieses leicht veraltete, nach Feudalismus und brasilianischem Sektensprech klingende Wort, wie süffig er es sich über die Zunge gleiten lässt! Er lässt keinen Zweifel daran, was er meint: Die Mehrheit der Polen sind nicht nur Bauern, sie sind Pöbel und Proleten, armselige Geschöpfe, findet er. Und Warszawski gefällt es, wie sich dieses Wort im Mund anfühlt, drum sagt er es gleich noch mal hinterher: «Peasants sind sie, Primitive. Ungebildet und desinteressiert, kein einziges Buch haben die daheim. Die gebildeten Eliten und Adeligen wurden im Krieg und den Aufständen getötet. Davon gibt es nur noch wenige. Es gibt also gute Gründe für den zivilisatorischen Minderwertigkeitskomplex von uns Polen.»

Ich sage nichts. Ich nicke bloß.

Wir setzen uns an den gedeckten Esstisch, gleich neben dem gut sortierten Bücherschrank. Weißes Geschirr auf Platzdeckchen, weiße Nelken in der Vase, Chrysanthemen auf der Kommode. Gediegene Normalität, finanziert von Sätzen, die so gar nicht normal sind. Die so gar nicht normal sein sollten. Und Warszawski lehnt sich vor und spricht einige dieser Sätze aus. Will mir erklären, wie man in einem Land voller Primitivlinge Politik machen muss: «Die Primitiven sind von Natur aus allergisch gegen bestimmte Themen. Bei Abtreibung oder Schwulenrechten zum Beispiel, da reagieren die ganz natürlich. Die sagen einfach: ‹Pfui, Schwuchteln!›» Warszawski lacht, hat ein böses Wort benutzt, die Gossensprache des Volkes. Normalerweise bedient sich der promovierte Direktor des düsteren Instituts sehr viel eleganterer Begriffe.

«Aber das hat nichts mit Homophobie zu tun: Wenn ein Schwuler im polnischen Dorf zusammengeschlagen wird, weil er da im pinken Kleid herumwandert, hat das nichts mit irgendwelchen Überzeugungen zu tun.»

Ich sage nichts. Ich nicke bloß.

«Du kannst die Meinung dieser Menschen also lenken. Du kannst sie vielleicht nicht in nur einer Generation komplett umerziehen, aber du kannst sie in die richtige Richtung führen. Du kannst sie für die gute Sache benutzen.» Das habe etwa ganz gut mit den jungen Männern aus der Unterschicht geklappt: «Statt Hip-Hop-Klamotten mit Gangsta-Symbolen steht jetzt *Wielska Polska* auf deren Shirts, Groß-Polen.» Ich weiß sogar, was er meint. Die Shirts habe ich an den Körpern der kleinen Neonazis in Katowice gesehen.

Aber ich sage nichts. Ich nicke bloß.

Warszawski wähnt sich in einem Krieg um die «Primitiven». Um die *Monster Power* des simplen Volks, die man sich schnappen muss, lenken muss, bevor es der Feind tut – George Soros und die «linksradikalen Anführer». Denn im Grunde seien die alle manipulierbar. Auch die Linken seien doch nur indoktrinierte Bauerntölpel, sagt Warszawski, all die Frauen und Homosexuellen, die sich jetzt so aufspielten! «Selbst der polnische Klerus stammt aus den untersten Klassen. Das sind Peasants!»

Warszawski mag für ein Institut rechtsreligiöser Fundamentalisten arbeiten, aber der Glaube an einen «allmächtigen Vater im Himmel, der beobachtet und straft»? Warszawski kichert bei dieser Vorstellung hämisch. Und ich frage mich, ob der Mann überhaupt an irgendwas glaubt. Na ja, immerhin seine Menschenverachtung nehme ich ihm ab.

So gerne würde ich jetzt was sagen. So furchtbar gerne. Aber ich sage nichts. Schweige und nicke noch immer. Und aus einem der Kinderzimmer dringt das fröhliche Gepiepse irgendeines elektronischen Plastikspielzeugs.

Wein und Blut

Warszawski studiert kurz das Etikett, dann schenkt er uns zufrieden ein. Es ist die billigste Flasche Weißwein, die ich im Supermarkt finden konnte. Sieben oder acht Złoty, so richtig räudiger Fusel. Aber Warszawski schnuppert kennerisch am Glas, schwenkt die saure Plörre gegen das Licht und kostet. «Hmm, sehr gut», lügt er höflich. Dann redet er weiter. Immer weiter, immer noch aufgeregt und nervös, ein wenig zu schnell und ständig unterbrochen von seinem eigenen Gelächter. Eben hat er mir sein Haus gezeigt, seinen Besitz und sein Spielzeug, jetzt will er mir sein neues intellektuelles Instrumentarium vorführen. Toll.

Immerhin muss ich nicht viel machen. Ich bin der deutsche Gast. Die anderen mögen Peasants und Proleten sein, aber ich bin der Vertreter eines reichen weißen Landes. Ich bin Alpha. Ich muss nur schweigen, nicken, hochstapeln. Gelegentlich meine Sätze aufsagen, über die schlimme Situation in Deutschland, die Dekadenz, den Niedergang des wahren Mannes. Selten dämliche Minimonologe aus Versatzstücken der gekränkten Männlichkeit, die ich im letzten Jahr zu hören bekommen habe. Aber das war's auch. Ich performe meine Idiotensätze nicht einmal gut. Stottere etwas rum. Weshalb sollte ich mir Mühe geben? Warszawski spielt seine Rolle doch auch schlecht. Unsicher, unglaubwürdig. Ich bin maßlos enttäuscht, und ich kann nicht mal richtig sagen, warum.

Warszawski präsentiert mir das vergilbte Foto seines Urgroßvaters, eines Kavalleristen mit beeindruckendem Schnauzbart, gewachst und gezwirbelt. Er sei natürlich kein Nachfahre irgendwelcher Peasants. Seine Urgroßeltern haben die Rote Armee bei der Schlacht von Warschau abgewehrt und die Deutschen beim Überfall auf Polen bekämpft: «Das sind die wahren Geschichten, die geschriebene Geschichte ist nur Propaganda!»

«Absolut», sage ich, auch wenn ich mir nicht sicher bin, worauf Warszawskis Geschichtsrevisionismus anspielt. Er weiß es vermutlich selbst nicht. Eine hohle rechtsextreme Phrase, die ihm erlaubt, sich über den Rest der Bevölkerung zu stellen. Und mit schlecht gespieltem Pathos blickt Warszawski auf den urgroßväterlichen Zwirbelschnauz: «Daher ziehe ich meine patriotische Pflicht. Das ist die Pflicht, der ich bei Ordo Iuris nachkommen kann.»

«Sag mal, und wo kommt der Name her?», frage ich, weil ich keine Lust mehr habe zu schweigen: «Warszawski … Warszawski, könnte das nicht auch jüdisch sein?» Außerdem sehe ich es als meine Pflicht an, Antisemiten zu ärgern.

Warszawski lacht jetzt extranervös. Jüdisch? Nein, ausgeschlossen, unmöglich, Juden hätten sich den Namen «Warszawski» erst sehr spät gegeben, und seine Familie könne er lang zurückverfolgen, bis hin zu den Tataren, von denen er abstamme, also nicht Mongolen, sehr viel hellhäutiger als Mongolen, Tataren eben, aber nein, keine Juden, das ganz ausgeschlossen! Und er nimmt einen Schluck vom schlechten Wein.

Und fast so, als wolle er den deutschen Gast von seiner polnisch-tatarisch-ganz-und-gar-unjüdischen Reinblütigkeit überzeugen, springt er eine kleine Weile später auf: «Da fällt mir was ein», sagt er, hastet zum Regal und präsentiert mir ein Buch. Stramme Wehrmachtssoldaten marschieren mir vom Umschlag entgegen, dazu eiserne und Hakenkreuze, Kriegsflugzeuge und mittig das riesige, mit Narben übersäte Gesicht eines SS-Offiziers.

«Das beste Buch, dass ich jemals gelesen habe!», flötet Warszawski, «auf jeden Fall das beste über den Krieg. Kennst du das?»

Er schnalzt enttäuscht mit der Zunge, als ich die zerhackte Nazivisage nicht erkenne. «Das ist Otto Skorzeny!»

Skorzeny, ja, das macht Sinn. Ein Naziverbrecher, von der NS-Propaganda zum Kriegshelden hochgejazzt, in der Nachkriegszeit durch rechtsextreme Legenden zum halbfiktiven Superagenten weitermutiert. Der arische Antiheld unhistorischer Groschenromane.

«Skorzeny, Skorzeny ... sagt mir nichts.»

«Was?» Warszawski ist irritiert. «Du kennst ihn nicht? Definitiv – das ist definitiv Geschichtsvergessenheit, eine Generationenlücke.» Er japst nach Luft. «Sicher war er ein Hitler-Apologet, aber er kämpfte in erster Linie gegen die Bolschewisten. Und das ist großartig, definitiv großartig. Das ist richtig Action, wie James Bond, das musst du unbedingt lesen.»

Szene einer Ehe

Warszawski erlaubt sich keine Pause. Selbst während er seiner Frau und mir von der riesigen Sushi-Platte aufgibt, mimt er unermüdlich die Rolle des welterklärenden Herrn des Hauses. Spricht unablässig vom bedrohlichen Einfluss der globalen Eliten und der gefährdeten natürlichen Ordnung, von den glorreichen Wurzeln des Abendlandes und so weiter. Als könnte ein Moment des Schweigens sofort seine einstudierte Rolle zunichtemachen.

Und auch Frau Warszawski hat ihre Rolle zu spielen: die Frau an seiner Seite. Und die spielt sie ausgezeichnet! Sie stimmt ihrem Mann zu, lacht an den richtigen Stellen, simuliert ein aktives Zuhören. Legt sich ab und an sogar die Hand auf die Brust, als würde sie just in diesem Moment erst vom wogenden Kampf um die polnische Familie und Nation erfahren. Gerne würde ich mehr von ihr wissen, aber außer der Info, dass sie im Grunde die politischen Positionen ihres Mannes teile, bekomme ich nicht viel aus ihr heraus. Und für Smalltalk bleibt ohnehin keine Zeit. Immerhin sind Warszawski und ich wichtige Männer, und als solche müssen wir über die wichtigen Männerthemen sprechen. Allen voran die staatliche Kontrolle und Kriminalisierung von Frauenkörpern: Abtreibung. Ein brisantes Thema, findet Warszawski.

«Aber die Gesetzlage in Polen ist doch schon ziemlich …» Fast hätte ich drakonisch gesagt, aber ich fange mich noch: «ziemlich gut.» Warszawski kichert.

Sicher weiß er, dass Polen die schärfste Regelung Europas hat. Dass hier nur Schwangerschaften abgebrochen werden dürfen, wenn sie das Ergebnis einer Vergewaltigung sind, die Gesundheit der Mutter gefährdet ist oder der Fötus schwer krank. Und sicher wurden 2019 in Polen gerade mal 1100 Schwangerschaftsabbrüche vorgenommen – also, offiziell vorgenommen. Aber Ordo Iuris ist das noch zu viel. Also ist es auch Warszawski zu viel. «Wissenschaftlich und ethisch ist jede Abtreibung zu viel», tönt er, und mit Blick auf die junge Generation gebe es auch Grund zur Sorge: «Das Problem sind die Anfang Zwanzigjährigen und die Teenager. Die sind moralisch nicht normal, wegen neurologischen Prozessen in ihrem Hirn. Als Siebzehnjähriger hatte ich ja auch Angst: ‹Oh, was mach ich bloß, wenn meine Freundin schwanger wird?› Ich habe ernsthaft drüber nachgedacht, sie dann die Treppe runterzustoßen.» Warszawski lacht aufgeregt, und wo der Mund ohnehin offen steht, befördert er gleich noch ein frittiertes Thunfischmaki hinein. «Also, so was in der Richtung.»

Für die Mehrheit der Bevölkerung hingegen, sagt Warszawski, sei es ganz klar, dass Abtreibungen gänzlich verboten gehören: «Die sind nicht mal *Pro-Life*, die sind einfach normal!» Und obwohl ich nicht nachfrage, will Warszawski mir sein Können beweisen und nun die ganz normale Sichtweise seines Instituts präsentieren.

«Wir von Ordo Iuris gehen keine Kompromisse ein! Selbst

bei einer Zygote, also einem drei Tage alten Fötus, darf man keinen Kompromiss machen!» Ontologisch sei eine Zygote ja ein Mensch, glaubt Warszawski, «das ist eindeutig, der muss beschützt werden, gar keine Frage. Und Menschenleben muss man immer schützen. Wobei ... Gut, es gibt ja Ausnahmen, aber ...»

Ich habe nichts gesagt. Keinen Ton gebe ich von mir, sitze nur da, nicke und trinke den sauren Wein, aber Warszawski gerät ins Rudern. Er wollte mir nur seine Argumente vorführen, aber jetzt diskutiert er. Diskutiert mit einem imaginären Gesprächspartner. Er streitet mit sich selbst.

«Sicher, unter Umständen darf man auch eine Person töten, das ist richtig. Aber aus einer Perspektive des Leidens gibt es keinen Unterschied, ob man ein Kind am Tag nach seiner Erzeugung umbringt oder später ...» Warszawski bemerkt seinen Logikfehler, grinst, widerspricht sich. «Beziehungsweise aus der Perspektive des Leidens mag es nicht dasselbe sein, aber philosophisch muss man sich fragen, wie man Menschen definiert.» Er kichert nervös, hat den Faden verloren. Zitiert jetzt Augustinus, vielleicht kann der ihm ja helfen? Aber nein, der alte Kirchenlehrer machte die Frage davon abhängig, ob das Kind bereits ein eigenes Leben und Gefühle besitzt: «Aber Augustinus wusste halt nicht, wie es funktioniert!», schimpft Warszawski mit sich selbst: «Wir wissen ja heute, dass gleich nach der Empfängnis der gesamte genetische Aufbau steht ...» Und wieder unterbricht sich Warszawski. Merkt wohl, dass Genetik nichts mit einer Definition von Leben zu tun hat.

Ich bin baff: Nicht nur, dass Warszawski mit sich selbst ein Streitgespräch führt – er scheint es zu verlieren!

Inhaltlich hätte ich ihm ohnehin nicht viel hinzuzufügen. Klar, die Autorin Laurie Penny hat es mal auf den Punkt gebracht: «Die Frage, ob ein Fötus eine Person ist, ist unlösbar. Aber die Frage, ob eine Frau eine Person ist, steht nicht zur Debatte.» Und klar könnte man den dauerkichernden Warszawski damit konfrontieren – aber warum sollte man? Er demontiert sich ganz ohne fremdes Zutun, auch wenn er sich schlussendlich selbst zum Sieger erklärt: «Ach, darüber kann man eigentlich gar nicht diskutieren, sonst setzen Dominoeffekte ein! Philosophisch ist eine Pro-Life-Haltung also eindeutig. Ganz eindeutig!»

Warszawski ist ein schlechter Verlierer.

Ich glaube zu verstehen, weshalb Warszawski keine Chance gegen sich selbst hatte. Sicher, Argumente gegen Abtreibungen sind immer gefährlich, und Verbote verhindern keine Schwangerschaftsabbrüche, sondern gefährden nur die Schwangeren. 47 000 Tote schätzt die WHO jährlich durch illegale Abtreibungen. Aber das meine ich gar nicht.

Ich glaube, Warszawski interessiert sich nicht besonders für das Thema. Ich glaube, sein Interesse gilt der Macht – vermutlich auch der Macht über Frauenkörper –, aber doch nicht irgendwelchen religiös-traditionalistischen Argumenten gegen Abtreibungen.

Als Teenager, damals, als er noch phantasierte, schwangere Frauen die Treppe runterzustoßen, da war Warszawski noch ein richtiger Metalhead. Er stand auf den richtig harten Scheiß. Besonders Mayhem fand er damals klasse, und als er mir das vorhin erzählte, musste ich ehrlich lachen – das einzige Mal an diesem Abend. Mayhem, das ist die legendäre norwegische Black-Metal-Band, deren Mitglieder nicht nur mit Gittarenriffs und Gekreische berühmt geworden sind, sondern auch mit Rechtsextremismus, Mord und Brandanschlägen auf Kirchen. Und jetzt will sich Warszawski mit religiöser Argumentation um das Wohl von Föten sorgen? Mit den Argumenten von Menschen, die er verächtlich als *Peasants* und Primitive bezeichnet? Nein, ich weiß nicht, woran Warszawski glaubt. Wirklich glaubt. Aber ich bekomme das Gefühl, dass da jenseits von Macht- und Profitgier wenig ist.

Wenn das wenigstens außergewöhnlich wäre, aber es ist die Gewöhnlichkeit, die mir die Kehle zuschnürt. Kurz denke ich an Hannah Arendts Sentenz von der Banalität des Bösen, aber die passt hier nicht. Arendt schrieb von der Gleichgültigkeit, der stumpfen bürokratischen Pflichterfüllung, mit der Menschen Unmenschliches tun, jenseits von ideologischer Überzeugung. Aber nein, es ist keine Gleichgültigkeit, die Warszawski bestimmt. Er versucht seine Rolle ja mit Enthusiasmus auszufüllen, er gibt sich Mühe, mit Verachtung über das «niedere Volk» und den «pervertierten Feind» zu sprechen, will sich selbst über alle erheben, deren Leben es zu steuern oder zu zerstören gilt. Er will überzeugt sein. Will die Argumente seines Instituts mit Verve vertreten – nur, dass es ihm nicht gelingt. Nur, dass ich es ihm nicht abkaufe. Und seine Frau anscheinend auch nicht.

Bislang saß Warszawskis Frau einfach da, spielte ihre Rolle, aß das Sushi. Aber je länger sich ihr Gatte als großer Kämpfer für ungeborenes Leben versucht, umso unruhiger wird sie. Und nun legt er auch schon wieder los: «Warum brauchen wir überhaupt Abtreibungen? Wegen Vergewaltigungen?»

So leicht gibt Warszawski sich eben nicht geschlagen. Er steigt zurück in den Ring, diesmal mit falschen Vergewaltigungsstatistiken: «Die habe ich selber erst geprüft!» Warszawski argumentiert, dass es in Polen kaum Vergewaltigungen gäbe, «auf 100 000 Bürger kommen nur drei Vergewaltigungen.»

Warszawskis Frau schubst ein paar Sushi über ihren Teller. Scheint etwas sagen zu wollen, aber ihr Mann bekommt das nicht mit.

«Ich meine, bei euch in Deutschland oder Schweden, mit all den muslimischen Migranten, ach, das sind ja Wilde! *Savages*! Da sind es sechzig Vergewaltigungen …»

Warszawskis Frau schaut etwas betreten. Räuspert sich.

«Oder noch mehr», sagt er.

Warszawskis Frau holt Luft.

«Und deshalb …», sagt Warszawski, und er will weitersprechen, doch seine Frau fällt ihm ins Wort. Mitten ins Wort.

«Aber», sagt sie. Ein kleines, entschiedenes Aber.

«Co!?», bellt Warszawski auf Polnisch – Was!? Erst verheddert er sich vor dem Gast in seinen Argumenten, und jetzt unterbricht ihn auch noch seine Frau? Widerspricht ihm?

Warszawskis Frau spricht vorsichtig, aber das mag auch nur an ihrem schlechten Englisch liegen: «Ich glaube, wir haben bereits ein sehr gutes Gesetz. Denn es ist ja nicht … ähm …», und sie sucht nach dem Begriff.

«Legal!», Warszawskis Gesicht lächelt, aber seine Stimme zischt: «Ja, es ist nicht legal, aber wir sprechen doch darüber, es jetzt illegal zu machen!»

«Ich bin mir nicht sicher», murmelt Warszawskis Frau, «Ich …» Warszawskis Frau versucht ihren Einwand zu artikulieren, aber kommt ins Stottern, und ihr Mann äfft sie nach. Hart und ohne Humor. Da fällt ihm ein, dass der deutsche Gast ja auch noch da ist, und er schiebt ein nervöses Kichern hinterher. Warszawskis Frau verstummt wieder. Aber ich lass sie nicht. Der deutsche Gast lässt sie nicht: «Worin bist du dir nicht sicher?», frage ich. «In deiner Haltung? Wo stehst du denn?»

Warszawski schaut mich entsetzt an. Er hatte die Gattin doch gerade zum Schweigen gebracht, die Katastrophe abgewendet.

Warszawskis Frau spricht langsam und ruhig: «Meine Haltung ist, dass wir ein sehr gutes Gesetz haben. Abtreibung ist verboten, aber es gibt eben …» Sie sucht nach dem Wort und Warszawski holt schon Luft, aber ich bin schneller.

«Ausnahmen», rufe ich.

«Ausnahmen!», bellt Warszawski.

«Ausnahmen», sagt Warszawskis Frau. «Es gibt Ausnahmen, und natürlich sind Abtreibungen falsch. Aber ich glaube, in bestimmten Situationen sollte es eben nicht unmöglich sein oder … nicht so hart für diese Frauen.» Sie schaut ihren Mann an, aber der schaut nicht zurück. «Also, ich glaube wirklich, dass wir ein gutes Gesetz haben. Aber meine Haltung, ähm, die liegt irgendwo dazwischen.»

Betretenes Schweigen, ohrenbetäubend. Ich leere aus Verzweiflung mein Weinglas, und Warszawski versucht es diplomatisch: «Ach, das polnische Gesetz funktioniert ja schon sehr gut. Wenn wir uns die Statistiken ansehen, gibt es hier ja fast keine Abtreibungen.»

«Da bin ich mir nicht so sicher», sagt sie.

«Wirklich», ruft Warszawski, «ich habe das selber nachgeprüft, wenn man die offiziellen …», aber seine Frau lässt sich nicht das Wort abschneiden: «Wenn Frauen nach Vergewaltigungen nicht zur Polizei gehen, dann sind sie nicht berechtigt abzutreiben, und einige Ärzte weigern sich …»

Und Warszawski lacht.

Es klingt erst wie sein normales, ätzendes Kinderlachen. Aber nicht nervös. Und natürlich auch nicht amüsiert. Eigentlich klingt es nach nichts. Es klingt nur laut. Es ist bloß seine Stimme in seinem Haus, und er lacht seiner Frau ins Gesicht, und sie spricht nicht weiter. Er übertönt sie. «Hahaha!» Und dann lacht auch sie. Sie lachen einen Moment gemeinsam, ein kaltes, lautes, leeres Lachen. Und dann sind sie still. Und Warszawskis Frau schaut verlegen auf ihren Teller.

«Worüber du sprichst, das sind Dinge die passieren *können.*» Warszawski justiert seine Brille und legt die Hände vor sich auf den Tisch. «Aber sie passieren nicht.»

«Es ist sehr selten, ja, ich meine, ja, sehr selten …»

«*Sehr* selten!»

Stille. Und der Rest, erklärt Warszawski, sei nur feministische Propaganda. Und seine Frau schweigt und nickt.

Der Untergang des Hauses Warszawski

Warszawski begleitet mich heraus. Durch den Garten, vorbei an den Obstbäumen und Beerensträuchern, bis zur quietschenden Gartentür. Ein Handschlag mit angedeuteter Verbeugung: «Melde dich jederzeit, wenn du eine Idee für unsere Zusammenarbeit hast, ja? Es war mir eine Freude.» Und auf den Handschlag ein kameradschaftlicher Blick, ein inniger Moment politischer Bedeutung: «Ich bin stolz, dass wir Freunde sind. Danke dir.»

«Nein, danke dir, Witold. Auf bald.»

Und ein letztes Mal kichert Warszawski sein unsicheres Kleiner-Junge-Kichern. Er bleibt am Gartentor stehen und winkt, schaut seinem deutschen Gast hinterher, wie er die Straße hinabspaziert.

Ich verlasse das Haus und morgen das Land. Mir ist schlecht. Am liebsten würde ich rennen. Aber ich gehe langsam, spüre Warszawskis Blick in meinem Rücken. Setze einen Fuß vor den anderen, langsam und vorsichtig, lausche angespannt. Warte darauf, dass Warszawski umkehrt, warte auf das Quietschen des Gartentürchens und seine knirschenden Schritte auf dem Kiesweg. Aber er scheint mir noch immer hinterherzuschauen.

Was für ein seltsam fragiles Gebilde sich Warszawski da aufgebaut hat. Was für eine verquere Welt. Die widersprüchlichen Argumentationen und Versatzstücke rechter, rechtsextremer und religiöser Ideologien, an die Warszawski zu glauben bereit ist. Weil sie ihm nutzen. Weil er sich aus ihnen ein Haus zusammenzimmern kann.

Ich höre noch immer nichts. Dabei müsste doch jetzt ein donnernder Lärm losbrechen. Eigentlich müsste ich doch hören können, wie der Mörtel von Warszawskis Haus jetzt zu bröckeln beginnt, wie Stein bricht und das Fensterglas zerklirrt, wie die Obstbäume splittern und die Wände kollabieren, wie das brüchige Fundament krachend auseinanderspringt. Eigentlich müsste dieses krude konstruierte Reich Warszawskis in sich zusammenfallen. Und all die bedrohlichen Netzwerke mit ihm mit.

Aber als ich die Kreuzung erreiche, steht das Haus noch immer da. Und Warszawski noch immer davor. Er winkt.

Smash the patriarchy!

Die Menschen marschieren, brüllen und tanzen. Sie marschieren, weil sie müssen. Sie brüllen, weil sie wütend sind. Und wenn man tanzt, hat man weniger Angst, also tanzen sie. Es sind queerfeministische und anarchofeministische und Tumblr-Einhorn-Glitzer-feministische Aktivist*innen, es sind Junge und Alte, Teenies, Großstadthipster und Normalos, ältere Damen in dicken Wintermänteln und missmutige Männer in Lederjacken mit Aufnähern von Metal-Bands ... Nein, das ist kein ideologischer Aufmarsch. Das ist ein Akt der Selbstverteidigung. Es ist kalt geworden in Polen.

Kein Monat ist vergangen, seit ich Warszwaskis Haus und Institut hinter mir gelassen habe, da kippt Polens höchstes Gericht den bisherigen «Abtreibungskompromiss». Die Gesetzgebung, die sowieso schon schärfste Regelung Europas, wird weiter verschärft. Es kommt einem völligen Abtreibungsverbot gleich. Der jüngste und heftigste Angriff in diesem unermüdlichen Sperrfeuer der Nationalisten: Angriffe auf die weibliche Selbstbestimmung und queere Community, auf trans Menschen und Migrant*innen, auf Pluralismus und Rechtsstaat und auf die Freiheit. Und mitten in der Pandemie nun diese neue Offensive. Hektisch stopfte ich mir ein paar FFP2-Masken in die Manteltaschen und setzte mich in den nächsten Flieger.

Ich treibe in der Menge der großen Demonstration durch die Warschauer Innenstadt. Sprechchöre, Popmusik und Technobeats, Transparente und Kartonschilder, hier sozialistische Fahnen, dort Bilder von RuPaul und den Mumins. Menschenströme von allen Seiten, Helikopter zirkeln durch den Himmel, Frauen, verkleidet als Madonnen, recken ihre Fäuste in die Luft: «I wish I could abort my government!» Ich kämpfe mich zur PiS-Parteizentrale vor, erspähe Klementyna aus der Ferne. Vor ein paar Tagen sah ich sie noch auf einem Foto. Ihr Gesicht verquollen vom Tränengas, die Augen dunkelrot verklebt. Jetzt steht sie auf der Ladefläche eines Jeeps und hält eine Rede. Menschen applaudieren. Ich winke ihr zu, aber wie soll sie mich erkennen, in Maske, Mantel und der riesigen Menge. Ich bin einer von hunderttausend.

Auch die Rechten sind unterwegs, Schläger, Hools und Faschos. Die ersten Meldungen von Angriffen auf die Demo machen die Runde, man soll sich in Acht nehmen. Bloß nicht auf die Polizei verlassen. Die ist zwar ausgerückt, allerdings nicht zum Schutz der Demonstrierenden. Sie ist vor den Regierungsgebäuden und den Kirchen stationiert, bewacht die Zentralen der Macht. Auch den Warschauer Klotz. Auch die Heilig-Kreuz-Basilika, wo vor ein paar Wochen Jakub und die anderen Aktivist*innen überrannt und in Autos gezerrt wurden.

Eben noch bin ich dort gewesen. Bestaunte die Militärpolizei, fast zweihundert Beamte, doppelreihig aufgestellt mit taktischen Einsatzschilden und zusammengezogenen Augenbrauen. Und dahinter, auf der Treppe, rund um den steinernen Jesus in ewiger Passion, stehen allerhand Männer. Frauen sehe ich keine, nur alte Spießer und junge Schläger, beschützt vom Staat. «Wir bewachen die Kirche und das Land», erklärt ein junger Kerl in Flecktarn, der sich mir als Mitglied einer Bürgermiliz vorstellt: «Wir sind ganz normale Leute, aber auf uns kommt's an. Jetzt müssen wir uns gegen die antizivilisatorischen Kräfte stellen.» Er erläutert mir gerade, was er damit meint, dass es sich bei der großen Demo nur scheinbar um Feminist*innen handele, dass das eigentlich kulturmarxistische Fußtruppen seien und der Feminismus ohnehin nur ein Instrument finsterer Strippenzieher – da zerrt ihn einer seiner Kumpels zurück.

Es geht das Gerücht um, Deutschland habe militante Antifa-Truppen nach Polen entsandt. Nicht mit dem *Niemiec* sprechen!

Egal, nicht so schlimm. Ich habe ohnehin das Gefühl, diese Kerle alle schon zu kennen. Diese Prototypen, Fundamentalisten, Faschisten und besorgten Männer der Mitte. Manche mögen sich auf Gott, andere auf vermeintliche Naturgesetze berufen, manche mögen sich als Opfer sehen, andere nur die Gelegenheit, ihre Privilegien abzusichern. Aber sie alle sehnen sich nach einer Ordnung, in der sie mächtig sind oder zumindest mächtig sein könnten. Und da mag das System sie noch so sehr schützen, hier in Warschau sogar wortwörtlich – die Krieger des Patriarchats glauben sich trotzdem bedroht. Sie leben in permanenter Krise, in ständiger Kampfbereitschaft. Nein, hier gibt es nichts mehr für mich herauszufinden. Und wenn ich ehrlich bin, auch nicht beim großen Protest. Alles, was ich tun kann, ist, mich den hunderttausend anzuschließen, mitzulaufen und zu demonstrieren. Also tue ich das, überwältigt und ein bisschen ehrfürchtig. Und dann stehe ich irgendwann in einem Knallerbsenstrauch und versinke mit den Schuhen im Schlamm.

Unvermittelt ist der Zug im Stadtbezirk Żoliborz zum Halten gekommen, irgendwo weiter vorne hat die Polizei die Straßen dicht gemacht. Demonstrierende rücken nach, es wird eng, geht nicht weiter vor und kaum zurück, und so lande ich etwas unglücklich in der Botanik. Aber im Stehen lässt sich genauso gut gegen Unrecht und Kälte anschreien. Die älteren Demonstrierenden machen zwar langsam kehrt, aber die Jungen halten die Stellung. Protestieren weiter für ihre Rechte und für ihre Zukunft. Einige erklimmen das Wartehäuschen einer Bushalte, aus den Fenstern verteilen Anwohner*innen Kekse und Wasserflaschen, und ein paar Frauen entledigen sich ihrer Jacken und Shirts, springen mit nacktem Oberkörper durch die Menge. Und ich hüpfe in Solidarität um meinen Strauch herum, vergesse für den Moment Pandemie und Mindestabstand und singe sogar ein wenig lautmalerischen Unsinn mit.

«Wie lange wollt ihr noch bleiben?», frage ich in eine Gruppe engagiert skandierender Teenager.

«Bis die Arschlöcher zurücktreten», antwortet ein großgewachsenes Mädchen in roter Daunenjacke: «We'll smash the patriarchy!»

Sie klingt furchtbar ernst, und ich bin mir sicher, dass sie es auch genauso meint, und gerade deswegen lachen wir. Es ist so ernst, dass man nur noch lachen kann. Gut gelaunt greift sie sich die Hand einer Freundin, und gemeinsam rufen die beiden die Parole noch mal in die Warschauer Nacht: «Smash the patriarchy!» Das Patriarchat zerschlagen. Natürlich. Was sonst?

Ich höre das große Mädchen rufen, und in dem Moment erscheint das alles so selbstverständlich! So einfach! Auf einen Schlag mache ich mir keine Sorgen mehr, so schrecklich die Situation auch sein mag. Ich stehe nicht mehr nur in einem Land, in dem Frauen und Marginalisierte unter Beschuss stehen, stehe nicht mehr nur in einer Schlammpfütze in Żoliborz und am Ende einer bedrückenden Reise. Ich stehe jetzt inmitten Tausender Frauen und Mädchen, Männer und Jungen und nicht-binärer Menschen – und alle streiten sie gemeinsam für Menschenrechte und Gleichberechtigung. Sie kämpfen gegen eine verknöcherte Ideologie, ein altersschwaches System, das doch endlich in sich zusammenbrechen muss! Natürlich muss das Patriarchat fallen! Ein Gefüge, in dem wenige Männer (und ein paar Frauen) profitieren und der Rest leidet – auch Männer. Auch viele von denen, die kreischen, es gebe gar kein Patriarchat. Auch viele von denen, die verbissen um seinen Erhalt kämpfen.

Keine Frage, was hier in Polen geschieht, ist grauenhaft, was mir in Deutschland, den Staaten und den Tiefen des Internets begegnete, ist beklemmend und bedrohlich. Aber das ist ein Backlash: der brutale Gegenschlag von denen, die um ihr System fürchten! Weil die Menschen auf der Straße stehen. Weil es eine Vielstimmigkeit und gesellschaftliche Teilhabe gibt, die vor ein paar Dekaden noch undenkbar war! Weil der gesellschaftliche Fortschritt immens ist – trotz allem. Ist da nicht ein bisschen Zuversicht angebracht?

Das alles denke ich mir in meinem Knallerbsenstrauch, und ich sehe die Menschen tanzen und rufen und schreien. Und mir fällt dieser Satz der Philosophin Ágnes Heller ein: «Die Frauenbewegung ist die bisher größte Revolution der Menschheit, und im Gegensatz zu allen anderen Revolutionen wird sie eines Tages vollendet sein.»

Ach, hätte ich mich doch in einen der übervollen U-Bahn-Waggons gezwängt und wäre auf direktem Weg zurück ins Stadtzentrum gefahren, vielleicht hätte ich dann mein wohlig-zuversichtliches Gefühl noch ein kleines Weilchen länger bewahren können. Wäre ins Bett gefallen und hätte vom Ende des Patriarchats geträumt. Am Ende meiner Expedition in den Morast kaputter Männlichkeit hätte ein wenig Hoffnung gestanden. Aber stattdessen stehen da jetzt noch mehr kaputte Männer.

Vermummte Gestalten, versteckt hinter Maske und unter Kapuze, etwas abseits im Halbdunkel einer Straßeneinfahrt. Fast könnte man sie übersehen, aber eben nur fast. Sie wollen gesehen werden. Die Rücken leicht gekrümmt, die Hände an den Gurten ihrer Rucksäcke festgefroren, aus kleinen Augen mustern sie die Vorübergehenden. Bereitschaftshaltung. Und ein paar hundert Meter weiter die nächste Kreuzung und dasselbe Bild. Das nächste lauernde Rudel. Und an der übernächsten Kreuzung, da zeigen sie sich im Licht, patrouillieren auf dem Gehweg, zünden bengalische Feuer. Ich gehe immer schneller. Sehe immer mehr von ihnen. Männer mit Absicht. Und noch ein wenig später werde ich von ihren Attacken lesen. Von den auf die Menge abgefeuerten Leuchtpistolen, von den Messern und

Metallstangen und Straßenschlachten. Und ich werde mich über meine Zuversicht ärgern.

Zuversicht … Vielleicht ist das genau das Problem.

Egal, wie groß die Risse in unserer Demokratie und wie laut die Krieger des Patriarchats geworden sind, da ist dieser Grundoptimismus, den wir in Deutschland doch alle irgendwie haben. Auch ich, selbst nach diesem langen Jahr voller Wahn und Hass. Als sei Polen ganz weit weg. Als wären alle meine Bekanntschaften des letzten Jahres bloß skurrile Ausnahmeerscheinungen. Als sei es sicher, dass sich die offene und pluralistische Gesellschaft am Ende durchsetzen wird. Durchsetzen muss. Einfach, weil es selbstverständlich sein müsste.

Aber nichts ist sicher. Keiner unserer gesellschaftlichen Fortschritte und keine unserer hart erkämpften Freiheiten. Sie sind kostbar und verflucht zerbrechlich. Und auch wenn die Anständigen in der Mehrzahl sind – an den Rändern lauern die vermummten Krieger. Springen um ihre bengalischen Feuer herum. Warten auf ihre Gelegenheit. Und in unserer Mitte lauern sie genau so. Laut der 2020 erstellten Autoritarismus-Studie der Uni Leipzig können sich 21 Prozent der Deutschen mit der Vorstellung eines «Führers» anfreunden, «der Deutschland zum Wohl aller mit starker Hand regiert».

Nein, sie werden nicht einfach gehen. Die Schmerzensmänner werden nicht einfach so von ihren Herrenbergen herunterpurzeln oder sich an ihren Würsten verschlucken. Die bosshaften Männerschmiede werden nicht aufhören, Jungs kaputtzucoachen – dafür ist das viel zu lukrativ. Die Kicherfaschisten werden nicht von alleine ihre Rechner herunterfahren. Die Vogelmänner werden nicht wegfliegen. Die Froschjungs sich nicht selbst die grüne Farbe aus dem Gesicht waschen. Die Mittemänner werden nicht einfach aufhören, sexuelle Gewalt zu relativieren, die Zeitungen nicht aufhören, von obskuren Translobbys zu phantasieren. Die rechten Prototypen werden nicht aufhören zu rekrutieren. Die Rekruten werden nicht aufhören zuzuschlagen.

Und das ganze System, all die mächtigen Netzwerke und Häuser und Villen und Klötze voller Burschen und Faschisten und Politiker und Warszawskis und Institute werden nicht von alleine in sich zusammenfallen.

Das Patriarchat wird nicht von alleine aufhören. Dafür müssen wir dem Ruf des polnischen Mädchens folgen. Smash the patriarchy!

Dank

Für wichtige Hinweise, spannende Gespräche und unverzichtbare Hilfe bedanke ich mich bei Miro Dittrich, AntiFash Gordon, B. Heisel, Adrian Herrmann, Justus H., Andreas Kemper, Elżbieta Korolczuk, Veronika Kracher, Agatha Kremplewski, Jan Rathje, T. Schneider, Zvi Schön, Klementyna Suchanow und Günter Wallraff. Ich danke der Robert Bosch Stiftung und dem Literarischen Colloquium Berlin, die die Recherche zu diesem Buch durch das Grenzgänger-Programm gefördert haben. Tausend Dank an meinen Lektor Frank Strickstrock für seine unerschütterliche Ruhe und die vielen klugen Gespräche und an alle anderen, die mich durch diese kuriose Reise gebracht haben! Und ohne Gigachad M wäre ohnehin gar nichts möglich.

¡No pasarán!

Tobias Ginsburg
Die Reise ins Reich

Unter Rechtsextremisten, Reichsbürgern und anderen Verschwörungstheoretikern

320 Seiten

Acht Monate lang tauchte Tobias Ginsburg undercover in die Szene der «Reichsbürger» und der Neuen Rechten ein. Mit einem Tarnnamen baute er eine Scheinidentität im Netz auf und bewegte sich unter AfD-Politikern, gewaltbereiten Neonazis, friedensbewegten Esoterikern in Braun, Sektierern, Systemumstürzlern und Anti-Coronaregeln-Demonstranten. Sein Buch ist ein mal erschütternder, mal komischer Streifzug durch eine Welt böser Verführer und verführter Irregeleiteter, das zugleich einen neuen, literarischen Ton in die investigative Reportage einführt. Ginsburg begegnet den Menschen eher mit Neugier als mit Abneigung. Ein ungewöhnliches Enthüllungsbuch. Es erscheint hier in einer aktualisierten, überarbeiteten und um neue Kapitel erweiterten Fassung.